훌루

아웃스탠딩

538

바이스

마이피아니

방탄소년단

바이스

아웃스탠딩

피아니스트

인생공부

쿼츠

버즈피드

바이스

텍스처

문재인

바이스

쿼츠

버즈피드

바이

뉴욕 타임스

쿼츠

렉스 존스

구글

링크드인

바이스

마이피아니스트

초판 1쇄 인쇄 2019년 5월 20일
초판 1쇄 발행 2019년 6월 1일

지은이 김은우, 김태현, 장예찬
펴낸이 김승현
기획편집 스튜디오 본프리 편집부
디자인 DOT.Company
출판제작 GS테크
영업관리 박상율

발행처 스튜디오 본프리
주소 서울시 성북구 아리랑로 5길 1번지 순안빌딩 2층
대표전화 02-742-2352(편집) 02-714-4594(영업)
팩스 02-742-2353(편집) 02-713-4476(영업)
홈페이지 www.bornfree.co.kr
이메일 master@bornfree.co.kr
ISBN 978-89-91909-34-2 03320

- 이 도서의 국립중앙도서관 출판예정도서목록(CIP)은 서지정보유통지원시스템 홈페이지(http://seoji.nl.go.kr)와 국가자료종합목록시스템(http://www.nl.go.kr/kolisnet)에서 이용하실 수 있습니다. (CIP제어번호 : CIP2019015119)

유튜브에서 BTS까지

뉴미디어

완결편

스튜디오 본프리

프롤로그

뉴미디어의
역사를
기록하며

에필로그

다양성과
무한경쟁의
바다를 항해하는
선장들을 위하여

대담 **1**

뉴미디어란 무엇인가

CHAPTER 1

트렌드를 이끄는 글로벌 뉴미디어

대담 **2**

글로벌 뉴미디어와 국내 뉴미디어

CHAPTER 2

규모는 작아도 다양한 도전을 하는 한국 뉴미디어

대담 **3**

한국 뉴미디어 시장의 미래

CHAPTER 3

뉴미디어 현장백서

프롤로그

뉴미디어의 역사를 기록하며

뉴미디어는 한때 세상을 집어삼킬 것처럼 느껴지던 단어였다. 당장 모든 언론사와 방송국이 몰락할 것 같았고, 새로운 소비자를 대상으로 한 미디어 혁신이 세상을 바꿀 기세였다.

그러나 뜨거운 기대와 차가운 실망이 모두 지나간 지금, 미디어 시장을 바라보는 시선은 둘로 나뉘었다. 여전히 뉴미디어가 기존의 미디어를 대체하며 질서를 바꿀 거라고 믿는 사람과 뉴미디어 열풍은 결코 기성 언론의 아성을 넘지 못하고 흡수될 거로 전망하는 사람들, 그 균형은 어느 한쪽으로 급격히 쏠리지 않았다. 어쩌면 지금이야말로 뉴미디어가 무엇인지, 뉴미디어 바람이 어디에서 불어와 어떤 변화를 만들어냈는지, 건조하게 바라볼 최적의 타이밍일지 모른다. 마냥 섣부른 기대도, 마냥 부정적인 회의도 없는 중간지대 어딘가에 뉴미디어라는 단어가 떠돌고 있기 때문이다.

언론사 기자, IT업계의 콘텐츠 디렉터, 방송인이자 홍보 전문가인 우리는 다양한 영역에서 변화의 바람을 체감하고 있었다. 그 중심에는 다름 아닌 뉴미디어가 있었다. 그렇기에 우리는 누가 먼저 손을 내밀 것도 없이 자연스레 뉴미디어가 만든 새로운 판의 플레이어로 만날 수 있었다.

시간을 거슬러 2016년이 막 시작됐을 무렵, 한국에서는 다양한 뉴미디어가 태동하고 있었다. 특히 뉴미디어를 통해 정치 비판, 풍자, 정책 제안을 하는 청년들이 수많은 팔로워 집단을 형성할 정도였다. 꽉 막혀 있던 청년의 정치 참여 문제를 해결하는 도구로 뉴미디어가 선택된 것이다. 당시 뉴미디어의 선두주자는 단연 페이스북이었다. 페이스북 페이지의 전성시대였다. 터졌다 하면 1백만 조회 수가 넘는 영상이 나왔다. '청춘씨:발아' 페이지에서 올린 〈이런 후보는 뽑

©청춘씨:발아

지 말라 진짜〉 영상은 페이스북의 울타리를 넘어섰다. JTBC의 뉴스룸에서 손석희 앵커가 직접 소개한 것이다. 기자나 유명인이 아닌 평범한 청년들이 뉴미디어를 통해 이슈를 만들면 기성 언론도 주목하던 때였다. 상업적 성공은 아니지만, 사회의 관심을 받으며 탄생한 뉴미디어 매체들은 기성 언론을 위협하는 것 같았다. 기성 언론사도 '뉴미디어를 배우자', '해외 사례를 답습하자' 등 대안 모색에 바쁠 때였다.

그러나 뉴미디어는 독립군 같은 존재일 뿐, 한국의 언론 환경에서 기성 매체들을 넘어서긴 어려울 것 같다는 게 우리의 결론이었다. 그런데도 정체된 미디어 시장을 변화시키기 위해 나섰던 사람들의 역사를 기록하고 싶었다. 그들이 어떤 마음으로 뉴미디어를 만들고, 도전하고, 성공하거나 실패했는지 남기고 싶다는 다소 감상적인 생각이 이 책의 출발점이었다.

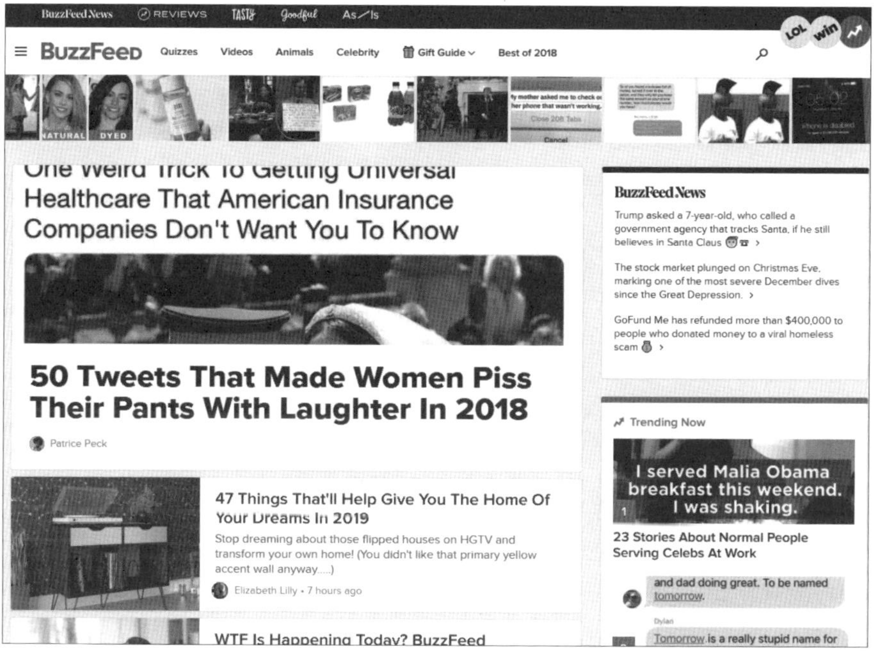

©버즈피드

그래서 처음에는 약 30팀의 국내 뉴미디어를 만나는 순수한 인터뷰집을 구상했지만, 이견이 있었다. 판을 더 키워서 우리만의 인사이트를 전달하고, 해외 사례에서 배울 수 있는 점까지 더하자는 의견이 힘을 얻었다. 아예 그동안의 국내외 뉴미디어 트렌드를 담으며 한 권으로 교과서 역할을 할 수 있는 '뉴미디어 완결편'을 만들자는 목표를 공유하게 됐다.

다행히 우리 세 사람은 전문 분야가 뚜렷했고, 하나의 관점이 아닌 서로 다른 시각으로 국내외 뉴미디어 역사를 바라볼 수 있었다. 때로는 서로의 시각이 충돌하기도 했지만, 동의할 수밖에 없는 지점이 있었다. 뉴미디어의 역사를 알지 못하면 미디어 시장의 미래를 예측할 수 없다는 사실이다.

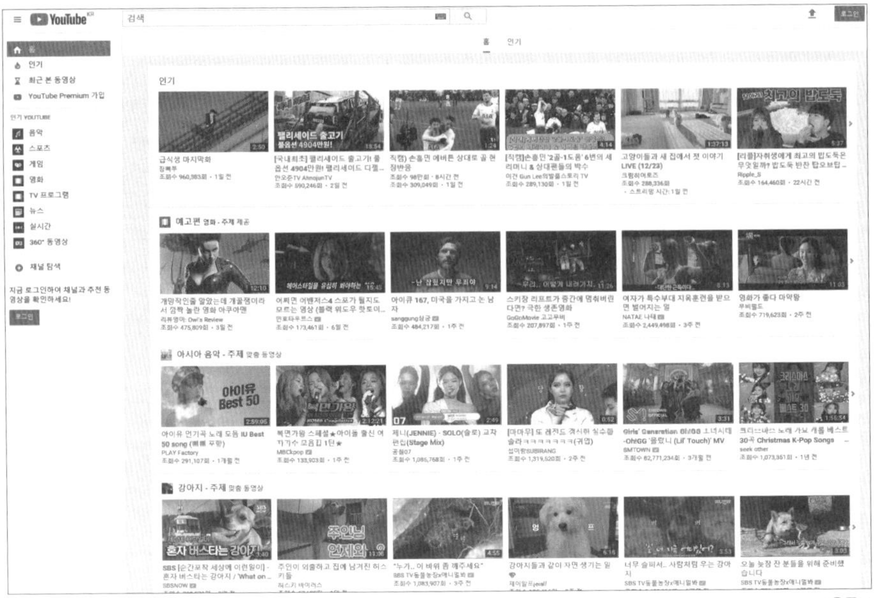

©유튜브

사실 한국보다 해외의 뉴미디어 열풍이 훨씬 더 강력했다. 버즈피드는 백악관 출입을 인정받아 '오바마 대통령의 단독 인터뷰'를 진행하는 등 전성기를 뽐냈다. 바이스, 쿼츠, 하이프비스트 등 다른 매체들도 다양한 형식으로 빠르게 미디어 생태계를 바꿔 놓았다. 넷플릭스는 영화 시장 자체를 뒤틀어 버렸다.

하지만 시간이 지나서 돌아보니 시장 크기의 차이가 있었을 뿐, 결국 한국이든 미국이든 뉴미디어의 반란은 점차 진압되고 있는 느낌이다. 쿼츠는 인수되었고, 버즈피드는 트럼프 시대와 고전 중이다. 뉴미디어 시장에서도 매체 자체보다는 플랫폼 사업자가 절대 갑이 되는 현상은 달라지지 않은 것 같다.

미국에서는 트럼프 정권이 들어서면서 무거운 정치 기사가 다시 전면에 등장하기 시작했고, 뉴욕 타임스와 워싱턴 포스트 등 취재력을 갖춘 전통 미디어의 힘이 재조명받고 있다. 이는 최순실 사태 때 JTBC, TV조선, 한겨레 등 기성 언론의 활약이 뉴미디어보다 두드러졌던 사례와 일치한다.

미디어 업계 전반적으로 사업성에 대한 의문이 이어지고 있다. 대세는 텍스트에서 카드뉴스 등의 이미지를 거쳐 유튜브로 대표되는 영상으로 옮겨갔다. 대중을 상대로 하는 매스 미디어에서 특정 취향을 매개로 하는 모바일 세상으로 바뀌고 있다.

이러한 역사를 아는 것에서 출발해야 다음 세상의 키워드를 예측하고, 더 새로운 미디어 혁신을 통해 시대의 변화를 이끌어갈 수 있을 것이다. 우리는 어떻게 하면 뉴미디어로 성공할 수 있는지, 요즘 뜨는 게 무엇인지 알려주는 실용적 접근에만 집중하지 않았다. 뉴미디어 시장의 플레이어뿐 아니라, 새로운 시대에 관심을 가진 모든 사람에게 도움이 되는 역사서로 남길 바라는 마음이다.

대담

1

뉴미디어란 무엇인가

여러 사람이 뉴미디어에 대해 이야기를 하지만, 종종 서로 완전히 다른 맥락을 짚을 때가 있다. 각자 정의하는 뉴미디어의 개념이 다르기 때문이다. 그렇다면 과연 뉴미디어란 무엇인가? 정답은 언제나 단어 안에 들어있다. 뉴미디어new media는 말 그대로 '새로운 미디어'라는 뜻이다. 사전에서는 미디어를 정보를 전송하는 매체로 정의하고 있다. 따라서 시대에 따라 뉴미디어의 정의는 달라질 수밖에 없다. 지금은 올드 미디어나 레거시 미디어legacy media(이하 기성 언론)로 분류되는 TV가 세상에 처음 등장했을 때는 혁신적인 뉴미디어 플랫폼이었다. 물론 오늘날 TV는 가장 전통적인 레거시 미디어로 여겨지고 있다.

많은 전문가가 뉴미디어의 반대말로 기성 언론이라는 용어를 사용한다. TV와 라디오 프로그램, 종이신문, 잡지 등 과거 어느 시점 이후 꾸준히 사람들에게 정보를 전송해온 매체가 여기에 속한다. 기성 언론은 보편화 된 플랫폼을 이용해 불특정 다수의 사람에게 전송되는 편이다. 따라서 막강한 파급력을 지녔지만, 온라인과 모바일 세대가 등장하면서 서서히 영향력이 줄어들고 있다.

반대로 오늘날 뉴미디어라 불리는 매체들은 대부분 온라인과 모바일에 기반을 둔다. 콘텐츠가 유통되는 플랫폼이 다르고, 콘텐츠의 제작 방식 또한 다르다. 똑같은 비디오 콘텐츠이지만 방송국을 통해 송출되는 TV 프로그램과 유튜브, 페이스북의 채널을 통해 올리는 쿠키 영상은 기획부터 제작, 유통과 시청자 참여까지 모두 다르다. 라디오와 팟캐스트, 종이신문과 독립 언론, 그리고 잡지와 블로그의 차이점 역시 마찬가지다. 그러나 누구도 뉴미디어 대해 무엇이라고 쉽게 정의를 내리기는 어렵다. 새로운 시대의 미디어는 레기시 미디이로 정착되기 진까지 끊임없이 변화하며 다양한 실험 과정을 통과하기 때문이다. 다만 현재의 뉴미디어 시장에 대한 이해를 위해, 그리고 우리가 이야기할 뉴미디어의 정의에 대해 오해가 없도록 개념을 정리해보려 한다.

미디어 산업 종사자와 현직 언론사 기자, 또 전직 기업 홍보담당자 겸 프리랜서인 세 사람의 시각으로 한국에서의 뉴미디어란 과연 무엇인지 대담을 나눠보았다. 각자 다른 영역에서 뉴미디어 시장의 참여자로, 관찰자로 시간을 보냈기에 우리 셋의 시각이 독자들로 하여금 뉴미디어를 이해하는 데 도움이 되기를 바랄 따름이다.

김태현

기성 언론들은 정해진 기사 생산방식이 있거든요. 먼저 데스크가 있어서 기사 기획이나 편집 방향에 대해 정리를 해주고, 또 기자마다 출입처가 있어 해당 분야에 대한 기사를 주로 쓰게 되죠. 이렇게 틀에 박힌 기사 생산방식에서 벗어나서 새로운 방식으로 기사를 생산하는 곳이라면, 언론인의 관점에서는 모두 뉴미디어라 부를 수 있을 것 같아요.

장예찬

태현님 시각에서는 데스크와 출입처의 유무가 기성 언론과 뉴미디어를 구분 짓는 핵심 차이점이겠네요?

김태현

단순히 데스크와 출입처 유무만 가지고 기성 언론과 뉴미디어를 구분할 수는 없겠죠. 그렇지만 기성 언론은 기자의 권한이 아무리 강해도 상하 관계가 분명히 존재해요. 그것과 달리 데스크란 개념이 없는 뉴미디어는 참여자 개인이 관심 있는 주제를 마음껏 파고들 수 있는 것 같습니다. 또 기성 언론에서는 1~2년씩 산업부와 정치부, 경제부 등 출입처가 바뀝니다. 뉴미디어는 자기가 관심 있는 주제로 매체를 오픈하는 경우가 대부분이니 기획의 자유도나 훗날 갖추게 될 전문

김태현

성도 차원이 다를 수밖에 없죠. 또 자본이 적으니 그만큼 진짜 시장에서 통할 콘텐츠에 대해 고민하게 되는 것도 달라요. 언론사에 소속돼 있어도 내 기사가 널리 알려지길 원하지만, 그게 생존과 직결되진 않잖아요. 하지만 뉴미디어에서는 포스팅의 조회 수나 '좋아요'가 떨어지면 금방 문을 닫아야 할지도 모르니까요.

김은우

그런데 태현님 말씀대로라면, 시사IN의 천관율 기자님은 출입처를 통해 취재하기 보다는 분석 기사 위주로 쓰잖아요? 네이트 실버는 한술 더 떠서 이미 있는 통계자료를 깊이 있게 파고들어 새로운 통계분석 기사를 만들고요. 그렇다면 두 사람 다 데스크나 출입처의 영향에서 상대적으로 자유로운 편인데, 시사IN이나 뉴욕 타임스같은 전통 매체에 실려도 뉴미디어 스타일이라 볼 수 있을까요?

장예찬

예시로 들어준 분석 기사라고 해도 데스크의 영향을 받고, 역시 주출입처 개념에서 완전히 자유롭긴 어려울 것 같습니다.

김은우

사실 제가 생각하는 뉴미디어는 별로 중요해 보이지 않습니다. 결국 사람들이 생각하는 뉴미디어가 훨씬 더 중요한 것 같아요. 과연 사람들, 특히 우리나라 사람들이 생각하는 뉴미디어란 뭘까요. 단순하지만 익숙한 미디어인 라디오, TV, 신문이 아니면 모두 뉴미디어로 느끼지 않나 싶어요. 또 너무 성공해서 유명해지면 기성 언론들과 문법이 달라도 뉴미디어라고 체감하지 못하는 것 같기도 해요. 포털 뉴스는 사실 종이신문, TV 뉴스와는 전혀 다른 속성이 있지만, 굳이 뉴미디어라고 말하는 것 같지는 않네요.

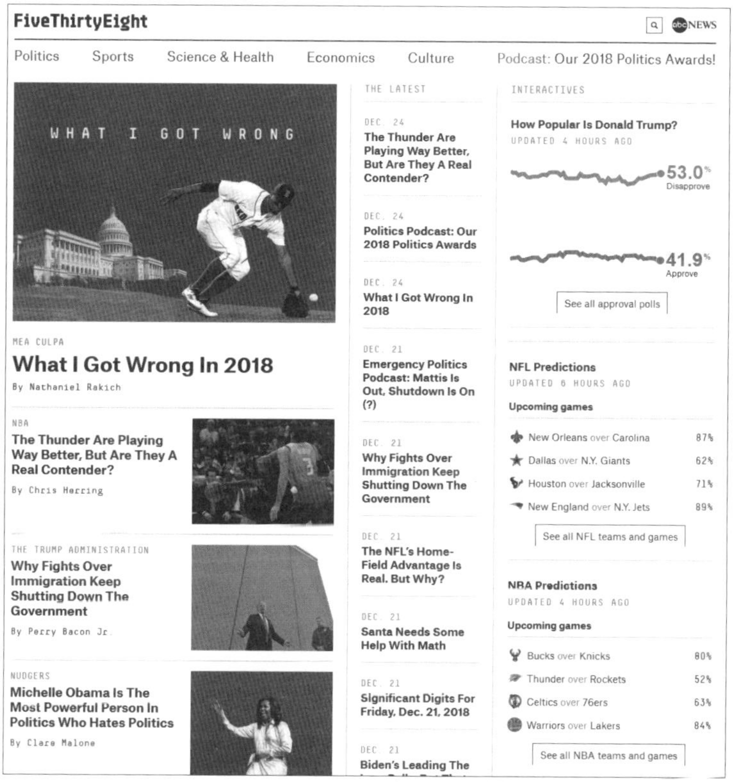

네이트 실버가 만든 데이터 저널리즘의 대표주자, 538

장예찬 전통적이지 않은 플랫폼에서 엄청난 대중적 성공을 거두지 않은, 중심에서 벗어난 언더독(상대적 약자) 감성을 유지한 매체들을 사람들이 뉴미디어로 본다는 말씀이시죠?

김은우 네. 대중이 봤을 때, '기존과 다른 플랫폼은 모두 뉴미디어다. 다만 너무 거대해져서 주류가 된 매체는, 설사 새로운 플랫폼을 기반으로 해도 뉴미디어라고 이름 붙이지는 않는다' 이렇게 정리하고 싶어요.

김태현

하긴 중앙일보같은 유명한 미디어에서 온라인과 모바일 플랫폼에 적합한 여러 가지 시도를 해도 사람들이 그것을 뉴미디어로 인식하진 않으니까요.

장예찬

저도 처음에는 플랫폼의 차이, 예를 들어 TV나 종이신문 같은 플랫폼이 아니라 소셜 미디어나 모바일 앱 위주의 새 플랫폼에 기반한 매체를 뉴미디어로 생각했습니다. 그런데 어떤 플랫폼에서 전송되는지만 놓고 생각하면 은우님 지적처럼 대형 신문사의 페이스북 페이지나 유튜브 채널도 전부 뉴미디어라 볼 수 있는가에 대한 질문에 직면하게 됩니다. 물론 그 역시 뉴미디어적 시도이기는 하죠. 여기서 차이를 고민해보니 레거시 미디어의 영향력에서 자유로운 한국 뉴미디어는 개인이 돋보인다는 공통점을 갖고 있었어요. 1인 미디어만을 이야기하는 게 아닙니다. 브랜드 이름으로 운영되는 뉴미디어라고 해도 참여 주체는 소수잖아요.

© 인벤

© 조선일보

장예찬

자본의 한계 때문이라도. 그래서 아직은 브랜드나 시스템보다 창립 멤버들, 그들 개인의 인기나 취향, 영향력이 도드라지는 게 국내 순수 뉴미디어의 특색이자 성공 포인트 같아요. 게임 전문 웹진인 인벤처럼 예외도 있지만, 보편적인 경향성을 따져봤을 때 말이에요. 그에 반해 레거시 미디어에서 만든 뉴미디어는 상대적으로 개인이 잘 드러나지 않죠. 기껏해야 조선일보의 페이스북 관리자인 '조페지기' 정도가 개인으로서 사람들에게 인식됐지만, 그마저도 조선일보의 브랜드에 철저히 의존하고 있어요. 이미 뉴미디어 시장이 완연히 자리 잡아 뉴미디어와 레거시 미디어가 치열하게 경쟁하고 있는 미국은 또 달라요. 하지만 제반 환경과 여건이 많이 다른 국내에서는 뿌리를 둔 플랫폼, 그리고 매체를 만드는 특정 개인의 인기가 존립에 절대적 영향을 끼치느냐, 이 두 가지 차이점으로 뉴미디어의 개념을 정의할 수 있을 것 같아요.

김은우

미국에서는 이미 뉴미디어 등장 전에 초인적 개인, 스타 강연자 등 1인 콘텐츠 유행이 자리를 잡아서 독립적으로 시장을 구성하고 있었죠. 그런데 한국은 1인 미디어를 시발점으로 한 뉴미디어 유행과 강연 시장의 급성장이 겹치면서 말씀하신 현상이 지배적으로 나타난 것 같네요.

김태현

씁쓸한 이야기지만, 어쩌면 한국에서는 한 사람만 먹고 살 수 있을 정도의 이익만 나오기에 1인 미디어나 개인의 영향력에 의존한 뉴미디어가 주류를 이루게 된 것은 아닐까요.

장예찬

그렇다고 단언하기에는 특정 개인의 인기에 의존해도 폭발적으로 성장하면서 다수의 직원을 뽑고, 회사의 형식을 갖추게 된 뉴미디어도 속속 등장하고 있어요. 인생공부, 체인지 그라운드 등 팔로워 수십만이 넘는 페이스북 페이지와 유튜브 채널을 보유한 뉴미디어 기업 '체인지 그라운드'는 의장이자 베스트셀러 작가인 신영준 박사님의 인기를 자양분삼아 성장했죠. 여전히 신영준 박사님이라는 특정 개인의 지명도가 큰 영향을 끼치고 있지만, 사회적 기업의 체계를 갖추며 PD와 콘텐츠 메이커 같은 직원들을 많이 뽑았어요.

가장 성공적인 여행 뉴미디어라 할 수 있는 '여행에 미치다'도 세 훈남, 청춘유리, 안시내 작가 같은 스타성을 가진 콘텐츠 크리에이터들의 인기에 크게 의존하고 있어요. 그러면서도 어느새 직원 여럿을 갖춘 기업으로 성장했죠. 쟁쟁한 기존의 미디어인 여행 잡지나 여행사 채널보다 더 막강한 영향력을 발휘하며 관광청, 항공사는 물론 자동차 회사와도 협업을 하니까요. 국내 뉴미디어 시장에서 개인이 도드라지는 게 특색이라 했지만, 그렇다고 비즈니스 규모가 1인 미디어에 국한 된다고 볼 수만은 없어요.

김은우

돌아보면 딴지일보도 한 획을 그은 뉴미디어인데, 말씀하신 것처럼 김어준이나 파토, 김구라, 몸짱 아줌마 등 슈퍼 개인들 위주의 미디어에 가까웠다는 생각이 드네요.

장예찬

태현님은 저널리즘의 관점에서 데스크와 출입처로부터 자유롭고, 생존을 위해 더 절박하게 고민하는 측면을 뉴미디어의 특성으로 봤죠. 은우님은 일반 사람들의 시각에서 기존과 다른 플랫폼을 기반으로 지나치게 주류가 되지 않은 매체를 뉴미디어라 정의했습니다. 저는 새로운 플랫폼과 개인에 대한 의존성을 국내 뉴미디어의 특색으로 느꼈어요.

김태현

우리가 지목한 특성들이 서로 모순되거나 대척점에 있진 않은 거 같아요. 어느 정도 비슷하게 뉴미디어의 정의를 내리고 있었다고 생각해도 무방하겠죠.

국내의 다양한 뉴미디어들이 페이스북의 플랫폼에 쏟아지듯 등장한 시기를 2015년 무렵으로 기억한다. 당연히 온라인이 활성화된 이후부터 2015년 이전에도 여러 뉴미디어가 존재했다. 이제는 기성 언론의 반열에 오른 오마이뉴스 또한 초창기에는 실험적인 뉴미디어였다. 그러나 2015년부터 온라인의 중심은 웹이 아닌 모바일이라는 게 누구에게나 상식으로 인정받았고, 페이스북 페이지의 활성화로 자체 웹사이트 개발 없이 뉴미디어를 만드는 게 유행처럼 번졌다. 큰 기술력 없이도 매체를 만들 수 있게 되면서 그야말로 우후죽순처럼 새로운 미디어가 탄생하고 소멸하였다.

© 오마이뉴스

그 시기를 직접 경험하고 가까이서 지켜본 우리 세 사람은 각자가 정의하는 뉴미디어는 조금씩 다르지만, 새로운 플랫폼과 그에 맞춰 변화 된 콘텐츠 제작 방식, 그리고 소셜 인플루언서 개인의 영향력을 한국 뉴미디어의 특색으로 볼 수 있다고 결론지었다.

우리는 이러한 개념 정의를 바탕으로 국내 뉴미디어 시장을 돌아보고, 미국 등 해외 시장과 비교하며 분석 및 전망을 이어가려 한다. 서로 다른 분야의 일을 하고 있지만, 뉴미디어에 대한 열정은 동일한 우리 셋의 기록이 새로운 도전을 준비하는 누군가에게 도움이 됐으면 좋겠다. 뉴미디어라는 말은 홍수처럼 넘치는데, 진짜 트렌드와 현황은 무엇인지 제대로 알 길이 없는 사람들에게도 성실한 길잡이가 되고 싶다.

CHAPTER 1

트렌드를 이끄는 글로벌 뉴미디어

버즈피드

세대차이

매체 소개

트럼프 행정부는 언론과 불편한 관계다. 2월 24일 숀 스파이서Sean Spicer 백악관 대변인이 비공식 브리핑을 하면서 이례적으로 자신과 불편한 언론사들을 제외했다. 뉴욕 타임스The New York Times, CNN, BBC, 더 힐THE HILL, 폴리티코 POLITICO 등을 초대하지 않았다. 초대받지 못한 언론 중에 버즈피드BuzzFeed가 있었다. 버즈피드는 특히 도널드 트럼프 Donald John Trump 와 큰 대립 구도를 이루고 있다. 2016년 대선 정국에서 버즈피드의 창업자 조나 페레티Jonah Peretti는 트럼프를 크게 비난하며 공화당의 대선 광고 계약을 해지하기도 했다. 과거에는 버락 오바마 Barack Obama 대통령과 단독 인터뷰를 진행하기도 했다. 오바마는 버즈피드를 통해 교육 현장에서 성적 소수자를 지지하는 정책을 발표했다. 비난도 많다. 트럼프는 뉴욕 타임스, CNN, 워싱턴 포스트The Washington Post 등의 진보 성향 매체를 공격하면서 버즈피드에 대한 공격도 잊지 않는다. 트럼프가 성공한 원인 중 버즈피드와 같은 뉴스성 콘텐츠들의 범람이 있다는 주장도 있다. 역설적으로 이런 비난은 정치적 영향력을 증명한다. 뉴미디어로서는 이례적인 위치다. 어떻게 버즈피드는 이렇게 막강한 정치적 영향력을 얻게 된 걸까?

겉보기에 버즈피드의 사업은 초라해 보인다. 직원은 550명에 불과하다. 회사로는 크다. 하지만 뉴욕 타임스, CNN 등의 회사에 비하면 작은 규모다. 매출 또한 1억 규모로 거의 이득이 남지 않는다. 언론계를 뒤집어엎는 회사의 느낌은 아니다. 생각해보면 미디어 회사 자체가 신규 업체가 성공하기 쉬운 분야가 아니다. 언론은 전형적인 '고비용 저효율' 구조이다. 실리콘 밸리 기술 기업은 소수의 기술자가 자동으로 돈을 번다. 언론은 누군가가 글을 쓰고, 사진을 찍고, 동영상을 편집해야만 돈을 번다. 전형적인 저부가 산업이다. 요즘 미국에서 유행하는 사업과는 거리가 먼 셈이다. 그런데도 버즈피드는 기술 산업과도 같은 가치를 받고 있다. 버즈피드는 2014년 벤 호로위츠Ben Horowitz 등 실리콘 기술기업 투자자에게 5천만 달러 투자를 받았다. 이때 배정받은 회사 가치는 8억 5천만 달러다. 2015년에는 15억 달러로 늘었다. 2016 년에는 17억 달러 가치를 인정받고 있다.

© 제프 베조스

버즈피드의 회사 가치는 기성 언론 업계에서도 이례인 수준이다. 아마존 창립자 제프 베조스Jeffrey Preston Bezos가 워싱턴 포스트를 인수하면서 배정받은 기업 가치는 2억 5천만 달러였다. 버즈피드의 가치에 비하면 초라한 수준이다. '세계 최고의 언론'이라고 칭찬받고 있는 뉴욕 타임스의 기업가치는 18억 8천만 달러다. 추세로 보면 버즈피드에게 따라잡히고 있는 형국이다. 이러한 이유에는 여러 가지가 있다. 우선 '트래픽'traffic(웹 트래픽web traffic의 줄임말로, '하나의 웹 사이트에 방문하는 사람들이 데이터를 주고받은 양'을 뜻함)이 있다. 이곳의 콘텐츠를 월평균 소비한 방문자 수가 무려 2억 5천만 명이다. 뉴욕 타임스의 천만 명에 비해 압도적이다.

트래픽의 비결은 데이터 분석이다. 버즈피드에는 개발자와 데이터 분석가가 편집자나 기자보다 많다. 이곳의 직원들은 데이터가 필수다. 철저한 데이터 분석을 통해 '어떤 콘텐츠가 잘 먹히나'를 분석한 셈이다. 데이터 분석을 통해 얻은 학습은 트렌드 주도로 이어진다. 버즈피드는 인터넷 세계의 트렌드를 이끄는 콘텐츠 형식을 몇 번씩이나 만들었다. 직관만을 위한 연구가 아닌 데이터 분석이 곁들여진 덕분이다. 버즈피드가 주도한 형식으로는 리스티클listicle('목록'이라는 뜻의 리스트list와 '기사'라는 뜻의 아티클article을 합쳐 만든 신조어)이 있다. 〈당신이 비 오는 날 부산에 가야 하는 7가지 이유〉와 같은 종류의 기사다. 가벼운 gif 이미지(Graphical Interchange Format의 약자로, 동일한 피사체의 사진 몇 장을 이어 붙여서 움직이는 영상처럼 보이게 만든 파일. 인터넷 조어로 '움짤'이라고도 함)가 곁들어진다. 글은 없을 수도 있고 최소한으로 유지하고 있기도 하다.

최근에는 페이스북 비디오의 발전과 함께 짧은 동영상 콘텐츠로 트렌드를 이끌고 있다. 이런 동영상은 페이스북facebook 등의 SNS 플랫폼의 필요에 의해서 필요성이 커졌다. 버즈피드는 이런 트랜드를 파악하여 미리 유튜브YouTube 채널을 통해 다양한 동영상 콘텐츠를 올리고 있다. 데이터 분석과 트렌드 주도를 통해 얻은 강력한 트래픽은 그대로 수익 구조로 이어진다. 버즈피드는 뉴미디어 수익 모델 트렌드도 이끌고 있다. 버즈피드가 올리는 수익의 핵심은 원래 '광고'다. 광고지만 콘텐츠로서 즐겁게 볼 수 있는 콘텐츠를 말한다. 예를 들어보자. 버즈피드는 심리테스트 콘텐츠를 유행시킨 주역이기도 하다. 클릭을 통해 간단하게 몇 가지 질문지에 대답하면 결괏값이 나오는 방식이다. 버즈피드는 심리 테스트를 광고 콘텐츠로 만들어낸다. 자신에 대한 개인적 질문에 답하면, 그에 맞는 던킨도너츠를 추천해주는 식의 방식으로 말이다. 이를 통해 사용자들은 광고지만 재미로 보는 콘텐츠인 듯 소비한다. 모바일 시대에 사용자들은 스킵skip 버튼이나 애드블록AdBlock(구글과 애플의 웹 브라우저의 광고를 필터링할 수 있는 확장 프로그램) 등의 무기로 광고를 무력화시킨다. 사용자가 자발적으로 보고 싶어지는 광고를 만드는 게 바로

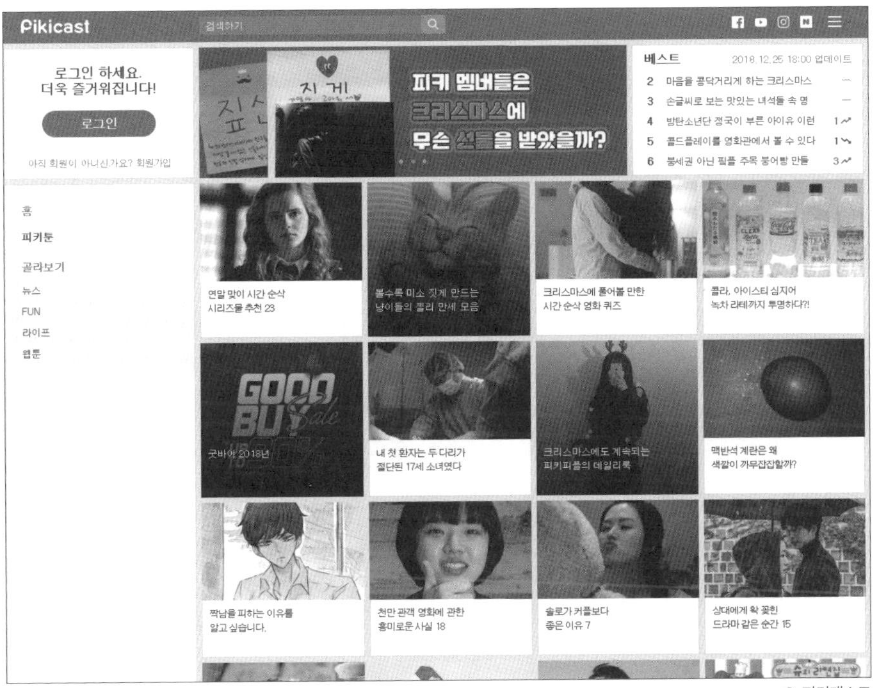

© 피키캐스트

버즈피드의 핵심이다.

네이티브 애드Native AD(특정 서비스 플랫폼에 적합한 방식으로 제작된 광고)를 커머스commerce(상거래)로 발전시킨 경우도 있다. 버즈피드는 심리테스트에 커피 판매를 접목하는 시도를 했다. 심리 테스트를 통해 자신과 잘 맞는 커피 종류를 보여주고, 그 결과를 토대로 커피 구매를 유도한다. 콘텐츠가 광고가 되고, 광고가 구매로 이어지는 루트를 완성하고 있는 셈이다.

버즈피드의 성공 공식은 수많은 뉴미디어에 롤모델이 되었다. 미디어 콘퍼런스의 참가자들은 그 때마다 버즈피드를 인용한다. 한국도 예외가 아니다. 피키캐스

© 봉봉

트Pikicast가 버즈피드를 연상시키는 가벼운 gif 이미지 형식과 리스티클을 활용한다. 봉봉vonvon은 버즈피드의 심리테스트를 한국적으로 완성해 순항 중이다. 김리뷰가 이끄는 '리뷰 공화국' 또한 버즈피드가 제시한 네이티브 애드를 통해 수익모델을 꾸미고 있다.

버즈피드는 사업 자체로도 훌륭하지만 '상징성'으로 중요한 회사다. 현재 뉴미디어를 상징하는 회사인 셈이다. 데이터 분석을 통한 분석 방식, 광고와 콘텐츠를 구분 짓지 않는 태도, 진보적인 정치 목소리 톤, 가벼운 엔터테인먼트 위주의 콘텐츠 등 버즈피드의 주요 요소 하나하나는 모두 뉴미디어 산업을 상징하는 모습이 되었다.

이런 버즈피드 특유의 이미지에 가장 크게 기여한 사람이 바로 창업자 조나 페레티이다. 안경을 끼고 데이터를 분석하는 너드nerd('괴짜스러운'이라는 뜻을 가진 단어로, 전문지식은 많지만, 사회성이 부족한 부류들이나 그러한 성격들을 일컫는 말)한 이미지를 가졌음에도 거침없이 자신의 정치적 소신을 밝히고, 미디어 업계에 관해 토론하는 사람이다. 조나 페레티는 어떤 사람이고, 어떤 과정을 통해 버즈피드를 시작하게 되었을까?

조나 페레티

조나 페레티는 버즈피드를 상징하는 인물이다. 그는 원래 컴퓨터 교사였다. 환경학을 전공한 그는 무슨 일을 해야 할지 갈피를 잡지 못한 채로 아이들을 가르치다 MIT 미디어 랩MIT Media Lab 박사과정에 들어갔다. 박사과정에 있던 그를 뒤흔

© 조나 페레티

드는 사건이 있었다. '나이키Nike와의 분쟁'이다. 나이키는 신발에 자신이 원하는 문구를 새기는 이벤트를 진행 중이었다. 최신 마케팅 기법이다. 여기서 조나 페레티는 나이키 신발에 "노동 착취자"라고 문구를 써달라고 말했다. 아동 노동력을 심하게 착취한다는 나이키에 악명을 공격한 문구다. 나이키는 이 문구를 써줄 수 없다고 대답했다.

여기서 끝났다면 평범한 해프닝으로 끝났을지 모른다. 하지만 그게 끝이 아니었다. 조나 페레티는 자신과 나이키 사이에 있었던 일을 온라인에 올렸다. 이 이야기는 인터넷에 큰 돌풍을 몰고 왔다. 그는 이 일을 통해 기성 언론과 인터뷰도 할 수 있게 되었다. 조나 페레티는 이를 통해 별다른 홍보수단 없이도 강력하게 퍼질 수 있는 콘텐츠의 힘을 느끼게 되었던 것이다.

© 허핑턴 포스트

MIT 미디어 랩을 졸업한 조나 페레티는 아리아나 허핑턴Arianna Huffington과 함께 허핑턴 포스트The Huffington Post를 설립했다. 검색 엔진에 잘 걸리는 뉴스를 제작하는 웹 뉴스 홈페이지였다. 허핑턴 포스트는 검색엔진 최적화와 배너 광고를 무기로 돌풍을 일으켰다. 허핑턴 포스트는 2011년에 3천 8백억 원에 가까운 돈을 받으며 AOLAmerica Online에 인수되었다.

허핑턴 포스트 내에서 조나 페레티는 연구소를 차렸다. 어떤 콘텐츠가 어떻게 확산되는 가를 연구하는 곳이었다. 이때의 경험은 버즈피드를 만드는 토대가 되었다. 허핑턴 포스트가 인수되기 전, 조나 페레티는 또 하나의 회사를 차렸다. '버즈봇buzzbot'이라는 서비스였다. 이 서비스는 알고리즘을 통해 인터넷을 분석하

버즈피드의 트위터

여 요즘 뜨는 인기 콘텐츠 링크를 배달해준다. 처음에 버즈봇은 매일 5개에서 6개의 기사를 배포했다.

버즈봇은 점차 진화했다. 기술도 발달했지만, 우선 환경이 바뀌었다. 구글Google에서 기사를 검색해서 보던 사람들이 트위터twitter, 페이스북 등 SNS를 통해 기사를 보기 시작했다. 기사가 퍼지는 방식이 바뀌자 자연스럽게 버즈봇도 SNS에 특화되었다. 버즈피드의 등장이다.

'처음 시작이 무엇인지'는 중요하다. 처음 시작이 무엇이냐에 따라 서비스의 색깔이 달라지기 때문이다. 버즈피드가 그랬다.

초기 버즈피드는 알고리즘 분석을 통해 어떤 콘텐츠가 잘 나가는지 알려주는 서비스였다. 애초부터 콘텐츠 제작보다 유통을 중시하는 곳이란 뜻이다. 이런 조나 페레티의 소신은 그대로 버즈피드의 분위기가 되었다. 버즈피드는 외부 콘텐츠를 짜깁기하거나 유통하는 걸 두려워하지 않는다. 버즈피드가 만들어진 이유 또한 잘 나가는 콘텐츠가 무엇인지 알고 싶어 하는 조나 페레티의 호기심 덕분이었다. 버즈피드는 데이터 분석을 중시한다. 데이터를 통해 어떤 콘텐츠가 어떤 채널을 통해, 어떻게 퍼지는지 알아보는 게 핵심이다. 이런 조나 페레티의 정체성은 고스란히 버즈피드의 핵심이 되었다.

애초에 조나 페레티가 미디어에 관심을 갖게 된 계기를 떠올려보면 많은 게 설명된다. 조나 페레티는 자신과 나이키의 분쟁이 디지털 미디어를 통해 저절로 퍼지는 것을 목도했다. 그리고 이 첫인상이 그대로 고스란히 버즈피드의 색깔이 되었다.

'무엇이 터질까?' '어떤 콘텐츠가 온라인에서 인기가 있을까?' 이 질문이야말로 버즈피드를 이끄는 핵심이다. 그렇다면 버즈피드의 이 성격이 어떻게 성공을 견인했을까?

버즈피드의 성공비결

버즈피드는 시발점에 모든 비밀이 있다. 버즈피드는 원래 어떤 콘텐츠가 온라인에서 인기가 있는지를 알아보는 연구소였다. 기사도 없고, 기자는 더욱이 없었다. 그저 콘텐츠의 인기도를 측정하는 알고리즘이 있을 뿐이었다.

버즈피드는 버즈봇을 출시한다. 인기 있는 콘텐츠의 링크를 사용자에게 전달해주는 봇이였다. 수백 개의 블로그들을 분석해서 어떤 콘텐츠가 인기 있는지를 판별했다. 그리고 그 링크를 배포했다. 이후 비로소 큐레이터들이 입사했다. 이들은 알고리즘을 보좌하여 인기 콘텐츠를 소개했다. 사이트에서도 가장 인기 있는 링크를 표시해주었다.

초기에 버즈피드가 콘텐츠 인기 평가 알고리즘에서 시작해 콘텐츠 유통 경로가 되었다면 나중에야 버즈피드는 미디어로서 정체성을 갖기 시작한 셈이다. 정치 매체 폴리티코의 유명 블로거인 벤 스미스Ben Smith를 편집장으로 영입했다. 이후 퓰리처상Pulitzer Prize 수상자인 마크 슈프츠Mark Shoofs를 필두로 탐사보도 팀을 만들었다. 대형사건 취재 전문 기자인 리사 토치Lisa Tozzi 전 뉴욕 타임스 기자도 팀에 합류했다.

애초에 버즈피드는 '데이터 분석 조직'이었다. 이후에야 콘텐츠 유통을 맡았다. 마지막에는 콘텐츠 자체 제작을 시작했다. 버즈피드의 역사는 그대로 콘텐츠의 특징이 되었다.

버즈피드의 특징은 특유의 형식이다. 버즈피드는 데이터를 통해 특정 포맷에 가장 적합한 콘텐츠 형식을 찾는 데 집중한다. 끊임없는 실험과 실패와 분석을 통해 얻은 데이터가 그들의 무기다. 거꾸로 이야기하면 데이터 외에 본인만의 철학은 많지 않다는 이야기도 된다. 이런 형식을 통해 버즈피드는 수많은 히트작을 만들어낸다. 대표적인 형식으로는 리스티클이 있다. 리스트 형식으로 만든 기사다. 예시로는 〈하와이에서 꼭 해봐야 할 일 X가지〉와 같은 부류의 기사가 있다. 한국에서도 SNS를 주력으로 삼는 위키트리WIKITREE, 인사이트Insight 등의 매체들이 리스티클로 쏠쏠한 재미를 보았다.

퀴즈도 버즈피드의 핵심 형식이다. 사용자가 질문에 대답하면 대답을 취합해서 그에 맞는 타입을 보여준다. 예시로는 〈당신에게 어울리는 던킨도너츠 도넛은?〉 등이 있다. 한국에서도 본본 등의 퀴즈 서비스가 큰 인기를 얻었다.

짧은 동영상 콘텐츠도 빼놓을 수 없다. 버즈피드는 페이스북에서 전용 채널 '테이스티tasty'를 운영한다. 음식에 대한 짧은 콘텐츠들이다. 1분 내외의 짧은 동영상 형식이다. 이를 통해 음식 팁을 공유한다. 8천만 명이 넘는 구독자가 있는 최대 인기 계정이다. 특정 플랫폼에 최적화된 짧은 동영상 채널 또한 한국에서도 크게 유행했다. 〈일반인들의 소름 돋는 라이브〉와 같은 계정이 대표적이다.

버즈피드의 핵심, 퀴즈

이처럼 버즈피드의 히트 형식은 그 하나하나의 파급력이 엄청났다. 자체적으로도 성공적이었다. 더 중요한 사실은 이들이 한국의 뉴미디어 업계의 트렌드가 될 정도로 전 세계적인 롤 모델이 되었

© 메이크어스

다는 사실이다. 그들이 시도했던 형식을 한국식으로 변화해서 성공한 서비스만 해도 수두룩하다. 트렌드를 이끌었다는 점에서 마치 한국 예능의 〈무한도전〉과 같은 위치다. 이런 성공에는 물론 대표 히트작의 성공이 주효했다.

버즈피드 최고의 히트작은? 역시 〈파/검 드레스 논란〉 콘텐츠이다. 버즈피드의 텀블러 담당 에디터인 케이츠 홀더네스Cates Holderness의 드레스 사진이다. 드레스 색깔을 누군가는 파랑, 검정으로, 또 다른 누군가는 흰색, 금색으로 본다. 버즈피드는 이를 온라인 투표에 부쳤다. 사람들은 서로의 의견을 공유하면서 이 콘텐츠를 공유했다. 순식간에 이 콘텐츠는 전 세계적으로 퍼져 5천만 건 이상 공유

되었다. 하루에만 2천 8백만 명 이상의 트래픽이 모였다고 한다. 버즈피드 역대 최고의 성과다.

'수박 스턴트' 콘텐츠도 재미있다. 2016년 4월 8일에 게시했던 버즈피드의 페이스북 라이브 동영상이다. 이 동영상에는 아무런 내용도 없다. 그저 두 명의 직원이 수박에 고무 밴드를 계속 끼운다. 수박이 터질 때까지 말이다. 이처럼 아무런 내용 없는 동영상을 80만 명이 넘는 사람들이 보았다.

훌륭한 히트작이 나온다. 그리고 그 히트작을 정형화하여 반복하게 만든다. 이렇게 형식이 나온다. 경쟁자는 형식을 카피한다. 하지만 형식을 만든 과정인 데이터는 카피하지 못한다. 한국에서조차 버즈피드 형식의 카피캣copycat('모방하는 사람'이라는 뜻의 경영 용어)이 속속 등장하지만, 버즈피드가 지속해서 새로운 히트 시리즈를 만들 수 있는 이유다. 창의력이 아닌 데이터를 통해 좋은 콘텐츠를 만드는 방식을 찾는다.

버즈피드는 여기서 그치지 않았다. 버즈피드의 진짜 가치는 이런 히트 콘텐츠가 자본으로 이어진다는 데 있다. 버즈피드가 히트한 광고 형식이 바로 네이티브 광고다. 사용자가 보는 콘텐츠와 같은 형식의 광고 콘텐츠를 말한다. 사용자들은 이를 광고인 줄 알면서도 재미를 위해 소비한다. 그리고 이를 통해 광고주가 알리고 싶은 정보를 거부감 없이 얻는다.

이 방식이 극단까지 발전하면 커머스 영역에 들어선다. 버즈피드의 커피 퀴즈를 보자. 객관식 퀴즈다. 어떤 원두가 나에게 딱 맞는지를 알 수 있는 문항들이다. 내가 좋아하는 과일, 내가 좋아하는 술, 내가 원하는 카페인의 정도 등의 질문들이다. 문제에 따라 버즈피드는 커피 원두를 추천한다. 결제하면 주소로 내가 작명한 이름의 원두가 배달된다. 광고를 넘어선 구매 경험까지 버즈피드가 제공한다. 이렇게 되면 이들은 엄청난 이득을 얻는다. 바로 데이터다. 실제 구매까지 이어지는 환경을 설계한 덕분에, 실제 구매까지의 경로를 데이터로 측정할 수 있게 된 셈이다.

현재 인터넷 광고의 제왕은 구글이다. 모든 콘텐츠의 경로를 구글이 갖고 있기 때문이다. 하지만 아마존Amazon은 미래의 광고의 제왕 자리를 노리고 있다. 실제 결제 데이터를 갖고 있는 게 아마존의 상섬이다. 어떤 경로에서 사용자들이 구매를 멈추는지, 어떤 경로에서 사용자들이 실 구매를 하는지 등을 알 수 있다는 게 아마존이 구글보다 비교 우위에 서 있는 부분이다.

버즈피드는 콘텐츠로 직접 물건을 팔려 한다. 이는 그 어떤 정보보다 돈이 되는 데이터다. 수익률도 좋다. 버즈피드는 광고 회사를 넘어 이커머스 회사까지 되려는 것이다. 버즈피드는 인터넷을 뒤집은 히트작을 만들었다. 그리고 이를 메뉴얼화 하여 반복할 수 있게 만들었다. 히트 콘텐츠를 실제로 훌륭한 사업으로 만들기까지 했다. 뉴미디어 업체가 어떻게 하면 성공하는지, 그 경로를 정확하게 짚은 셈이다. 전 세계 수많은 미디어가 버즈피드를 성공 사례로 참고하는 이유다.

버즈피드의 대표작

원래 버즈피드는 미디어가 되려 하지 않았다. 하지만 현재 버즈피드는 미디어다. 현재 버즈피드의 슬로건은 "소셜 시대의 미디어 회사"다. 미디어 회사로서 버즈피드의 가능성을 본 조나 페레티가 미디어 회사로 방향을 튼 게 그 시작이었다.

조나 페레티는 버즈피드를 1920년대의 타임TIME지와 비교했다. 조나 페레티에 따르면 타임지는 〈가장 영향력 있는 100인〉 등의 리스트 콘텐츠로 잡지 문화를 혁신했다. 이를 통해 독보적인 언론사가 되었다. 버즈피드도 마찬가지로 존재할 것이라고 믿지 못할 42인 등의 새로운 리스티클 콘텐츠로 언론 영향력을 늘리고 있다고 주장한다. 실제로 버즈피드는 꾸준히 언론에 영향력을 늘리고 있다. 정치 매체 폴리티코 출신 벤 스미스를 기용하여 오바마 단독 인터뷰를 한 게 대표적이다. 그 외에도 마크 슈프츠, 리사 토치 등 굵직한 뉴스를 다루는 인재를 도입해 뉴스룸newsroom(보도국을 뜻하는 언론계 용어)을 갖췄다. 진지한 주제조차 버즈피드가 다루겠다는 의지다.

버즈피드의 기존 뉴스에 대한 투자가 얼마나 진지한지 보여주는 한 일화가 있다. 뉴욕 타임스는 1면에 대한 지면 회의를 없애고 대신 '홈페이지 상단 기사 회의'를 신설했다. 이 회의에서 한 직원이 라이베리아에서 시작된 에볼라 사태를 생생하게 다루는 단독 기사를 내보내면 어떻겠냐고 제안했다. 편집국은 흥분했다. 라이베리아에까지 특파원을 보낸 언론은 뉴욕 타임스뿐이었다. 그런데 그 순간, 누군가 버즈피드도 그곳에 직원이 있다고 말했다. 회의실에는 침묵이 흘렀다. 이런 투자를 통해 버즈피드는 상당히 많은 진지한 기사를 올렸다. 시리아 사태, 미국 학교 내의 성소수자 인권 문제, 미국 내 정치까지 다양한 주제를 다룬다. 이를 통해 성공에 가까운 성과를 내기도 했다.

최근에 언론으로서 버즈피드가 가장 크게 화제가 된 일은 '트럼프 문건 공개사건'이다. CNN은 2017년 4월 10일경 미국 정보 당국이 트럼프와 오바마에게 러시아가 트럼프의 사생활에 관련된 정보를 보유 중이라는 내용의 문건을 공유했다고 보도했다. 기존 언론은 그 이상의 내용은 밝히지 않았다. 정보의 정확성을 담보하기 어렵다는 판단 때문이었다.

그날, 버즈피드는 35쪽 분량의 문건을 공개했다. 여기에는 트럼프 당선인이 과거에 러시아의 호텔에서 창녀들과 섹스 파티를 즐겼다는 사실이 기록되어 있었다. 그리고 이 사실을 증명할 증거를 러시아 정부가 갖고 있었다고 문건에는 기록되어 있었다. 트럼프 당선인의 취임식 불과 며칠 전의 일이다.

이 사건은 미국 정계에 엄청난 파장을 일으켰다. 트럼프는 보도 다음 날 언론 브리핑에서 버즈피드가 공개한 문건은 쓰레기일 뿐이라고 주장했다. 버즈피드 또한 이 문건의 사실관계가 확인되지 않았다고 기사에서 인정했다. 사용자의 알 권리를 위해 이 문건을 보도했다고 버즈피드의 편집장 벤 스미스는 주장한다. '혐의가 제기된다'라는 표현은 이 주장이 증명할 수 없는 주장임을 말한다. 이런 표현을 넣어 보도하면 문제가 없다는 주장이다. CNN은 버즈피드의 태도가 무책임하다고 비판했다.

영국의 노동당 당수 제레미 코빈Jeremy Bernard Corbyn에게 망신을 준 '트레인 게이트'에서도 버즈피드는 대활약을 했다. 2016년 8월 11일, 코빈은 런던에서 뉴캐슬까지 기차를 타고 이동했다. 이후 가디언The Guardian지 인터넷판을 통해 코빈이 기차 바닥에서 쭈그리고 앉아 있는 동영상이 공개되었다. 코빈은 열차가 비싸고 부족하다며 국유화를 통해 열차 편을 늘리겠다고 공약했다.

사실 이 동영상은 버즈피드에 공개되기로 예정되어 있었다. 버즈피드 영국판의 편집장은 "이 정보를 준 기자가 지나치게 자신의 입맛에 맞게 글을 쓰려 해서 이 글을 받지 않았다"고 말했다. 결국, 이 글은 가디언지 인터넷판에 게시되었다. 천하의 가디언지가 새파란 인터넷 매체 버즈피드보다 못한 취급을 받은 것이다.

더 큰 여파는 그 이후에 벌어졌다. 열차 회사는 리처드 브랜슨Sir. Richard Branson의 버진Virgin 기업 산하였다. 버진은 이후 CCTV화면을 공개했다. 빈자리가 있는데도 코빈은 굳이 바닥에 앉아 있었다. 동영상을 찍은 후, 열차 승무원은 코빈을 빈자리로 안내했다. 코빈은 이후 두 시간 동안 자리에 앉아서 기차를 탔다. 조작된 상황을 담은 동영상이었던 셈이다. 이 이야기로 정직하고 솔직한 진보 정치인 이미지를 갖고 있던 코빈의 이미지가 망가졌다.

여기에 버즈피드가 치명타를 날렸다. 버즈피드는 가디언지의 동영상 기사를 쓴 화자가 코빈이 리더가 된 이후에 입당한 구 사회당, 현 노동당 당원이라고 폭로했다. 기사에는 공개되지 않았던 내용이다. 가디언지의 편집장은 이 일에 대해 사과해야 했다. 버즈피드의 고발에 코빈은 물론 가디언지까지 체면을 구겨야 했다.

기성 언론보다 더 과격하게 정보를 공개하거나, 잘못된 관행을 지석하면서 언론 영향력을 쌓아온 버즈피드지만 그 한계 또한 명확하다. 퓨 리서치 센터Pew Research Center가 2014년 10월 발표한 조사에 따르면 보수, 진보를 떠나 대부분 사람이 버즈피드의 정보를 의심했다. 신뢰를 쌓는 데는 오랜 기간이 걸린다. 농담에 가까운 콘텐츠로 성적을 올렸던 사이트라면 더욱더 그렇다. 진중한 이미지를 얻는 데는 한 세월이다. 잃기는 쉽지만 얻기는 어려운 게 '정론의 이름'이다.

실제로 트럼프는 본인에게 가장 공격적이었던 버즈피드를 거침없이 가짜 뉴스로 몰아세운다. 물론 다른 진보 언론에게도 트럼프는 공격적이다. 하지만 트럼프는 당선 후 뉴욕 타임스 사옥에 들어가 점심 미팅을 갖고, 워싱턴 포스트와 기습 전화 통화를 하는 등 어느 정도의 관계를 유지한다. 버즈피드에는 모욕과 무시로 일관한다. 그만큼 언론으로서 대접을 하지 않는다는 의미다.

트럼프가 당선되면서 미국에도 정치의 계절이 왔다. 위기감을 느낀 미국의 리버럴liberal(미국 정치에서 사용되는 '리버럴'이라는 단어는 한국말로는 일반적으로 '진보'라고 번역됨) 덕분에 뉴욕 타임스 등의 진보 언론들은 인기가 더 많아졌다. 하지만 버즈피드는 아니다. 이들은 버즈피드를 통해 굳이 신중한 정보를 얻으려 하지 않는다.

버즈피드의 딜레마는 온라인 뉴미디어의 딜레마와 비슷하다. 버즈피드는 사업적으로 성공했다. 하지만 온라인 광고 영역은 변화가 빠르다. 얼마나 오래 갈지 아무도 알 수 없다. 게다가 직접 콘텐츠를 만들어서 돈을 버는 미디어 모델은 구글, 네이버, 페이스북 등의 플랫폼 모델과는 달리 일이 늘어날수록 인건비가 든다. 사업적으로 성과가 있다고 해도 아주 훌륭하지는 않다.

언론으로는 어떨까? 기성 언론만큼의 신뢰를 구축하지는 못했다. 신뢰는 세월이 지나면서 쌓인다. 깐깐한 저널리즘을 백년 넘게 지키면서 구축한 뉴욕 타임스의 시간. 닉슨의 워터게이트를 파헤쳤을 때부터 이미 '워싱턴 정계 최고의 신문'으로 불렸던 워싱턴 포스트의 시간. 이렇게 쌓인 세월이 가져다준 신뢰를 버즈피드는 만들 수 있을까?

한국 뉴미디어도 이와 비슷한 딜레마를 갖고 있다. '최순실 사태'가 그렇다. 언론이 오랜만에 주목을 받은 사건이었다. 이 사태에서 주목을 받은 언론들은

JTBC, TV조선, 한겨레 등 '기성 언론'이었다. 뉴미디어는 그저 이 사태로 기성 언론이 큰 주목을 받는 순간을 지켜 보고 있어야만 했다. 취재를 위해 훈련된 기성 언론의 힘을 뉴미디어가 이길 수 없었다.

여러모로 버즈피드는 뉴미디어의 강점과 한계를 가장 잘 드러내는 회사다. 버즈피드라는 회사가 뉴미디어 산업에 끼치는 영향력이 그만큼 막강하기 때문이다. 그렇다면 버즈피드를 통해 한국의 뉴미디어는 어떤 점을 배울 수 있을까?

배울 점

버즈피드는 뉴미디어의 대명사다. 많은 뉴미디어 서비스가 이들의 아이디어를 따와서 한국에서 성공했다. 지금껏 많은 뉴미디어 서비스가 버즈피드를 참고했다면, 앞으로 버즈피드가 가야 할 길도 버즈피드를 보면 알 수 있을지 모른다.

한국에서는 버즈피드와 같은 거대 사업을 만들기는 어렵다. 시장의 크기 차이 때문이다. 한국의 시장은 5천만 한국인이다. 하지만 버즈피드의 시장은 전 세계다. 비교가 어렵다. 버즈피드가 각광받은 가장 큰 이유는 수익 구조다. 조나 페레티는 허핑턴 포스트에서 일했다. 허핑턴 포스트는 검색 최적화와 배너 광고로 수익을 벌었다. 당시에는 좋은 장사였다. 하지만 조나 페레티는 한계를 느꼈다. 그래서 버즈피드에서는 SNS에 최적화된 광고 모델을 개발했다. '네이티브 광고'다.

네이티브 광고는 콘텐츠 자체가 광고다. 따라서 본인 웹페이지에 집착할 필요가 없다. 어떤 플랫폼을 통해서라도 많이 보면 수익으로 이어진다. 본인 웹페이이지에 트래픽이 수익으로 이어지는 기존 언론사 홈페이지와 다르다. 버즈피드 슬로건대로 소셜 시대에 가장 적합한 미디어 수익모델인 것이다.

버즈피드는 〈20가지의 멋진 하이브리드 동물 광고〉로 업계에 충격을 줬다. 버즈피드식 흥밋거리 리스티클이었다. 버즈피드는 이 글을 토요타의 하이브리드 자동차와 연결했다. 이것은 버즈피드식 기사이면서도 또한 토요타 광고이기도 했다. 훌륭한 사례이다. 하지만 한국 뉴미디어에 그대로 대입하기에는 문제가 있다. 한국은 시장이 너무 작다. 5천만 한국인, 그중에서도 버즈피드식의 가벼운 스낵 콘텐츠Snack Contents(우리말로 '자투리 문화'라고 할 수 있는 스낵 컬쳐Snack Culture에서 파생된 말로, 언제 어디서나 가볍게 즐길 수 있는 스낵처럼 이동시간 등 짧은 시간에 즐길 수 있는 부담없는 내용들을 뜻함)에 반응하는 20~30대 사람만 가지고 얼마나 큰 광고 수익을 벌 수 있을지 의문이다.

시장의 차이는 광고 수익 뿐 아니라 영향력에도 차이를 낸다. 버즈피드는 오바마 대통령 시절 백악관 출입을 하던 언론이었다. 트럼프와도 대결하기도 했다. 아프리카 오지에 특파원을 보내고, 영국 노동당 당수와 미국 현역 대통령을 공격할 수 있는 영향력을 가진 언론이다. 이 모든 취재력은 투자에서 나온다. 시장 규모 덕분에 투자할 수 있다. 당장 광고 수익뿐만 아니라 미래에 기대할 수 있는 광고 수익마저 크기 때문이다. 한국처럼 협소한 시장의 뉴미디어는 광고 수익도 적고 기대 수익도 적다. 당연히 한 나라의 대통령을 위기로 몰 정도의 깊이 있는 취재를 할 수준의 투자는 기대할 수 없다.

버즈피드조차 썩 좋은 언론은 아니다. 우선 사업을 보자. 버즈피드의 수익률은 나쁘지 않은 수준이다. 작년 버즈피드의 매출은 1억 달러를 조금 넘는 수준으로 판단된다. 세계 최고 언론사인 뉴욕 타임스의 매출인 16억 달러와 비교하면 썩 좋지 않은 수준이다. 버즈피드의 직원 수는 550명 수준이다. 여기서 1억 달러의 매출이 나온다. 뉴욕 타임스의 직원 숫자는 3천 5백 명이다. 뉴욕 타임스보다도 효율이 떨어지는 게 아닌지 의심되는 대목이다.

테크 회사(기술technology 중심의 회사)와 비교하면 차이는 더욱 심하다. 하지만 테크 회사와 비교하면 효율이 매우 낮다. IT 플랫폼 회사 치고 매출이 적다는 트위터조차 4천 명의 직원이 분기당 5억 5천만 달러 수준의 매출을 낸다. 버즈피드는 자신의 회사가 '데이터 위주의 테크 회사'라고 말한다. 하지만 테크 회사는커녕 올드 미디어인 뉴욕 타임스보다도 효율이 나오지 않는다. 한국 뉴미디어도 마찬가지다. 돈이 되는 곳이 없다. 사업이 늘어나면 늘어날수록 투자가 늘어나야 하는 비효율적인 사업이 되는 경우가 대부분이다. 테크 기업은 커녕 기존 미디어 사업자보다 사업성이 좋은 뉴미디어 업체조차 없다.

언론의 핵심이라 할 수 있는 신용과 영향력은 어떨까? 트럼프가 대통령이 되면서 진보 언론이 주목받기 시작했다. 뉴욕 타임스는 2017년 1분기 동안 30만 8천 명의 신규 온라인 구독자를 얻었다. 역사상 온라인 구독자가 가장 빠르게 늘어났다. CNN 또한 2017년 1분기 시청률 21% 상승해 역대 최고를 기록했다. 트럼프 시대에 불확실성이 늘어나면서 사람들이 진보 언론을 찾기 시작한 셈이다.

그 자리에 버즈피드는 없었다. 대중에게 버즈피드는 스낵 콘텐츠를 보는 곳이다. 버락 오바마와 학교의 성 소수자 문제에 대한 단독 인터뷰를 해도, 시리아 내전에 대해 취재를 해도, 영국 노동당 당수의 비리를 캐내도, 버즈피드는 여전히 가벼운 리스티클과 퀴즈, 짧은 레시피 동영상을 보는 곳이다. 버즈피드는 과연 본인의 이미지를 벗고 진지한 영향력을 발휘하는 언론이라는 이미지를 받을 수 있을까? 한국의 뉴미디어도 마찬가지다. 기성 언론의 신뢰가 떨어졌다고 하지만 뉴미디어는 기성 언론 정도의 신뢰도 얻지 못했다. 미디어가 정권의 실세를 찔렀던 최순실 사태에서, 뉴미디어는 부족한 취재력과 영향력을 절감하며 침묵하고 있어야 했다. 최순실 사태는 올드 스쿨old school(이전 시대의 전통적인 형식) 방식으로 취재력과 임원진의 신용, 언론사의 신용을 무기로 한 JTBC, TV조선, 한겨레신문이 주도했다.

버즈피드는 사업으로서, 그리고 언론으로서 여러 가지 한계를 노출 중이다. 한국의 뉴미디어도 마찬가지의 한계를 드러내고 있다. 다만, 더 심하게 드러낸다. 한국의 어떤 뉴미디어도 실리콘 밸리 투자자에게 투자를 받는 정도의 사업 가능성을 인정받지 못했다. 한국의 어떤 뉴미디어도 백악관에 입성한 버즈피드 정도의 영향력을 얻지 못했다. 버즈피드의 한계는 현재 뉴미디어 업계가 가진 한계를 보여준다. 한국의 뉴미디어 업계는 버즈피드가 느끼는 한계를 그대로, 좀 더 심한 강도로 느끼는 중이다.

뉴욕 타임스

M&A 시장의 부재

뉴미디어를 리딩하는 뉴욕 타임스

서부극은 1860년대에서 1890년대 미국을 다룬다. 서부 개척시대다. 뉴욕 타임스는 1851년 9월에 시작했다. 서부극 시대보다도 오래된 회사이다. 뉴욕 타임스의 실질적 시작은 1896년으로 보는 게 맞다. 당시 뉴욕 타임스는 9천부도 찍지 못하는 중소 언론이었다. 사업적으로도 매일 1천불 이상 손해를 보고 있었다. 사실상의 위기였다.

이때 아돌프 옥스Adolf Simon Aux가 나타났다. 채터누가 타임즈Chattanooga Times의 발행인이었다. 그는 7만 5천 달러를 주고 뉴욕 타임스를 인수했다. 그리고 "뉴스에 맞는 모든 소식All The News That's Fit To Print"을 발행하겠다는 슬로건을 내세우며 뉴욕 타임스를 변화시킨다. 당시 시대를 풍미하던 황색 저널리즘에 전쟁을 선포한 셈이다.

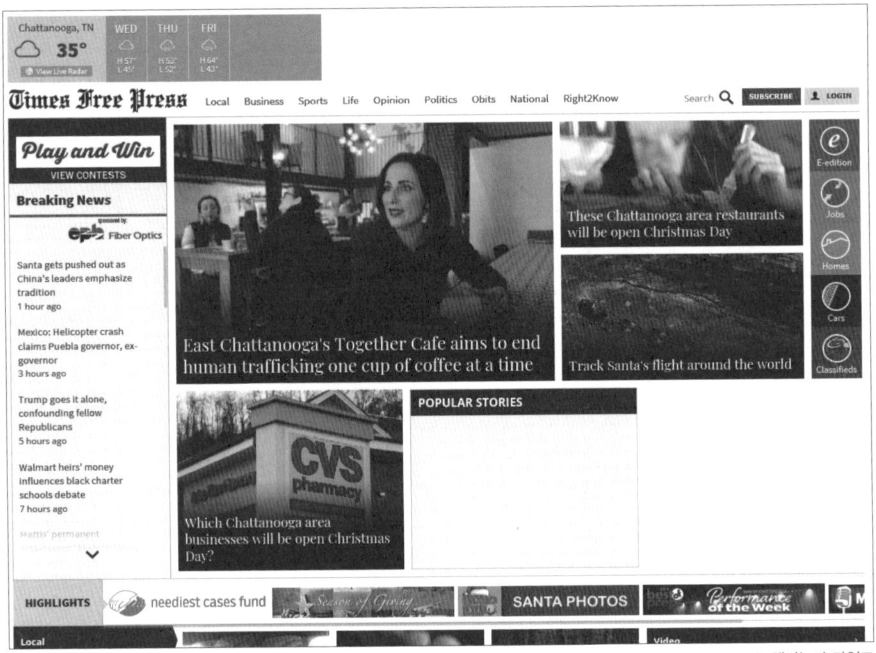

© 채터누가 타임즈

뉴욕 타임스는 신문 산업의 성장과 함께 빠르게 성장했다. 당시 뉴욕 타임스는 뉴미디어였다. 전 세계를 대상으로 텔레그래프The Telegraph를 통해 정보를 수신하고, 신문으로 인쇄하고, 기차를 통해 미국 전역으로 빠르게 배급하는 신문 시스템은 놀랍도록 혁신적이었다. 세계대전을 거치면서 뉴욕 타임스는 굵직한 사건을 다루며 세계를 선도하는 미디어로 발전한다.

20세기에 이르러 뉴욕 타임스는 미디어 확장에도 열심이었다. 워싱턴 포스트, 뉴욕 헤럴드 트리뷴New York Herald Tribune과 함께 만든 인터네셔널 헤럴드 트리뷴 International Herald Tribune이 대표적이다. 그 외에도 뉴욕타임스는 1942년부터 크로스워드 퍼즐crossword puzzle('가로세로퍼즐'이라고도 하는 십자말풀이 놀이)을 정기적으로 제공하기 시작했다. 지금도 뉴욕 타임스를 상징하는 피처feature('눈에 띄는 특징'을 뜻하는 언론 용어)이다. 1946년부터는 패션 섹션을 만들었다. 1944년부터 2007년까지 WQXR이라는 라디오 채널을 운영하기도 했다.

뉴욕 타임스는 인터넷 적응도 빠르게 시작했다. 1996년 1월 22일부터 인터넷판을 시작했다. 2005년에는 '타임스 셀렉트Times Select'라는 인터넷 구독 모델을 시작했다. 타임스 셀렉트는 2007년 9월 무료로 전환했다. 2011년 3월부터는 '페이월paywall'을 시작했다. 무료 구독자에게는 일정 숫자의 기사만 제공한다. 그 이후에는 유료 구독을 해야만 볼 수 있다. 현재 뉴욕 타임스는 유료 구독 수입이 광고 수입보다 더 많다고 하니 페이월은 어느 정도 성공을 거두었다고 볼 수 있다.

뉴욕 타임스는 다각도에서 모바일 적응도 시도했다. '타임스 리더Times Reader'는 마이크로소프트와 협업했던 앱application이었다. 2006년 4월에 시작해서 2014년 1월에 중단했다. 마이크로소프트의 툴tool을 활용해 모바일에 적합한 뉴욕 타임스 소비 경험을 만들겠다는 시도였다. 현재 뉴욕 타임스는 아이폰, 아이패드, 그리고 안드로이드 전용 앱을 제공한다. 2006년부터는 팟캐스트podcast('넷캐스트netcast'라고도 하며, 시청을 원하는 사용자들이 원하는 프로그램을 선택하여 자동으로 구독할 수 있도록 하는 인터넷 방송)도 시도했다. 중간에 팟캐스트를 줄였던 시절도 있었지만 2016년부터는 팟캐스트를 다시금 늘리고 있다.

뉴욕 타임스는 21세기 들어 다양한 프로젝트를 통해 미디어 혁신을 주도하는 기성 미디어라는 명성을 쌓았다. 그중 가장 중요한 프로젝트라면 역시 '스노우폴snowfall'일 것이다. 2012년 12월, 뉴욕 타임스는 스노우폴 웹 전용 기사를 공개했다. 사진, 비디오, 그래픽, 그리고 스토리가 결합한 기사였다. 미국 워싱턴 주

The New York Times

Snow Fall

The Avalanche at Tunnel Creek

By JOHN BRANCH

The snow burst through the trees with no warning but a last-second whoosh of sound, a two-story wall of white and Chris Rudolph's piercing cry: "Avalanche! Elyse!"

The very thing the 16 skiers and snowboarders had sought — fresh, soft snow — instantly became the enemy. Somewhere above, a pristine meadow cracked in the shape of a

뉴욕 타임스의 가장 중요한 프로젝트, 스노우폴

캐스케이드 산맥에서 있었던 눈사태를 취재한 기사다. 뉴욕 타임스다운 장편 보도 기사를 인터넷 경험에 맞춘 저널리즘의 미래로 주목받았다. 이 기사를 통해 뉴욕 타임스는 퓰리처상을 수상했다. 이 기사를 통해 뉴욕 타임스가 혁신을 이끈다는 명성을 얻었다는 사실이 어쩌면 더 중요하다. 스노우폴은 '멀티미디어 뉴스를 하다'라는 동사가 될 정도로 큰 영향을 끼쳤다.

최근에도 뉴욕 타임스는 혁신적인 프로젝트를 시도 중이다. 2015년 8월에 올린 저스틴 비버Justin Drew Bieber와 딥플로Diplo, 그리고 스크릴렉스Skrilex의 인터뷰 기사가 대표적이다. 이 기사는 당시 최고의 히트곡이자, 음악계를 뒤집었다고 평가받는 〈Where Are U Now?〉라는 곡을 어떻게 만들었는지 묻는 영상 인터뷰였다.

인터뷰 내내 배경음악으로 〈Where Are U Now?〉가 흐른다. 뉴욕 타임스는 그래픽을 통해 음악을 시각화했다. 3명의 뮤지션이 음악에 대해서 이야기 하면 그에 맞는 부분을 시각화해서 보여줬다. 뉴욕 타임스가 진지한 주제뿐만 아니라 최신 음악에 대한 가벼운 인터뷰도 인터넷 시대에 맞춰 보여줄 수 있음을 증명했다.

뉴욕 타임스는 가장 무겁고 진중한 신문이다. 이런 신문이 어떻게 뉴미디어 시대를 주도하는 신문사라는 명성을 쌓을 수 있었을까? 그 배경에는 물론 뼈를 깎는 노력이 있었다. 그 노력을 상징하는 문서가 있다. 바로 '혁신 보고서Innovation Report'이다.

혁신 보고서

2014년 5월 15일 버즈피드가 뉴욕 타임스의 내부 문건을 공개했다. '혁신 보고서'라는 이름의 문서였다. 유출본이다 보니 거친 느낌이었다. 다음 날 매셔블Mashable은 전문을 깔끔하게 공개했다. 이 보고서는 뉴욕 타임스가 얼마나 고민하면서 디지털 미디어 혁신을 준비했는지 알 수 있었다. 이 보고서는 기성 언론이 새로운 미디어 환경에 적응하는 방식에 대한 정론이 되었다.

2014년 5월 14일 질 에이브람슨Jill Ellen Abramson 뉴욕 타임스 편집국장이 경질되었다. 그녀의 나이는 60세였다. 통상 65세 정도에 편집국장 자리에서 물러나는

MashableAsia VIDEO ENTERTAINMENT CULTURE TECH SCIENCE SOCIAL GOOD SHOP MORE

Business

The Full New York Times Innovation Report

IMAGE: SCOTT EELLS/BLOOMBERG VIA GETTY IMAGES

BY JASON ABBRUZZESE
MAY 17, 2014

An internal report on digital innovation at the *New York Times*, obtained in full by *Mashable*, highlights the paper's struggle to embrace online publishing.

BuzzFeed on Thursday published an almost-complete version of the report, which highlights some of the issues that former executive editor Jill Abramson was meant to address. That scanned-in copy was missing pages 2, 9, 19, 21 and 22.

SEE ALSO: 6 Digital Challenges for The New York Times' New

TECH
Slack apologized for its misguided account bans, has reactivated closed accounts

ENTERTAINMENT
John Boyega got into some trouble with Stormtroopers at Disneyland

CULTURE
This story of a noisy neighbor — and cake — shows the power of kindness over anger

ENTERTAINMENT
Twitter has Thoughts on resurfaced video of Louis CK, Ricky Gervais, and Chris Rock saying the N-word

매셔블에 실린 '혁신 보고서'의 전문

게 관례였다. 그녀는 떠나는 게 자신이 원한 일이 아님을 명확히 했다. 160년 뉴욕 타임스의 역사상 최초의 여성 편집국장이자, 스노우 폴 혁신을 이끌었던 에이브람슨은 그렇게 뉴욕 타임스를 떠났다. 거대한 두 개의 사건이 한꺼번에 일어났다. 우연일까? 아니면 어떤 이유가 있었을까?

우선 혁신 보고서를 보자. 혁신 보고서는 에이브람슨 편집국장과 발행인 아서 옥스 설즈버거Arthur Ochs Sulzberger의 아들인 아서 그레그 설즈버거Arthur Gregg Sulzberger를 중심으로 조직된 프로젝트에서 시작했다. 6개월간 354명의 사람과 인터뷰하면서 문제를 연구한 결과가 이 보고서다. 보고서는 뉴욕 타임스가 네이티브 애드,

앱 개발, 웹사이트 디자인 등 많은 부분에서 노력했지만, 버즈피드, 허핑턴 포스트 등의 경쟁자에 비해 부족하다고 지적한다. 이를 개선하기 위한 다양한 방법을 제안하고 있다.

우선 혁신 보고서는 조직 구조가 바뀌어야 한다고 주장한다. 과거에 성공을 견인했던 신문사의 구조 자체가 문제라는 뜻이다. 1면 회의, 저녁에 맞춰서 마감하고 완성하는 기사 제작 방식, 아이디어를 받아들이는 느린 방식 등이 모두 문제다. 한 예를 들어보자. 미국 대학리그의 유명 미식축구 선수 마이클 샘Michael Alan Sam, Jr.이 커밍아웃했다. 그는 뉴욕 타임스와 ESPN에 이 소식을 가장 먼저 알렸다. 뉴욕 타임스는 종이 신문 정론지답게 이 이야기를 세밀하게 취재해서 멋진 기사를 썼다. 하지만 이미 늦었다. 그 기사가 완성된 시점에 이미 대부분의 독자는 디지털 매체에서 마이클 샘의 이야기를 접했다.

종이 신문에서 기사는 완성품이다. 전날 밤 인쇄하면 돌이킬 수 없다. 다음 날 아침에 모든 사람이 전달받는다. 신문 기사는 그날 밤까지 완성하면 된다. 틀리면 돌이킬 수 없으니 신중하고 느리게 판단해야 한다. 디지털 환경의 기사는 딴판이다. 기사는 다른 모든 디지털 콘텐츠와 마찬가지로 완성품이 아니라 과정이다. 끊임없이 포맷뿐만 아니라 기사도 바뀌어야 한다. 기사도 오전에 업로드 해야 하고, 주말에도 끊임없이 전달해야 한다. 그때가 고객이 디지털 기사를 찾아보는 시간대이기 때문이다. 제작 방식이 처음부터 끝까지 모두 달라야 한다.

뉴욕 타임스는 마이클 샘의 이야기를 디지털 매체답게 바꿔야 했다고 말했다. 미리 알림은 빠르게 내보냈어야 했고, 커밍아웃에 관련한 다른 기사를 링크했어야 했다. SNS 반응을 실시간으로 확인했어야 했으며, 다른 게이 운동선수들이 있는지 찾아서 그들을 연결하는 기사를 썼어야 했다. 또한 인터뷰 뒷이야기를 기사화 했는가 하는 등의 제안들도 있었다.

혁신 보고서는 다른 조언도 담았다. 뉴스룸과 비즈니스팀의 협업도 더 활발해져야 한다. 버즈피드 등의 뉴미디어가 잘 하는 분야다. 디자인팀, 기술팀, R&D팀 등은 편집국에서 항상 외부인 같은 느낌이 있다고 혁신 보고서는 지적한다. 기자 위주의 조직이기 때문이다. 이를 위해서는 서로 더 많은 접촉을 해야 한다.

혁신 보고서에 따르면 콘텐츠 형식에도 변화가 필요하다. 기존에 쌓여있는 풍부한 기사들을 구조화해서 사람들이 보기 쉽게 바꿔야 한다. 기존 기사를 재편집해서 새로운 콘텐츠로 만드는 방식도 생각해볼 만하다. 복스VOX MEDIA의 카드 스택 기사로 대표되는 기사를 시리즈화, 구조화하여 하나의 주제를 자세하게 설명하는 방식도 효과적이다. 콘텐츠의 개인화도 필요하다. 뉴욕 타임스는 '당신을 위한 추천Recommended for you'이라는 기능을 제공했다. 하지만 추천 방식에 대한 품질은 의문이 많았다. 추천 방식에 성능이 좋아져야 한다고 혁신 보고서는 권고했다.

마지막으로 패턴화하여 좋은 사업이 되도록 만드는 주문도 들어있었다. 스노우폴은 훌륭한 기사였다. 하지만 이 기사에는 지나치게 많은 시간과 비용이 들었다. 이런 프로젝트는 쉽게 하기 어렵다. 시간과 비용을 줄이면서 스노우폴과 같은 효과를 만들 수 있도록 패턴화, 매뉴얼화가 필요하다. 기사에 효율을 맞추자는 거다. 그 외에도 소셜에 맞춰서 기사를 홍보할 것, 외부 기고, 행사를 통해 독자와 더 많이 소통할 것, 디지털 미디어에 더 많은 기자를 배치할 것 등을 주문했다. 모두 기성 언론이 새겨들을 만한 이야기다. 실제로 이 보고서는 언론 업계 사람들에게 회자하며, 뉴욕 타임스가 얼마나 혁신에 관심 있는 언론인지 알리는 데 혁혁한 공헌을 했다.

다만, 이 기사는 조금 삐딱하게 볼 수도 있다. 이 보고서가 유출되기 고작 하루 전에 뉴욕 타임스 최초의 여성 편집국장이 해고되었다. 그 자리는 에이브람슨 전 편집국장이 디지털 혁신 담당으로 내세우려 했던 댄 베켓Den Beckett이 채웠다. 댄 배켓은 혁신 보고서를 에이브람슨과 함께 주도했던 아서 그레그 설즈버그와 함께 뉴욕 타임스를 이끌고 있다. 삐딱한 사람들은 여성 편집국장을, 회사에서 아주 이례적인 방식으로 자른 부정적인 이슈를, 발행인의 아들이 전임 여성 편집국장과 함께 주도했던 프로젝트를 일부러 유출함으로써 덮은 것은 아닌지 의심할 수노 있는 일이었다.

뉴요커THE NEW YORKER의 켄 아울레타Ken Auletta는 〈질 에이브람슨이 해고당한 이유〉를 뉴요커에 기고했다. 이에 따르면 질 에이브람슨은 남성 임원들과 사이가 좋지 않았다. 발행인과의 사이도 나빴다. 노동 유연화와 임원들의 월급 감축을 원하는 아서 옥스 설즈버그와 대립했기 때문이다. 뉴욕 타임스는 설즈버거 가족이 소유권을 가진 회사다. 가족들은 일반 주주와는 격이 다른 '클래스 B' 주식의 다수를 소유하고 있다. 이를 바탕으로 설즈버거는 절대적인 권력을 행사한다. 그의 아들 아서 그레그 설즈버그는 2015년에 부편집장, 2017년에 부 발행인으로 임명되며 세습을 이어가고 있다. 한 꺼풀 벗겨보면 한국의 재벌 기업과 꽤 닮아있다.

어찌 되었든 보고서는 공표되었다. 정말 중요한 건 과연 이 보고서가 그저 립서비스로 끝나지 않고, 정말 실행되었는지 여부일 것이다. 그렇다면 뉴욕 타임스는 정말 혁신 보고서에서 썼던 내용을 실행에 옮겼을까?

혁신 보고서 이후의 뉴욕 타임스

혁신 보고서가 나온 지도 4년이 넘게 지났다. 뉴욕 타임스의 긴 역사에는 짧은 시간이다. 하지만 분기가 1년과 같은 디지털 시기에서는 이미 상당한 시간이기도 하다. 그렇다면 뉴욕타임스는 어떻게 바뀌있을까?

Our Path Forward

October 7, 2015

From our earliest days, The New York Times has committed itself to the idea that investing in the best journalism would ensure the loyalty of a large and discerning audience, which in turn would drive the revenue needed to support our ambitions. This virtuous circle reinforced itself for over 150 years.

And at a time of unprecedented disruption in our industry, this strategy has proved to be one of the few successful models for quality journalism in the smartphone era, as well.

This week we have been celebrating a remarkable achievement: The New York Times has surpassed one million digital subscribers. Our newspaper took more than a century to reach that milestone. Our website and apps raced past that number in less than five years.

This accomplishment offers a powerful validation of the importance of The Times and the value of the work we produce. Not only do we enjoy unprecedented readership — a boast many publishers can make — there are more people paying for our content than at any other point in our history. The New York Times has 64 percent more subscribers than we did at the peak of print, and they can be found in nearly every country in the world.

Our model — offering content and products worth paying for, despite all the free alternatives — serves us in many ways beyond just dollars. It aligns our business goals with our journalistic mission. It increases the impact of our journalism and the effectiveness of our advertising. It compels us to always put our readers at the center of everything we do.

In turn, our readers are helping our journalism achieve unprecedented reach and influence, making The Times the most-discussed news publisher on social media, the most-cited by other media outlets, and the publisher with the most other sites linking to its work across the entire Internet. And those readers are helping The Times build the most commercially successful digital news business in the world.

1

뉴욕 타임스가 발표한 〈우리 앞에 펼쳐진 길〉

혁신 보고서 이후 뉴욕 타임스는 〈우리 앞에 펼쳐진 길Our Path Forward〉이라는 문건을 발표했다. 2020년까지 디지털 매출을 2배 늘려서 8억 달러로 만들겠다는 야심 찬 계획이 담겨 있었다. 2017년 1월, 뉴욕 타임스는 또 하나의 보고서를 공개했다. '독보적인 저널리즘Journalism that stands apart' 이라고 불리는 보고서였다. 2020 그룹the 2020 Group이라는 그룹이 주도해서 만들었기에 '2020 보고서2020 Report'라고도 불렸다. 기존 혁신 보고서 그룹을 이어가는 7인의 기자로 구성된 사내 위원회다. 2020 보고서라는 이름에서 보듯, 이 보고서는 '2020년까지 매출 2배'라는 사내 목표를 이루기 위해서 어떻게 해야 하는지를 연구한 보고서이다. 이 보고서에서는 크게 세 가지 분야의 변화를 주문했다. 콘텐츠의 변화, 인력의 변화, 그리고 일하는 방식의 변화다.

우선 콘텐츠가 바뀌어야 한다. 인터넷은 평범한 콘텐츠에 잔인하다. 뉴욕 타임스조차 하루에 생산되는 대다수 기사는 다른 곳에서 볼 수 있는 규격화된 기사다. 이런 평범한 기사 대신 영상 콘텐츠, 디지털 환경에 부합하는 새로운 형식의 콘텐츠, 실질적인 도움을 주는 가이드성 콘텐츠, 그리고 독자 참여형 콘텐츠를 강화해야 한다고 2020 보고서는 주장했다.

인력도 바뀌어야 한다. 콘텐츠가 바뀌어야 하니 콘텐츠를 제작하는 사람들 또한 변화가 필요하다. 디지털 환경에 맞는 콘텐츠는 각 분야의 전문가 협업이 필요하다. 이를 위해서는 직원 교육의 강화, 새로운 저널리스트 인력 보강, 편집실 다양성 증대, 프리랜서 및 외부 인력 적극 활용 등의 투자가 필요하다고 2020 보고서는 말했다.

일하는 방식의 변화도 필수다. 2020 보고서는 여전히 뉴욕 타임스가 종이신문 시절의 작업 방식에 익숙하다고 주장했다. 좀 더 근본적인 변화가 필요하다. 각 부서는 목표에 기여할 수 있는 명확한 비전과 성공에 대한 정의가 필요하다. 편집 또한 디지털 중심으로 이루어져야 한다. 제품팀과 편집팀의 협업과 소통도 더 활발해져야 한다. 디지털 위주로 전사가 움직이고, 디지털 콘텐츠 중 인쇄에 적합한 콘텐츠를 나중에 선별해서 종이신문을 만드는 수준으로 일하는 방식이 바뀌어야 한다고 보고서는 주장했다.

2020 보고서는 혁신 보고서와는 달리 애초부터 외부 공개를 목표로 만들었다. 아무래도 섬세함이 없고 원론적이라는 평도 있었다. 실제로 디지털 환경 적응을 고민하는 대다수 언론이 고민하는 주제다. 월스트리트 저널은 이 보고서를 "편집국 구조조정을 하겠다는 뜻이다"라고 축약했다. 종이신문 예산과 인원을 줄이고, 그 자원을 디지털 뉴스에 집중하겠다는 구조조정 외에 큰 의미는 없다는 거

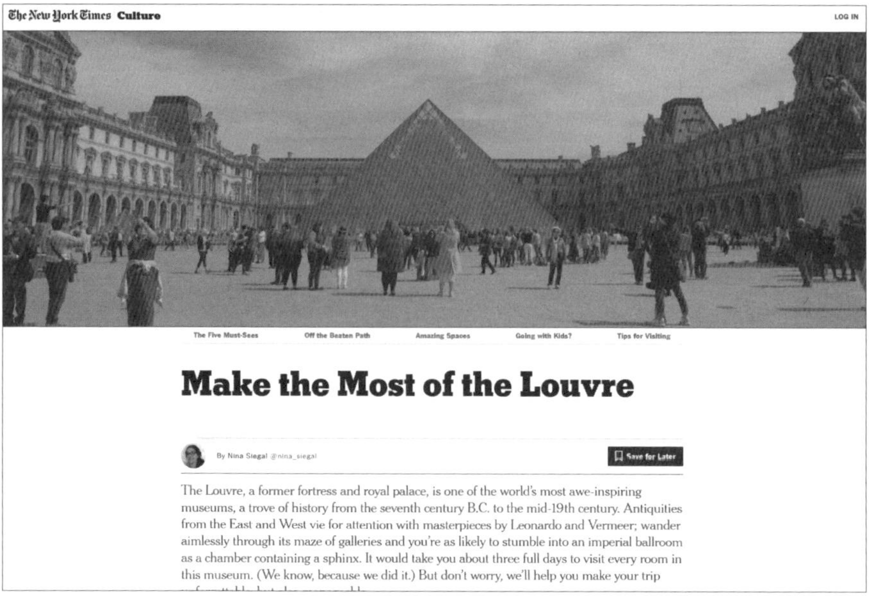

The New York Times Culture LOG IN

The Five Must-Sees | Off the Beaten Path | Amazing Spaces | Going with Kids? | Tips for Visiting

Make the Most of the Louvre

By Nina Siegal @nina_siegal

Save for Later

The Louvre, a former fortress and royal palace, is one of the world's most awe-inspiring museums, a trove of history from the seventh century B.C. to the mid-19th century. Antiquities from the East and West vie for attention with masterpieces by Leonardo and Vermeer; wander aimlessly through its maze of galleries and you're as likely to stumble into an imperial ballroom as a chamber containing a sphinx. It would take you about three full days to visit every room in this museum. (We know, because we did it.) But don't worry, we'll help you make your trip

뉴욕 타임스에 실린 〈루브르 박물관을 가장 잘 즐기는 법〉

다. 그렇다면 이 보고서는 의미가 없었을까? 그렇게 보지는 않는다. 실제로 뉴욕 타임스는 통렬하게 보고서를 쓰면서까지 자신을 반성했다. 또 반성의 끝에 실제로 변화를 이뤄내고 있다.

변화의 증거를 보자. 뉴욕 타임스의 〈루브르 박물관을 가장 잘 즐기는 법Make The Most Of the Louvre〉이라는 기사는 뉴욕 타임스의 변화를 보여주는 콘텐츠이다. 기사 제목과 마찬가지로 루브르 박물관을 잘 즐기는 팁을 모아 보여준다. 꼭 봐야 할 작품들, 아이와 함께 보면 좋을 장소들, 산책하기 좋은 곳 등등의 현실적인 팁으로 가득하다. 프랑스 여행객이라면 누구에게나 유용할 정보이다.

형식적으로 보면 이 콘텐츠는 스노우폴의 연장선에 있다. gif 동영상과 사진,

웹페이지 구성 등이 함께 있다. 하지만 스노우폴처럼 과하게 많은 기술이 들어있지는 않는다. 얼마든지 지속적으로 제작할 수 있을 정도로 패턴화 되어있다.

내용으로는 스노우폴처럼 한번 보고 말 기사가 아닌, 프랑스 여행객이라면 누구에게나 필요한 생활 밀착형 기사다. 형식적으로도 디지털 최적화가 되어 있음에도 과한 투자를 자제하고, 패턴화시켜 양산할 수 있다. 심지어 여행 콘텐츠는 성격상 수익화도 쉽다. 뉴욕 타임스는 본인들이 2020 보고서에서 꼬집은 문제점을 분명히 개선하고 있음을 실질적인 콘텐츠로 보여주고 있다.

피터 드러커는 "아무리 좋은 계획도 실행하지 않는 한 그저 좋은 의도일 뿐이다"라는 말을 남겼다. 2020년까지 매출 두 배라는 이들의 목표도 마찬가지이고, 2020 보고서의 통찰도 마찬가지이다. 계획 자체는 누구나 짤 수 있다. 뉴욕 타임스가 대단한 점은 계획과 보고서를 그저 내부의 발언에 그치지 않고 실행에 옮겼다는 점에 있다. 이것이 우리가 앞으로도 뉴욕 타임스를 지켜봐야 하는 이유다.

와이어커터를 인수한 뉴욕 타임스

2020 보고서는 '서비스 저널리즘'이 필요하다고 주문했다. 독자의 삶에 밀착해서, 실질적인 효용을 주는 저널리즘이 필요하다는 말이다. 사람들이 실제 매일 겪는 결정에 영향을 미치는 기사를 써야 한다는 주문이다. 이런 기사는 의미가 있을 뿐만 아니라, 수익과 직결되기도 한다. 결국, 수익은 영향력에서 나온다. 얼핏 생각하면 서비스 저널리즘은 뉴욕 타임스와 안 어울릴 듯하다. 뉴욕 타임스야말로 무거운 진보 정치, 경제, 사회 문제에 특화된 언론이라는 생각이 들기 때

© 와이어커터

문이다. 실제로 뉴욕 타임스는 무거운 주제에서 가장 강력한 영향력을 발휘한다. 베트남 전쟁부터 트럼프 시대까지, 뉴욕 타임스는 미국의 진보적 시선을 대변하던 매체였다.

하지만 뉴욕 타임스는 누구보다 빠르게 생활 밀착형 콘텐츠를 시도한 곳이기도 했다. 이미 1940년대부터 크로스워드 퍼즐, 패션 섹션 등을 만들었다. 지금도 요리 섹션을 활발하게 운영 중이다. '오늘 저녁에 뭘 먹지?'와 같은 고민을 해결하는데 집중한 섹션이다. 레시피를 제공한다. 이와 연계해서 밀 키트Meal Kit(반조리음식)

식재료 배달 서비스(한 끼 식사를 만들 수 있는 재료들을 손질된 상태로 레시피와 함께 배송하는 서비스)도 운영 중이다. 요리 섹션의 레시피를 모아 책으로 내기도 한다. 뉴욕 타임스는 이 외에도 헬스, 엔터테인먼트 등 서비스 저널리즘, 가벼운 주제의 취재를 보강 중이다.

그런데도 서비스 저널리즘에서 뉴욕 타임스가 성공적이라고 보기는 어렵다. 기존 언론보다 상대적으로 적극적일 뿐. 이런 부분에서는 버즈피드 등의 경쟁자가 훨씬 뛰어나다. 더 중요한 사실은 애초에 이런 부분이 그다지 수익성이 좋지 않다는 거다. 뉴욕 타임스에는 돌파구가 필요했다.

2016년 10월 24일 뉴욕 타임스가 와이어커터THE WIRECUTTER의 인수를 발표했다. 와이어커터는 'IT제품 리뷰 사이트'나. 자매 사이트로 가정용품 리뷰 사이트인 스위트홈theweethome.com이 있다. 인수 비용은 3천만 달러였다. 왜 이런 결정을 내렸을까?

그 이전에 와이어커터가 어떤 사이트인지부터 알아보자. IT 전문 매체 기즈모도Gizmodo의 편집장 브라이언 램Brian Lam은 인터넷 미디어에 한계를 느꼈다. 매일 수십 개의 기사를 쓴다. 이 기사를 독자들에게 노출하기 위해 노력한다. 마지막으로 그 노출이 트래픽으로 전달하기 위해 노력한다. 하루하루가 무한한 전쟁의 연속이었다. 경쟁에 지친 브라이언 램은 기즈모도를 퇴사한다. 퇴사한 램은 하와이에서 서핑보드를 실컷 타며 조금씩 전자제품을 리뷰했다. 와이어커터의 시작이었다. 와이어커터는 2011년 시작되었다. 당시 뉴욕 타임스의 IT 담당 기자인 브라이언 첸Brian X. Chen의 도움을 받아 운영하기 시작했다.

와이어커터는 온라인 미디어와 경쟁을 거부했다. 트래픽을 과감하게 포기한 덕분이다. 대신 구매 고객에게 실질적으로 도움이 되는 콘텐츠를 만든다. 모든 포스팅은 수많은 고객 리뷰와 전문가 평가, 실험, 자체 분석을 통해 정성 들여 만든 콘텐츠다. 이를 통해 카테고리별로 하나의 상품을 추천한다. 적게 만들되, 한 번 쓰면 그 분야 제품을 구매하는 사람에게 오랜 기간 실질적인 도움을 주는 고품질의 콘텐츠를 만든다.

이렇게 만들다 보니 와이어커터는 일주일에 1개나 2개 정도의 콘텐츠만 올라온다. 콘텐츠가 적다 보니 트래픽도 적다. 1달에 35만 명이 채 되지 않는 방문자 규모다. 웹사이트가 이 정도라면 광고 모델이 돌아가기는 어렵다. 대신 방문자들의 질은 좋다. 콘텐츠가 내실이 있다 보니 실제 구매 의사가 있는 사용자들이 몰린다.

숫자는 적지만 구매 전환 확률이 높은 사용자층. 이 사용자층이 와이어커터의 수익 구조를 만들었다. 즉, '수수료'이다. 아마존 등의 협력 사이트의 구매 페이지로 이동하는 링크를 단다. 기사를 읽은 사용자가 사용자 링크를 타고 추천 상품을 구매할 때마다 수수료를 받는다. 와이어커터에서 링크를 클릭한 사용자 중 15%가 상품을 실제로 구매한다. 한 달에 10개 남짓한 콘텐츠를 통해 와이어커터는 1억 5천만 달러 규모의 거래를 만든다. 수수료는 2~8% 정도 수준이다.

수수료 모델이 완전히 새로운 모델은 아니다. 거커 미디어GAWKER MEDIA는 아마존과 제휴하여 상당한 수익을 올렸다. 뉴욕 매거진NEW YORK (Magazine)은 더 스트레터지스트The Strategist 부문을 신설해 커머스를 시도했다. 버즈피드 또한 커피 심리테스트를 구매로 전환하는 커머스 서비스를 시도를 한 바 있다.

그런데도 와이어커터는 와이어커터만의 방식으로 만든 수익구조가 있었다. 고품질의 소수정예 기사, 기사를 통해 독자에게 얻은 신뢰도, 신뢰도를 통해 얻은 높은 구매 전환율, 높은 구매 전환율을 통해 얻은 수수료 모델, 와이어커터의 수익구조는 서비스 저널리즘을 표방하면서도 고품질의 저널리즘을 표방하는 뉴욕 타임스와 잘 맞았다.

뉴욕 타임스는 인수 이전부터 와이어커터와 관계를 맺었다. 앞서 말했다시피 초창기부터 와이어커터에 도움을 주었던 브라이언 첸은 와이어커터와 공동작업으로 기사를 제작했다. 같은 기사를 와이어커터와 뉴욕 타임스에 같이 실었다. 그리고 공동작업은 인수로까지 이어졌다.

뉴욕 타임스는 합병을 통해 와이어커터의 노하우를 이식하려 시도 중이다. 권위 있는 리뷰를 통하여 수익을 내는 와이어커터의 방식을 뉴욕 타임스에 전방위적으로 퍼트리는 것이다. 이미 뉴욕 타임스는 전 세계 도서시장의 상징인 '뉴욕 타임스 선정 도서'에 아마존 등의 구매 링크를 걸면서 수수료 모델을 실험하고 있다.

뉴욕 타임스가 보스턴 글로브The Boston Globe를 2013년 매각했다. 당시 금액이 7천만 달러였다. 3천만 달러로 리뷰 사이트를 구매했다는 게 얼마나 큰 의미였는지 짐작이 간다. 뉴욕 타임스는 인수 후에도 와이어커터의 핵심 인력을 내부에 유지하면서 노하우 전파에 주력하고 있다. 와이어커터와 함께하는 수수료 모델의 뉴욕 타임스에 주목해 봄직한 이유이다.

배울 점

기성 언론 중 뉴미디어 혁신의 대명사가 된 뉴욕 타임스. 그렇다면 한국의 기성 언론들은 뉴욕 타임스처럼 혁신할 수 있을까? 쉽지 않다고 생각한다. 우선 기성 언론 문화가 발목을 잡는다. 뉴욕 타임스가 훌륭하고, 한국 언론이 나쁘다는 이야기를 하려는 게 아니다. 그런데도 뉴욕 타임스는 한국과는 판이한 문화를 갖고 있다.

한국 언론사 인재 시스템은 내충 이런 식으로 움직인다. '언론고시'라 불리는 시험을 통해 기자를 뽑는다. 이들 하나하나가 기수가 된다. 이들은 큰 사고가 있지 않는 한 평생 고용이 보장된다. 이들 중 성과가 뛰어난 이들은 해외 특파원을 거쳐 부장과 임원이 된다.

뉴욕 타임스는 어떨까? 고시 및 기수는 철저하게 아시아적인 제도다. 애초에 미국 기업은 이런 게 없다. 평생 고용 개념도 2013년 2월 기점으로 사라졌다. 뉴욕 타임스는 프리랜서 기자 비중 또한 늘려가고 있다. 평생 고용 개념과 기수 개념이 가진 장점이 있다. 취재 노하우의 공유가 쉽다. 평생 고용이 보장되면 눈치 보지 않고 취재가 가능하다. 하지만 외부인에게 배타적인 조직이 된다는 단점 또한 존재한다.

기성 언론이 디지털 매체 혁신을 주도하기란 쉽지 않다. 기존에 성공했던 방식이 발목을 잡기 때문이다. 그럴 때 외부에서 새로운 흐름을 만든 업체를 인수하는 게 가장 좋은 방식이다. 와이어커터가 꼭 그랬다. 이미 거인이 되어버린 구글, 애플, 페이스북, 심지어 삼성 등의 IT 업체들이 끊임없이 신규 회사를 찾아서 합병하는 이유가 바로 여기에 있다.

한국은 합병이 어렵다. 기수 제도와 평생 고용 기자실이 존재하는 한 그럴 수밖에 없다. 사업부는 물론이고, 디지털 미디어의 기자는 기성 언론을 담당하는, 시험을 통과한 진짜 기자들과 동급으로 대접받기 어려운 게 현실이다. 신규 뉴미디어 합병이 가능할 리가 없다. 기획자, 개발자, 디자이너 등 IT 제품 담당자들과 평등한 소통도 어렵다. 이건 뉴욕 타임스가 보고서마다 핵심으로 들었던 개념이다. 기자가 주도하고 그 외에 사업부는 이를 보조하는 조직에서는, IT 제품에 지식이 부족한 기자들이 디지털 경험을 주도하게 되고, 당연히 매우 이상한 제품이 나오게 된다. 이것이 언론사 앱, 언론사의 디지털 시도가 품질이 절대 좋지 않았던 핵심적인 이유이다.

기성 언론만이 문제는 아니다. 뉴미디어 중 기성 언론이 탐낼 만큼 훌륭한 사업 모델을 실현한 곳은 극히 드물다. 사업 모델을 만들어낸 곳 중에서도 기성 언론이 굳이 합병해야 할 필요성을 느낄 만큼 핵심 역량이나 노하우를 갖췄다고 평가받는 곳은 거의 없다. 물론 이는 뉴미디어 업계라기보다는 광고의 문제다. 한국은 시장의 크기가 작다. 당연히 광고시장 또한 작아진다. 측정에 관심도 없다. 한국의 광고는, 최소한 언론 대상으로 집행하는 광고 대다수는 실질적인 광고 효과를 측정하지 않는다. 그보다는 업체에 나쁜 기사를 쓰지 않게 하는 위기관리의 의미가 더 크다. 이런 종류의 수익모델로 광고 수입이 이미 돌아가는 상황에서, 언론이 무슨 이유로 성공적이지도 않은 실질적이고 증명된 광고를 따내려 애쓰겠는가? 물론 이런 문제를 서구의 언론이 겪지 않는다면 거짓말이다. 뉴욕 타임스도 몇 번씩이나 보고서에서 편집부와 제품 담당, 사업 담당의 협업을 강조했다. 거꾸로 말하면 이게 잘 이루어지지 않고 있다는 뜻이다. 기성 언론은 대개 기자 출신 편집부 위주로 돌아간다. 광고도 마찬가지다. 사이즈가 크기 때문에 특정 광고주의 파워가 두드러지지 않을 뿐, 광고가 비난 기사를 잠재우는 위기관리의 역할을 하는 관행은 미국에도 존재한다. 한 예로 버즈피드는 광고주를 비판했던 과거 콘텐츠를 삭제한 전력이 있다. 광고 수주 후 도브Dove 비누와 해즈브로Hasbro를 비판했던 기사를 삭제했다. 이를 거커가 2015년 4월 폭로했다. 버즈피드는 도덕성에 치명타를 입었다.

하지만 영어 대상 미디어는 전 세계가 시장이다. 시장이 크기에 한 광고주가 미디어에 미치는 영향력이 분산된다. 많은 문제가 분산으로 인해 해결된다. 반면 한국에서는 특정 기업을 비판하기 어렵다. 그들이 전체 광고 시장에서 차지하는 비중이 너무도 크기 때문이다.

그런데도 한국 언론이 뉴욕 타임스보다 유리한 점이 있다. IT기업과의 경쟁이다. 영어 독자를 상대하는 이들은 구글과 페이스북, 아마존과 경쟁해야 한다. 한국 독자를 상대하는 미디어는 네이버, 카카오톡과 경쟁한다. 물론 네이버와 카카오는 위대한 기업이다. 하지만 구글과 페이스북, 아마존만큼 경쟁이 어려운 상대는 아니라고 본다.

구글과 페이스북은 마치 국내에서 네이버 뉴스가 그렇듯 뉴스를 유통하는 역할을 맡고 있다. 이들 플랫폼은 심지어 제작에 나서기도 한다. 구글은 본인들의 기술력을 토대로 할리우드 영화를 인공지능을 통해 분석했다. 그리고 이 데이터를 토대로 할리우드에서 주연의 성비 불균형에 관한 기사를 썼다. 기술력이 부족한 기성 언론에서는 꿈조차 꿀 수 없는 압도적인 기획이다. 미래의 영어권 미디어는 구글과 경쟁해야 할지 모른다.

아마존 또한 워싱턴 포스트를 합병하며 미디어 회사로 도약을 꿈꾸고 있다. 기술력을 통해 워싱턴 포스트의 영향력을 올렸다. 그보다 중요한 사실은 아마존의 제국에 워싱턴 포스트라는 미디어가 합류했다는 사실이다. 음성인식 로봇에서 시작해서 정기 배달 커머스, 음악, 전자책, 심지어 클라우드cloud service(인터넷상에 자료를 저장해 두고, 사용자가 필요한 자료나 프로그램을 자신의 컴퓨터에 설치하지 않고도 인터넷 접속을 통해 언제 어디서나 이용할 수 있는 서비스)까지 가진 아마존의 프리미엄 회원의 혜택에 워싱턴 정계 정론지 워싱턴 포스트가 추가되었다. 영어권 미디어는 이미 아마존을 등에 업은 워싱턴 포스트와 경쟁 중이다.

한국의 기성 언론은 뉴욕 타임스를 참고하기 어렵다. 언론의 문화가 다르다. 뉴미디어 업계와 나아가 광고 시장의 환경이 다르다. 하지만 뉴욕 타임스의 적극적인 행보를 참고하는 곳도 있다. 대표적인 예가 바로 '중앙일보 이노베이션 랩Innovation Lab'이다. 중앙일보는 2015년 12월 1일자로 이석우 전 카카오 대표를 중앙일보 디지털전략본부장 및 조인스Joins 공동대표로 임명했다. 이후 중앙일보 이노베이션 랩이 시작되었다. 마치 스노우폴처럼 디지털 환경에 맞춰 웹페이지를 만든다. 동영상, 사진, 기사, 도표 등이 동원된 콘텐츠다. 스노우폴과 같이 제작한 콘텐츠지만 그 목표는 다르다. 아모레퍼시픽, 롯데 등의 대기업 광고다. 광고지만 고품질의 기사로 제작되어 즐겁게 볼 수 있는 네이티브 애드의 방식을 활용했다.

아직 갈 길은 멀다. 이노베이션 랩의 콘텐츠가 정말 양질인가? 정말 대기업은 광고료만큼의 홍보 효과를 얻고 있는가? 굳이 디지털로 이런 콘텐츠를 만들 필요가 있나? 아직 이런 질문에 대답을 얻은 거로 보이지는 않는다. 이석우 대표는 결국 블록체인 업계로 떠났고, 중앙일보의 혁신은 느리기만 하다.

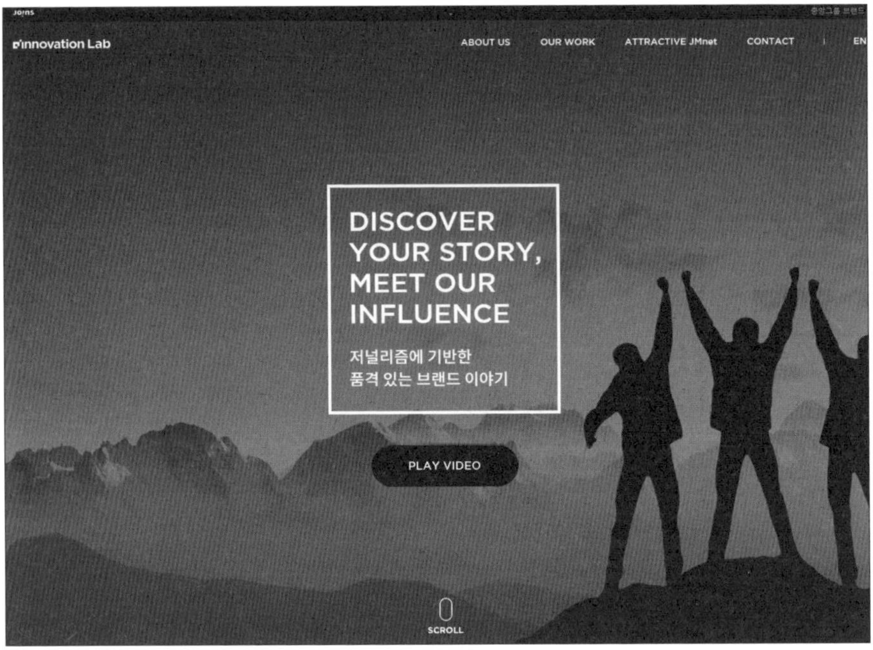

© 중앙일보 이노베이션 랩

그런데도 뉴욕 타임스처럼 새로운 환경에 적응하기 위해 뛰어들었다는 사실은 박수받을 만 한 일이다. 새로운 세대는 종이신문을 보지 않는다. 현재 기성세대의 구독률 덕에 기성 언론은 영향력을 가까스로 유지하고 있다. 하지만 시간이 지나면 영향력은 반드시 더 줄어든다. 현재 청년 세대가 시간이 지난다고 다시 종이신문을 집어 들거나, 지상파 뉴스를 볼 거라고 생각되지는 않는다. 위기감을 가지고 끊임없이 혁신을 외치는 뉴욕 타임스의 혁신과 이를 본받는 중앙일보 이노베이션 랩과 같은 시도가 더 많아져야 한다.

538

데이터 차이

네이트 실버

데이터 저널리즘이 화제다. 디지털 세계에서 모든 행동은 기록된다. 컴퓨터 기술이 발전하면서 데이터 분석 능력도 향상됐다. 데이터는 고도화되면 바둑 기사를 이길 수 있을 정도로 발전했다. 데이터를 기사에 접목하면 데이터 저널리즘이 된다. 데이터를 활용해 이전에는 할 수 없었던 인사이트를 뽑아내서 전달하는 저널리즘이다.

538은 데이터 저널리즘의 대표주자다. 매일 다양한 통계 관련 기사를 뽑아내고 있다. 정치부터 스포츠, 과학, 경제, 사회 등 다양한 주제를 다루지만 '데이터 저널리즘'이라는 큰 맥락은 유지하고 있다. 538은 현재 편집장으로 재직 중인 네이트 실버Nate Silver의 개인 블로그로 시작했다. 그 사이트가 그대로 몇 번의 인수, 합병을 거치면서 확장되었다. 네이트 실버라는 창업자 개인의 블로그가 확장된

미디어인 셈이다. 따라서 538을 이해하려면 네이트 실버에 대한 이해가 필요하다. 네이트 실버는 어떤 사람이고, 어떻게 데이터 저널리즘을 시작했을까?

네이트 실버는 어린 시절부터 데이터 저널리즘에 필요한 재능을 갖고 있었다. 수학과 언론이다. 어린 시절부터 야구팀 디트로이트 타이거스Detroit Tigers의 팬이었다. 야구를 좋아해서, 야구 통계를 분석하며 시간을 보냈다. 네이트 실버는 시카고 대학교 경제학과에서 공부했다. 데이터 분석과 통계에 정통한 학생이었던 셈이다. 언론에도 관심이 있었다. 고등학교 시절 학교 신문의 칼럼 편집장을 맡았다. 1996년에는 미시건 주에서 열린 토론대회에서 우승하기도 했다. 대학교 졸업 후, 네이트 실버는 컨설팅 회사인 KPMG에서 4년간 근무했다. 하지만 2009년 본인 인터뷰에 따르면, '그건 내 인생 가장 큰 실수'였다고. 본인이 좋아하지 않은 일을 4년간이나 했으니 말이다.

컨설턴트로 일하는 틈틈이 네이트 실버는 취미로 야구 통계를 분석했다. 그 결과로 '페코타PECOTA 시스템'을 개발했다. 과거 통계를 분석해 프로야구 선수의 미래 성적을 예측하는 도구다. 이 시스템에 힘입어 네이트 실버는 2003년부터 야구 통계

© 네이트 실버

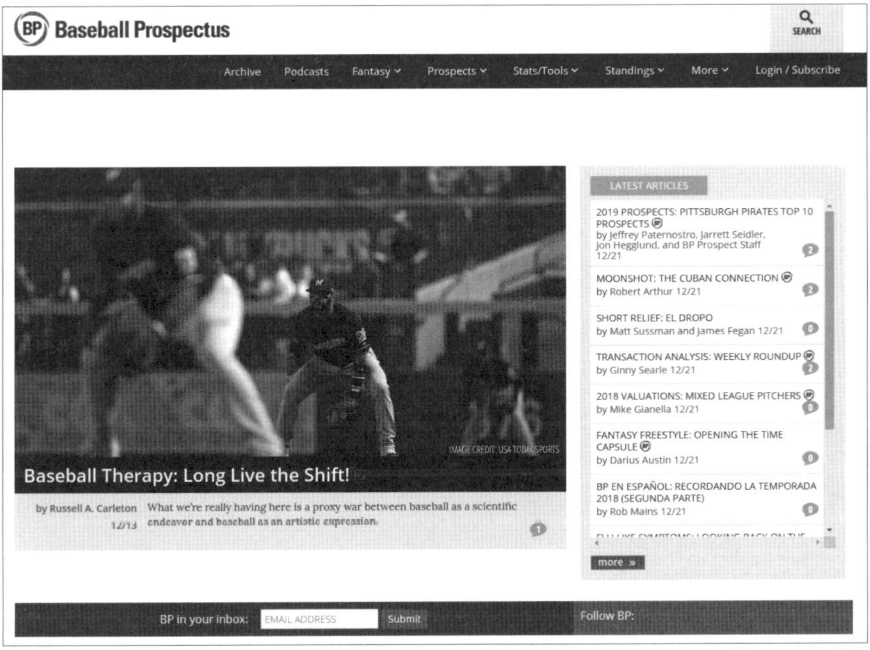

© 베이스볼 프로스펙투스

분석에 중심이라 할 수 있는 베이스볼 프로스펙투스Baseball Prospectus(이하 BP)에 글을 쓰기 시작했다.

네이트 실버의 데이터 분석 칼럼에 대한 대중의 반응은 폭발적이었다. 마침 시대는 머니볼Moneyball(몸값이 높은 선수의 명성에 의존하기 보단 철저한 데이터 분석을 통해 저평가된 선수들로 승률을 높이는 구단의 경영 방식)의 시대였다. 직감과 경험에 의존하던 기존 야구를 오클랜드 애슬레틱스Oakland Athletics의 단장 빌리 빈William Lamar Beane이 통계로 뒤집어 버린 연도가 2002, 2003년이다. 시대는 통계로 바뀌는 야구 판을 분석해줄 저널리스트를 원했다. 네이트 실버는 2004년 컨설팅 회사를 그만두고 BP에 부사장으로 입사한다.

네이트 실버는 페코타를 BP에 팔았다. 그리고 페코타를 발전시켰다. 한편으로는 〈거짓말, 저주받은 거짓말Lies, Damned Lies〉이라는 주간 칼럼을 연재했다. '세이버메트릭스Sabermetrics(빌 제임스George William "Bill" James가 창시한 SABR(The Society for American Baseball Research)라는 모임에서 만들어진, 야구를 통계학적/수학적으로 분석하는 방법론)'라 불리는 통계를 통한 야구 분석 칼럼이었다. 네이트 실버는 또한 ESPN, 스포츠 일러스트레이티드Sports Illustrated, 슬레이트SLATE, 뉴욕 선NEW YORK The Sun, 그리고 뉴욕 타임스에 야구 분석 칼럼을 기고하기도 했다. BP가 매년 발표하는 통계 자료에도 참여했다.

네이트 실버는 컨설팅 일을 그만둔 후 야구 분석가 노릇을 하며 틈틈이 온라인 포커를 즐겼다. 확률적 사고가 잡혀있던 네이트 실버의 포커 실력은 준수했다고 한다. 온라인 포커는 정치에 비교적 무관심했던 네이트 실버가 정치에 관심을 두는 계기가 된다. 2006년 9월 30일 미국 의회가 통과시킨 '불법 인터넷 도박 규제법' 덕분이다. 이 법으로 포커 운영 업체의 주가가 급락했다. 인터넷 포커로 돈을 벌던 네이트 실버도 경제적 위기를 겪었다. 이때 비로소 네이트 실버는 정치가 얼마나 본인의 삶과 밀접한지 알게 되었다.

2007년부터 네이트 실버는 여론조사를 분석한 글을 올리기 시작했다. '포블라노Poblano'라는 가명으로 정치 블로그 커뮤니티 데일리 코스DAILY KOS에 올렸다. 그의 정치 분석은 금방 큰 화제가 되었다. 포블라노의 2008년 대선후보 당내경선 예측을 대중은 물론 뉴욕 타임스 등의 기성 언론이 주목했다.

네이트 실버는 2008년 3월 7일부터 본격적인 여론조사 분석 블로그인 538을 시작한다. 같은 해 5월 30일에는 포블라노가 본인이라는 사실도 밝혔다. 이후 그는 민주당 예비선거에서 힐러리 클린턴Hillary Dian Rodham Clinton과 버락 오바마의 득표율을 정확하게 맞추며 화제가 되었다. 2008년 대선 결과는 50개 주 중 49개 주의 결과를 정확하게 맞혔다. 상원의원 당선자 35명 예측도 모두 적중했다. 그의 관심에 대중과 정치계가 화답했다. 538은 대통령 선거 당일 5백만 트래픽을 얻었다. 오바마 캠프는 비밀 계약을 맺고 네이트 실버에게 캠프가 시행했던 모든 여론조사 자료를 전달했다.

2009년 3월, 네이트 실버는 BP를 퇴사한다. 이미 이전부터 네이트 실버는 빡빡한 스포츠 분석인의 생활에 지쳐 있었다. 이후에도 네이트 실버는 축구 분석 시스템인 SPiSoccer Power index를 개발해 2010년 월드컵에 활용하는 등 간접적인 관계는 유지했다.

이후 그는 538 및 정치 분석에 본격적으로 뛰어들었다. CNN, 월스트리트 저널, 뉴욕 타임스 등의 주류 언론들이 앞 다투어 네이트 실버에 도움을 요청했다. 오바마와 함께 2008년 최고의 승자라고 봐도 과언이 아니었다.

2010년 6월 3일, 538은 뉴욕 타임스와 합병한다. 당시 538은 네이트 실버의 개인 블로그였음을 고려하면 사실상 네이트 실버를 영입한 셈이다. 네이트 실버는 538을 뉴욕 타임스 내부로 옮겼다. 또한, 칼럼을 쓸 뿐만 아니라 뉴욕 타임스와 협업해 기사를 쓰는 기자가 되었다.

데이터 저널리즘은 기성 언론이 제공하지 못한 새로운 영역이다. 본인들이 잘하지 못하는 영역을 합병을 통해 얻으려 하는 뉴욕 타임스의 전략은 좋아 보였다. 마치 최근에 와이어커터를 인수한 일과 비슷하다. 합병의 결과는 어땠을까?

뉴욕 타임스 인수 시절

해외 언론은 종종 블로그를 인수한다. 조지 메이슨 대학George Mason University의 경제학 교수인 타일러 코웬Tyler Cowen은 '마지널 레볼루션Marginal Revolution'이라는 블로그를 운영했다. 전문적인 경제학 지식을 쉽게 전달한 블로그였다. 이 블로그는 워싱턴 포스트가 인수했다. 이후 마지널 레볼루션의 기사는 워싱턴 포스트 인터넷판의 일부가 되었다.

기성 언론의 블로그 인수 사례로 가장 대표적인 게 바로 538이다. 2010년 538은 뉴욕 타임스와 합병했다. 이후 538은 2013년 ESPN으로 적을 옮긴다. 그리

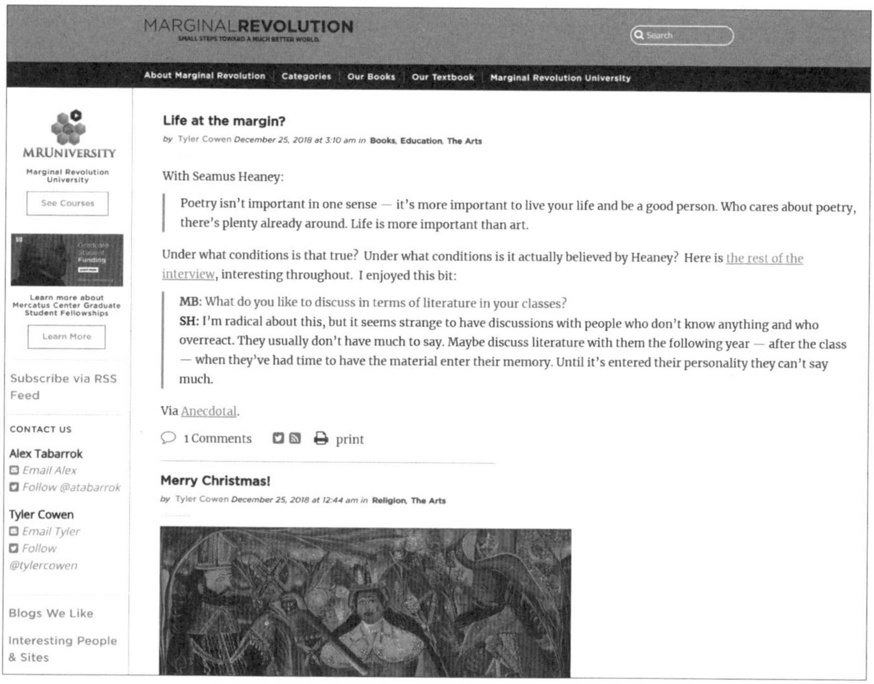

© 마지널 레볼루션

고 지금까지 ESPN 산하에서 활동 중이다. 538은 왜 자리를 바꾼 걸까?

뉴욕 타임스의 538 인수는 성공적이었다. 네이트 실버는 뉴욕 타임스에 들어왔다. 뉴욕 타임스의 뛰어난 저널리스트와 기술자들과 협업이 가능해졌다. 네이트 실버와 함께 글을 쓰는 스태프도 다섯명을 충원했다. 네이트 실버는 뉴욕 타임스의 지원에 더 정확한 예측으로 보답했다. 2012년 네이트 실버는 미국 대선 50개 주의 결과를 모두 맞혔다. 전국 득표율도 오바마 대통령의 2.5% 리드lead(우세)를 거의 정확하게 예측했다.

대중 또한 더 큰 관심과 트래픽으로 화답했다. 뉴 리퍼블릭THE NEW REPUBLIC의 기자 마크 트레이시Marc Tracy의 기사에 따르면 뉴욕 타임스의 정치 트래픽 전체에서 538이 차지하는 비중은 초기 10~20%였다. 대선 시즌에는 71%를 차지했다. 뉴욕 타임스의 전체 트래픽에서 538이 차지하는 비중도 초기 1%에서 13%로 늘었다. 대선 당일인 11월 5일에는 뉴욕 타임스의 전체 트래픽 중 20%를 538이 차지했다. 미국에서 가장 권위 있는 언론사 트래픽의 1/5 수준을 개인 블로그가 얻은 셈이다. 그렇다면 이렇게 성공적이었던 뉴욕 타임스와 네이트 실버의 협업 관계는 왜 끝난 걸까? 우선 그만큼 네이트 실버가 인기가 생겼기에 다른 매체도 538과 네이트 실버를 얻기 위해 노력했다. 경쟁이 생긴 셈이다.

내부 갈등도 있었다. 뉴욕 타임스의 에디터인 마가렛 설리번Margaret Sullivan에 의하면 네이트 실버는 기존 정치부 기자들과 긴장 관계에 있었다. 전통적인 기자들은 직감에 의존해 선거를 예측한다. 취재력을 통해 단독 보도를 하는 게 가장 큰 영예다.

기존 저널리즘의 관점에서 보면 네이트 실버는 사파邪派(정파(正派)와는 반대되는 개념으로 바르지 못한 사악한 길을 걷는 무리를 가리키는 무협소설 용어. 본문에서는 기존과는 다르게 취재하는 방식을 일컬음) 그는 취재하지 않는다. 기존 언론이 공개한 기사와 정보를 짜 맞추고 분석해서 기사를 쓴다. 이런 방식의 취재에 반감을 품은 뉴욕 타임스의 기자들도 많았다고 한다. 리버럴의 자존심이 뉴욕 타임스인 만큼 자존심 또한 높았을 거로 예상된다.

사내 정치에서도 네이트 실버는 소위 줄을 잘못 잡았다. 당시 뉴욕 타임스 편집국장이었던 실 에이브람슨은 네이드 실비를 좋아했다. 그녀의 취향인 국내 정치라는 무거운 주제로 누구 못지않은 거대한 트래픽을 만들어주었기 때문이다. 그녀는 네이트 실버를 뉴욕 타임스에 계속 두고 싶었다.

뉴욕 타임스 편에서 다루었듯, 뉴욕 타임스의 오너 아서 옥스 설즈버거와 CEO 마크 톰프슨Mark John Thompson은 질 에이브람슨과 갈등을 겪고 있었다. 2014년 질 에이브람슨은 통상적인 관례보다 5년 일찍 편집국장에서 해임된다. 발행인 아서 옥스 설즈버거와 CEO 마크 톰프슨은 질 에이브람슨과 달리 네이트 실버를 유지하는데 뜨뜻미지근한 반응을 보였다. 내부 갈등, 정치 싸움으로 인한 경영진의 불명확한 의사 표현, 그리고 외부 업체의 더 좋은 제안 등의 이유로 네이트 실버는 떠나기로 했다. 이번에는 과거에 본인이 몸담았던 스포츠 업계의 대부 ESPN이었다.

2013년 7월 22일 ESPN은 538의 인수를 발표했다. 네이트 실버는 편집장이 된다. 20명으로 이루어진 자신만의 팀과 독립적인 웹사이트도 지원한다. 네이트 실버는 ESPN으로 옮기며 더 많은 지원과, 더 독립적인 자신만의 매체 및 팀을 얻었다.

자신만의 웹사이트가 되면서 538이 다루는 기사의 양과 주제도 늘었다. 538은 정치뿐만 아니라 경제, 과학, 생활, 그리고 스포츠 기사를 제공한다. 538은 미국 대통령 선거인단의 숫자다. 본인의 정체성은 명확히 선거 예측이다. 하지만 선거 예측은 선거 기간에만 의미가 있는 콘텐츠다. 자립을 위해서 538은 언제나 관심이 있고, 삶과 밀접한 관계가 있는 부드러운 주제로까지 확장했다. 데이터 저널리즘이라는 기본 틀은 유지한 채로 말이다.

© ESPN

네이트 실버와 뉴욕 타임스의 합병은 초기에는 성공적이었다. 그런데도 유기적인 결합으로 이어지지는 못했다. 외부 합병, 혹은 뉴미디어 인재 영입을 통해 새로운 매체 현상에 적응하려는 기존 미디어가 참고할만한 사례이다. 뉴욕 타임스의 네이트 실버 영입은 무엇이 문제였을까? 니콜로 마키아벨리Niccolò Machiavelli는 《군주론 The Prince》에서 리더는 잔혹해야 한다고 주장했다. 일단 새로운 영지에 주인이 되면, 군주의 선택은 두 개뿐이다. 하나는 기존 영지의 리더에게 완전한 자치권을 주고 간섭하지 않는 선택이다. 또 하나는 기존 영지의 리더를 모두 숙청하고, 자신의 사람을 새로 집어넣는 선택이다. 그 외에 모든 선택은 실패로 끝난다고 마키아벨리는 주장한다.

네이트 실버를 영입한 뉴욕 타임스의 선택은 마키아벨리가 제시한 두 가지 선택 어디에도 맞지 않았다. 네이트 실버는 아예 직원이 된 건 아니다. 자신만의 팀과 정체성을 유지한 기사를 썼다. 그렇다고 완전한 자율을 준 것도 아니다. 기존에 명성이 자자한 뉴욕 타임스의 저널리스트와 협업해야 했다. 애매한 스탠스stance(태도)이다. 마키아벨리에 따르면 애초에 성공하기 어려운 조직 구조였던 셈이다. 갈등이 생길 수밖에 없었다.

대안은 무엇이었을까? 애초에 네이트 실버는 일개 직원으로 불리기에는 너무 큰 재능이었다. 두 번의 대선에서 화제의 중심에 선 인물이니 말이다. 그렇다면 그에게 미리 전권을 주고, 자신만의 조직을 따로 주었어야만 했다. 그게 네이트 실버의 재능을 잘 쓰는 방식이다. 그게 어렵다면 애초에 네이트 실버를 영입할 필요가 없었다.

스컹크 워크스The Skunk Works라는 조직이 있다. 내부 혁신조직의 사례로 흔히 등장하는 조직이다. 록히드(現 록히드 마틴Lockheed Martin)는 2차 세계대전 당시 급하게 전투기가 필요했다. 단 6개월 만에 새로운 전투기를 만들어 달라는 무리한 요구였다. 하지만 스컹크 워크스는 해냈다. 비결은 자율에 있었다. 엔지니어 켈리 존슨Clarence Leonard "Kelly" Johnson은 50명의 기술자를 얻었다. 그뿐만 아니라 이들을 기존 조직과 전혀 상관없는 외부에서 전권을 가지고 부릴 수 있었다. 내부 조직에 신경 쓰지 않고 이들은 효율적으로 일을 꾸릴 수 있었다. 결국, 시기보다 1개월 앞당겨 5개월 만에 P-80이라는 모델의 시제품을 완성했다.

뉴미디어의 내부 혁신도 마찬가지로 이루어져야 한다. 내부 조직에 일부로 진행하면 성공하기 어렵다. 기존 조직의 성공 문법이 오히려 혁신에 방해가 되기 때문이다. 과거에 성공적이었기에 오히려 버리기 어려운 관행이 혁신을 방해한다. 길등이 생긴나. 둘 중 하나가 떠나지 않으면 안 되는 갈등이다. 또 그 갈등의 결과는 대부분 기존 세력이 이기기 마련이다. 뉴미디어 업계에서도 성공적으로 지속하는 혁신 조직은 대개 쿼츠처럼 아틀란틱The Atlantic의 내부 혁신 조직이지만 외부조직화 되어 별도로 운영하는 경우다. 네이트 실버 또한 ESPN 내부에서 외부 조직화하여 운영한 이후로는 별다른 갈등 없이 사이트를 운영 중이다.

기성 언론이 혁신하려면 기존 조직에 새로운 인력을 수급하는 거로는 부족하다. 애초부터 새로운 외부 조직을 만들어야 한다. 그리고 새로운 인물에게 전권을 주거나, 핵심 경영진이 직접 나서서 진두지휘해야 한다. 기존 관행을 내면화한 기존 인력이 혁신 조직에 영향을 미치지 못하게 해야 한다. 성공적인 성과를 거두었지만, 결국 지속적인 성공을 거두지 못한 뉴욕 타임스의 네이트 실버 영입이 우리에게 던지는 교훈이다.

대선 예측과 538

대통령 선거는 각종 신기술 각축장이다. 텔레비전부터 여론 조사 시스템까지 다양한 기술이 대선을 계기로 주목을 받고 영향력을 증명했다. 전 국민이 두 패로 나뉘어 모든 관심을 흡수하는 이벤트다 보니 그만큼 주목받을 큰 기회다.

네이트 실버와 538 또한, 대선 시즌을 거치며 영향력을 키웠다. 그만큼 538과 대선은 깊은 관계가 있다. 미디어의 이름인 538을 대통령 선거인단 숫자에서 따왔을 정도다. 네이트 실버를 '미국 대선이 키운 스타'로 봐도 무리 없을 정도다. 오바마 대통령이 승리한 두 번의 대선에서 네이트 실버는 승자였다. 2008년 대선에서는 50개 주 중 49개 주의 결과 예측에 성공했다. 상원의원 당선자 35명 또한 정확하게 맞췄다. 2012년 대선에서는 더 성공적이었다. 50개 주의 결과를 모두 맞혔다. 전국 득표율도 근소하게 맞췄다. 2016년 트럼프 대선은 어땠을까? 대부분 언론은 힐러리 클린턴의 승리를 예상했다. 네이트 실버도 마찬가지였다. 네이트 실버 또한 지난 대선의 패배자로 볼 수 있을 것이다. 그래도 네이트 실버는 언론계에서 가장 덜한 패배를 한 인물이다. 대부분의 매체는 트럼프의 승리 확률을 16% 이하로 예측했다. 심지어 1%라고 말한 매체도 있다. 네이트 실버는 선거 직전에 트럼프의 승리 확률을 33.1%까지 올렸다.

538의 트럼프 승리 확률을 비판한 사람들도 있었다. 허핑턴 포스트의 라이언 그림Ryan Grim 기자는 538의 트럼프 승리 확률이 '트래픽 장사'라고 비난했다. 그에 따르면 538은 대선 때마다 큰 관심을 받으며 성장했다. 한 후보의 승리 확률이 98%면 트래픽을 끌어올 수가 없다. 일반적인 선거에 큰 관심이 생길 수가 없으니 말이다. 라이언 그림은 네이트 실버가 여론조사 추세선 보정을 트럼프에게 유리하게 만들어서 선거를 치열해 보이게 만듦으로써 본인의 트래픽을 올리려 한 게 아닌지 의심했다.

여기서 잠깐. '추세선 보정'은 뭘까? 여론 조사 결과는 끊임없이 변한다. 수많은 결과 중 어떤 결과에 더 큰 가치를 둘 것인지가 중요하다. 네이트 실버는 최근 결과를 중심으로 선거를 예측한다. 또한 과거 결과와 현재 결과를 비교해서 추세를 파악한다. 트럼프가 올라가는 추세인가? 클린턴이 내려가는 추세인가? 이 추세를 경험과 데이터로 분석해서 여론조사 결과를 보정한 수치가, 유독 트럼프에게 유리하게 보였던 거다.

네이트 실버는 즉각 허핑던 포스트에 반박했다. 그는 모델을 만들었을 뿐이다. 그렇게 분석한 추세가 트럼프에게 유리해 보일 따름이다. 대부분 조사에서 클린턴의 리드는 고작 2% 정도였다. 유권자의 10%가 선거 결정을 내리지 않은 시점에서 2%의 리드를 가진 클린턴의 승률이 98~99% 정도라는 게 말이 되냐고 네이트 실버는 반문했다.

네이트 실버는 마지막으로 사람들이 538의 수학적 모델링, 방법론에는 관심이 없다고 주장했다. 사람들은 결과에 집착한다. 본인들이 듣고 싶지 않은 결과인 트럼프의 승리를 예측하니 비난을 받는다는 주장이다. 네이트 실버는 공화당이 차별하는 동성애자다. 인생 대부분 기간에서 민주당을 지지하기도 했다. 하지만 본인의 정치적 성향과 맞는 후보에 유리하게 선거를 예측해서는 안 된다고 네이트 실버는 말했다.

트럼프는 승리했다. 대부분의 대선 예측 시스템과 마찬가지로 538 또한 틀렸다. 하지만 538이 나간 후 이를 대신하게 만든 뉴욕 타임스의 내부 통계 블로그 업샷The Upshot이나 허핑턴 포스트 등을 포함한 그 어떤 매체보다 적게 틀렸다. 네이트 실버가 추세선 보정을 통해 포착했던 추세가 실제 선거 판세를 정확하게 보여줬던 셈이다.

© 업샷

이후 2017년 3월 1일, 네이트 실버는 대부분의 주류 언론이 대선 예측에 실패했던 이유를 분석한 기사를 538에 올렸다. 대선뿐만 아니라 영국 브렉시트Brexit(영국이 유럽 연합을 탈퇴한다는 의미로, 영국(Britain)과 탈퇴(exit)를 합쳐서 만든 혼성어) 투표도 대부분 언론의 예상과는 달리 브렉시트 찬성 세력이 승리하면서 주류 언론이 포퓰리즘Populism('대중주의大衆主義'를 뜻하는 말로, 의제설정이나 그와 관련된 의사결정권한이 일부 엘리트뿐 아니라 대중 모두에게도 공평하게 주어져야 한다는, 민주주의 정치의 한 양태)의 등장을 알아채지 못하는 게 아니냐는 비판을 받는 시점에 등장한 기사였다.

네이트 실버는 제임스 서로위키James Michael Surowiecki의 《대중의 지혜The Wisdom of Crowds》를 인용했다. 대중, 혹은 복수의 사람들이 좋은 예측을 하려면 4개의 조건이 필요하다. 첫 번째, 다양한 의견이 있어야 한다. 두 번째, 모두가 자유롭게 의견을 공유할 수 있어야 한다. 세 번쌔, 분권이 되어 있어야 한다. 네 번째, 모든 의견을 통합할 수 있는 시스템이 있어야 한다. 이에 따르면 최근 주류 언론은 대중의 지혜를 만들 수 있는 환경이 아니었다. 우선 다양성을 보자. 미국 언론의 대다수는 백인 대졸 남성이다. 미국인의 절반가량이 대학교를 졸업하는데 기자의 92%가 대학을 졸업했다. 정치적으로도 진보에 가깝다. 종교성은 옅다. 대도시에 사는 사람이 대부분이다. 트럼프를 지지한 언론은 없다시피 했다. 트럼프 지지자나, 브렉시트 찬성 투표자와 비슷한 종류의 사람이 기자실에는 부족했다.

비슷한 종류의 사람만 기자를 하다 보니 자유도 어려웠다. 대부분 사람이 비슷한 의견을 갖고 있으니 찍어내는 듯한 의견만 있다고 네이트 실버는 주장했다. SNS로 다양한 의견이 돌아다니는 듯하지만, 기자들 사이에서는 한두 개의 의견이 복제되고 있었다. 분권도 안 되었다. 인터넷 시대에 지역 언론의 경제 사정이 어려워졌다. 대다수 트래픽이 대형 언론사에 몰렸다. 네이트 실버에 따르면 전체 언론사 홈페이지 중 5대 대형 언론사가 차지하는 트래픽 비중은 10년 전에 25%에서 35%로 올랐다. 개인 블로그는 물론, 지역 신문사들도 위기에 처했다.

중서부의 지방 신문들은 격전지인 미시건주, 위스콘신주 그리고 미네소타주에서 트럼프의 기세가 심상치 않았다는 사실을 알았다. 하지만 대도시에 있는 대형 언론사는 이런 지역 뉴스에 무관심했다. 대형 언론사와 지역 언론사의 의견을 통합할 방법이나 소통 파이프도 없었다. 기성 언론이 트럼프의 승리를 예측하지 못한 이유다. 그렇다면 언론이 더 나은 예측을 하려면? 다양한 배경의 저널리스트를 키워야 한다. 다양한 소규모 매체가 생태계를 이루어야 한다. 그리고 다양한 의견의 다양한 매체가 서로 소통하고 토론할 방법이 있어야 한다.

네이트 실버는 두 번의 대선을 예측하며 최고의 스타가 되었다. 이후의 대선에서도 뼈아픈 실패를 맛봤지만, 진보 계열 미디어 종사자 중에는 가장 잘 진 사람이 되었다. 그의 특유의 신중함과, 모델링을 중시하는 수학적 기법 때문이다. 정치 기사는 대개 당위가 지배한다. 냉정한 분석이 부족하다. 네이트 실버의 수학적인 방법론을 살펴봄 직한 이유다.

538의 데이터 저널리즘

538은 데이터 저널리즘을 표방한다. 538이 유명해진 이유는 '선거 예측'이었다. 하지만 1년 365일 내내 선거 예측만 할 수는 없다. 선거는 특별한 이벤트다. 뉴욕 타임스에서는 선거 예측으로 충분했을지 모른다. 하지만 선거 콘텐츠만으로 독립적인 언론이 살아남기는 어렵다. 실제로 538은 정치 외에도 경제, 과학,

생활, 스포츠 주제를 다루고 있다. 538이 데이터 저널리즘을 어떻게 실현하고 있는지 알아보았다.

첫 번째, 데이터만이 다룰 수 있는 주제에 집중한다. 네이트 실버는 2009년 2월에 TED(Technology, Entertainment, Design의 줄임말로, 미국의 비영리 재단에서 운영하는 강연회)에 나와서 인종과 투표의 관계에 관해 이야기했다. 정치 이야기였지만 오로지 데이터 분석을 통해서만 할 수 있는 이야기기도 했다. 네이트 실버는 분석을 통해 인종이 선거에 차지하는 비중을 밝혀냈다. 변수를 줄이고, 데이터를 세심하게 살펴본 결과 인종차별은 '다른 인종이 주변에 없으면' 강화되었다. 따라서 인종 차별을 줄이기 위해서는 도시 디자인이 중요하다. 다양한 인종의 사람들이 한곳에 모일 수 있으면 인종 차별이 줄어든다. 단순한 분석에서 끝나는 게 아니라, 분석을 통해 사테 해결까지 전달하는 훌륭한 기사였다.

538은 가벼운 생활 기사에서도 데이터만이 다룰 수 있는 방식으로 접근한다. 2017년 5월 17일에 올라온 기사를 보자. 〈연애 문제로 10년간 헤어진 친구가 있다. 나와 헤어진 친구가 모두와 친한 친구의 결혼식에 가면 나는 어떻게 해야 하는가?〉에 대하여 538은 서베이 몽키SurveyMonkey(1999년 미국에서 설립된 웹에 기반한 온라인 설문 조사 및 분석 서비스 회사)를 통해 설문 조사를 받았다. 538의 기자들은 설문 조사 결과를 결과별로, 성별로, 또 나이별로 분석하면서 어떻게 이 상황에 헤쳐 나가는지 좋을지에 대해 가볍게 이야기한다. 538의 설문 조사에 따르면 남자와 여자 모두 전체의 60% 정도가 결혼 전에 어떻게든 문제를 해결하려 시도하기를 권했다. 60세 이상의 노년층은 25% 정도가 계속 상대를 무시하는 게 옳은 처사라고 말했다. 다른 모든 연령대보다 두 배 이상 높은 수치다. 538의 기자들은 왜 이런 결과가 나왔는지, 그리고 본인은 어떻게 할 것인지에 대해 가벼운 대화를

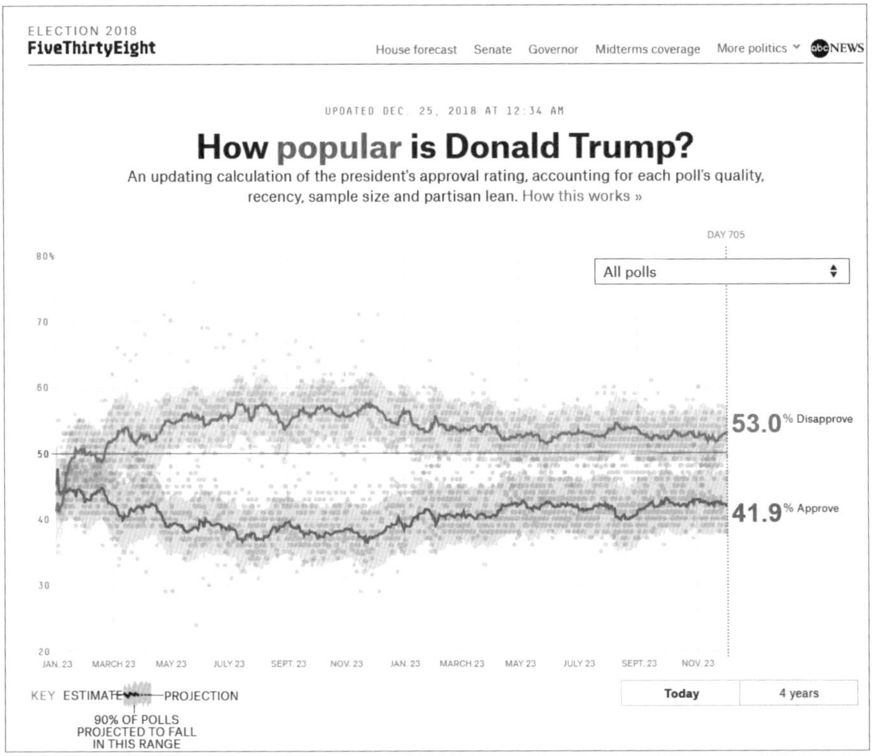

미국 대통령의 지지도를 보여주는 그래프

나눈다. 가벼운 기사지만 통계가 없으면 할 수 없는 기사다. 데이터에 맞는 형식을 통해 진지한 기사부터 가벼운 주제까지 본인들의 정체성을 살리면서 다루고 있는 셈이다.

두 번째, 데이터 시각화에 집중한다. 538의 웹사이트에는 항상 나오는 단골 그래프가 있다. 그중 가장 중요한 그래프는 현재 미국 대통령의 지지도를 보여주는 그래프다. 항상 홈페이지에서 볼 수 있는 차트다. 2017년 5월 18일 현재 트럼프 대통령의 지지도는 39.7%다. 54.3%가 대통령을 반대하고 있다. 차트를 클릭하면 더 자세한 정보를 볼 수 있다. 현재까지 여론조사의 추세를 알 수 있다. 538의 지지도는 수많은 여론조사 결과를 그들만의 우선순위와 비율을 매겨 합산한 결과다. 538이 참고한 모든 설문 조사의 결과를 기간별로 볼 수 있다. 마지막으로 현재 트럼프 대통령의 지지도를 과거 대통령들의 비슷한 시점의 지지율과 비교해볼 수도 있다. 덕분에 트럼프 대통령이 현시점에서 얼마나 위기인지 직관적으로 전달한다. 시각화 기술과 좋은 차트 기획의 승리다.

세 번째, 정치 외에 다른 주제의 성패를 예측한다. 538의 사이트에는 스포츠 결과 예측도 많다. 특히 NBA National Basketball Association(전미농구협회)의 농구 경기와 MLB Major League Baseball(미국과 캐나다에서 개최되는 프로 야구 리그)의 야구 경기에 대한 승패 예측이 많다. 2017년 5월 18일 기준으로, 다음 경기에서 MLB 야구팀이 이길 확률과 NBA 농구팀이 우승할 확률을 계산한 차트다. 538은 승률 예측을 위해 시뮬레이션, ELO 시스템 Elo rating system(헝가리계 미국인 물리학자 아르파드 엘로Arpad Elo가 만든, 체스 등의 1대1 대결을 하는 게임에서 개별 플레이어의 상대적인 실력을 계산하여 점수를 매기는 체계)등 다양한 도구를 동원한다. 그리고 매번 새로운 예측 결과를 제공한다. 과거의 예측도 비교해볼 수 있다. 스포츠팬들은 매일 본인이 응원하는 팀의 확률을 보면서 경기를 즐길 수 있다. 538을 꾸준히 방문해야 하는 이유가 또 생긴다.

538은 주제, 시각화, 예측 도구 등 다양한 무기로 데이터 저널리즘을 강화했다. 덕분에 선거철이 아닌 대부분 시간에도 유저를 모을 수 있었다. 데이터 저널리즘만으로도 한 매체를 먹여 살릴 수 있는 예시가 되고 있다. 그렇다면 한국은 어떨까? 한국에서는 538과 같은 데이터 저널리즘이 가능할까? 필자는 이는 어려우리라 생각한다.

배울 점

데이터 저널리즘은 한국에서도 큰 화두다. 많은 언론이 데이터 저널리즘을 연구 중이다. 더 좋은 기사를 만들기에 데이터를 활용하고 싶어 한다. 실제로 '숫자로 말하라'라는 원칙은 많은 기자가 예전부터 실천하고 있던 말이기도 하다. 최신 기술로 발전한 뉴미디어 분야 중 언론이 가장 익숙한 분야 중 하나인 셈이다.

데이터 저널리즘이 발전한 이유는 데이터의 발전 덕분이다. 디지털화 되면 모든 게 데이터화 된다. 때문에 디지털화가 되면 데이터가 급격히 늘어난다. 데이터가 많아지다 보니 데이터를 처리하는 기술, 데이터를 해석하는 기술 또한 자연스럽게 발전했다. 알파고AlphaGo(구글의 딥마인드DeepMind Technologies Limited가 개발한 인공지능 바둑 프로그램. 이름에서 "Go"란 일본어로 바둑을 뜻하는 碁(바둑 기. 일본어 음독은 '고')를 의미한다. 우리나라에서는 이세돌 기사와의 대국으로 유명해짐)로 대표되는 A.I Artificial Intelligence(인공 지능) 또한 데이터의 한 부분이다. 데이터가 발전하면서 등장한 매체가 바로 538이다. 기존 언론이 다루지 못한 이슈를 다룬다. 기존 언론보다 데이터에 대한 이해도가 높기 때문이다. 538의 등장 이후 뉴욕 타임스의 업샷같은 다양한 경쟁자가 나타났다.

한국에서는 이런 시도를 해볼 수 없을까? 현재까지는 쉽지 않다. 데이터가 부족하다. 저널리즘 역량도 부족하다. 마지막으로 시장과 문화가 이를 받아들이기 쉽지 않다. 첫 번째, 데이터가 부족하다. 한국에는 데이터가 거의 없다. 데이터를 정리하는 문화가 아직 덜 여물었기 때문이다. 데이터처럼 꾸준한 노력이 필요한 부분은 따라잡는 데 시간이 오래 걸린다. 한국은 빠르게 성장했다. 하지만 데이터는 아직 따라잡지 못했다. 한때 논란을 일으켰던 피케티Thomas Piketty의 《21세기 자본Capital in the Twenty-First Century》을 보자. 이 책에는 역사 속의 수많은 통계자료가 담겨 있다. 피케티는 통계자료 분석을 통해 도발적인 의견을 내놓았다. 중요한 사실은 과거에 대한 통계자료를 분석할 수 있었다는 사실이다.

한국은 어떤가? 조선 시대 통계 자료는커녕 현재에 대한 통계 자료도 부족하다. 지난 대선을 보자. 여론 조사에 대한 잡음이 끊이지 않았다. 김재광 카이스트 교수는 KBS와 연합뉴스가 진행했던 여론조사가 수상하다고 문제를 제기했다. RDD Random Digit Dialing(임의 번호 걸기) 방식임에도 비적격 사례 비율이 급격히 줄어들었고, 무선조사 국번이 60개밖에 되지 않았다. 본인들 취향에 맞은 샘플을 취사선택 하여 본인이 원하는 결과를 조작해낸 건 아니냐는 의혹이었다. 이 여론조사에서 안철수 후보는 문재인 후보를 이겼다.

어느 나라나 통계를 부정하게 이용하는 이들이 있다. 그래서 네이트 실버는 다양한 여론조사를 통합한다. 통합의 비율은 네이트 실버의 경험과 분석을 통해 정한다. 한국은 여론 조사를 통합해서 분석할 만한 능력도, 자원도 부족하다. 서로 비교하기 어려운 여론조사가 난립하는 형국이다. 데이터 저널리즘의 가장 큰 이벤트라 할 수 있는 선거 데이터조차 이런 판국이다. 다른 데이터는 훨씬 더 심각하다. 애초에 분석할 재료가 없는 셈이다.

두 번째, 인적 역량이 부족하다. 네이트 실버는 뉴욕 타임스 재직 당시 기성 언론 인력과 협업이 어려웠다. 데이터를 이해하는 인력이 부족했기 때문이다. 더 중요한 건 세계관의 차이였다. 기성 언론은 출입처 관리, 취재를 통해 단독 보도를 하는 걸 기자에 최고의 명예로 여겼다. 네이트 실버처럼 이미 공개된 정보를 잘 다듬고, 숨겨져 있는 인사이트를 찾는 방식을 좋아하지 않았다. 설사 독자들이 네이트 실버의 데이터 저널리즘을 원한다고 해도 말이다.

한국은 어떨까? 뉴욕 타임스는 그래도 네이트 실버 퇴사 이후 자사 인력으로 '업샷 통계 블로그'를 새로 만들 수 있는 역량이 있었다. 네이트 실버처럼 급진적이지는 않더라도 나름 데이터 분석, 데이터 시각화가 가능한 인력이 있었다는 증거다. 한국은 그렇지 않다. 통계 분석 능력이나 데이터 시각화가 가능한 기자는 극소수다. 그런 기능을 가진 인력을 대접하지도 않는다. 조직 전체가 데이터 저널리즘을 할 능력도, 준비도, 심지어 의욕도 없는 셈이다.

세 번째, 문화가 다르다. 한국은 기본적으로 통계를 좋아하는 문화가 아니다. 통계 분석보다는 감성이나 당위에 의존한 분석이 더 흔하다. 데이터 저널리즘이 시장에 선택을 받을 수 있을지 의심스럽다.

서구 문화도 통계 분석을 좋아하는 건 아니다. 미국에서도 데이터 저널리즘보다는 싸구려 저널리즘이 더 인기 있다. 하지만 시장 크기가 문화를 어느 정도 해결한다. 통계 분석을 원하는 이는 소수지만 이들이 모이면 큰 파이가 된다. 미국의 시장이 클뿐더러, 영어 콘텐츠의 시장은 전 세계이기 때문이다.

결론적으로 한국은 아직 데이터 저널리즘이 꽃피기에는 업계도 시장도 준비가 덜 되어있다. 데이터를 통해 얻은 분석이 사회에 가져다줄 효용을 생각하면 안타까운 일이다. 데이터 저널리즘이 꽃피려면 우선 환경이 바뀌어야 한다. 데이터가 더 많아져야 한다. 데이터를 더 많이 공개해야 한다. 뜨겁고 감정적인 분석 외에 냉정한 분석도 많아져야 한다.

기성세력은 통계를 무시한다. 설명할 수 없는 무언가 때문이라고 말한다. 하지만 이런 '무언가'는 대개 편견인 경우가 많다. 오클랜드 애슬레틱스의 단장이던 빌리 빈은 이런 기성세력의 생각에 의문을 제기했다. 그리고 통계를 통해 뚱뚱한 선수, 타격하기보다 포볼을 기다리는 선수, 몸 건강이 안 좋은 선수 등 사람들의 통념에 반하는 선수를 활용했다. 통계 분석을 해본 결과 그들이 더 승리에 도움이 되었기 때문이다.

빌리 빈은 다른 팀보다 훨씬 적은 예산으로 훌륭한 성적을 거두었다. 이후 야구는 통계 분석의 시대가 열렸다. 네이트 실버도 이 붐을 타서 야구 통계 분석 콘텐츠로 인기를 끌었다. 덕분에 컨설팅 회사를 나와 새 삶을 살 수 있었다.

야구는 극명하게 성공과 실패가 나뉜다. 그래서 통계의 우월함을 증명할 수 있었다. 아직 저널리즘은 사회를 바꾸는 통계의 미학을 포착하지 못하고 있다. 그러는 사이 산업은 점점 데이터 위주로 바뀌고 있다. 저널리즘은 사회를 담아야 한다. 또한 현재 사회도 점차 데이터 위주로 바뀌고 있다. 저널리즘이 속히 데이터 저널리즘을 상품으로 제공해야 하는 이유다.

바이스

기술보다 정체성

뉴미디어는 기술에 의존하는가? 아무래도 그런 경향이 있다. 기성 언론은 기존 문법에 강하다. 신기술이 만든 새로운 환경에 적응하는 일에는 불리하다. 신참자가 종종 기술에 의존하는 이유다.

뉴미디어가 꼭 기술을 경쟁력으로 삼아야 하는 건 아니다. 기성 언론이 하지 않는 걸 하면 된다. 기성 언론이 활용하지 않는 콘셉트를 적극적으로 활용한 바이스Vice가 좋은 예다. 바이스는 특별한 기술 없이 버즈피드는 물론 파이낸셜 타임스보다 큰 영향력과 기업 가치를 얻었다.

바이스는 1994년에 시작됐다. 3명의 젊은이가 모였다. 정부 보조금을 받아 '보이스 오브 몬트리올Voice of Montreal'이라는 청년 취향 잡지를 발간했다. 마약, 펑크 음악, 감옥 생활 등의 주제를 다룬 잡지였다. 3인의 청년은 마약을 하는 것 외에 특별한 경험이 없었다.

1996년 3인은 부모에게 돈을 빌려 잡지 소유권을 샀다. 잡지 이름을 '바이스'로 바꿨다. 이 잡지는 언더그라운드의 무가지(무료로 배포되는 잡지)로 이름을 알렸다. 21세기 초반은 바이스에게 잔인했다. '닷컴 버블dot-com bubble(인터넷 관련 분야가 성장하면서 산업 국가의 주식 시장이 지분 가격의 급속한 상승을 본 1995년부터 2000년에 걸친 거품 경제 현상)'의 피해를 보았다. 위기를 거치며 바이스는 20대 취향에, 거침없이 자신만의 이야기를 하는 바이스만의 콘텐츠 콘셉트를 잡았다.

2007년 이후 바이스는 온라인 홈페이지를 열었다. 동영상에 집중했다. MTV와 제휴해서 만든 VBS.TV는 상징적이다. 이 채널을 위해 〈존 말코비치 되기Being

© 바이스

John Malkovich〉의 감독 스파이크 존스Spike Jonze가 바이스의 디렉터로 영입되었다. 뉴스라기에는 짧고, 다큐멘터리라기에는 긴 특유의 형식으로 바이스는 큰 성과를 거두었다. 이들의 대표작으로는 이라크의 헤비메탈 그룹 아크라시카우다Acrassi-cauda를 다룬 다큐멘터리인 〈바그다드의 헤비메탈Heavy Metal in Baghdad〉이 있다. 2013년에 바이스는 또 하나의 전기를 마련한다. 21세기 폭스로부터 7천만 달러의 투자를 받았다. 이들이 받은 지분은 5%뿐이다. 대형 자본과 함께한 바이스는 이후 기하급수적으로 성장하기 시작했다. HBO와 함께 공동 뉴스를 제작하는 등 끊임없는 협업으로 덩치를 불리고 있다. 2015년에는 A&E 네트워크로부터 2억 5천만 달러를 투자받았다.

바이스의 성공 비결은 두 가지다. 어디서도 볼 수 없는 독특한 콘셉트, 다양한 대형 미디어 및 자본과의 협업이다. 우선 콘셉트를 보자. 바이스의 성공 비결은 '근성의 저널리즘'이다. 바이스는 굳이 객관적이려 하지 않는다. 확실하게 자기 편을 정한다. 1인칭으로, 비주류 20대의 시선으로 사회를 담는다. 논란이 되는 시선도 거침없이 보여준다. 예컨대 북한에 방문한 데니스 로드맨Dennis Rodman과 동행해서 독점으로 카메라에 담는 식이다, 특유의 콘셉트를 끝까지 밀어붙인 덕분에 바이스는 거대 미디어가 될 수 있었다.

바이스는 어디에도 볼 수 없는 콘텐츠를 만든다. 이슬람 극단주의 테러단체(IS)를 다룬 5부작 다큐멘터리 〈The Islamic State〉가 대표적이다. 최초로 IS 대원들과 동행하여 취재한 결과를 다큐멘터리에 담았다. 3만 개 넘는 댓글과 1천만 회 넘는 누적 조회 수를 기록하며 큰 성공을 거두었다. 무엇보다 다른 어떤 언론도 시도할 수 없는 논란적인 시선을 거침없이 담았다. 바이스만의 색깔을 보여주는 콘텐츠다.

바이스의 또 하나의 성공 비결은 '협업'이다. 바이스는 본인만의 힘으로 성공하지 않았다. MTV, HBO, 그리고 워너WARNER MEDIA 등 기성 언론사와 협업하거나 투자를 받으면서 성장했다. 바이스는 어디에도 없는 논쟁적인 콘텐츠를 만든다. 이 콘텐츠는 20대에 열광적인 반응을 끌어낸다. TV를 보지 않는 젊은 층이 원하는 콘텐츠를 제작하는 노하우를 가진 셈이다. 기성 미디어가 탐내는 재능이다.

20대가 원하는 콘텐츠를 만드는 노하우야말로 바이스가 대형 미디어와 거래할 수 있는 강점이 되었다. 바이스는 미디어가 기술 사업이 아닌 콘텐츠 제작 사업이라고 강조한다. 플랫폼이 원하는 콘텐츠를 제작할 수 있는 능력을 유지한 덕분에 플랫폼과 자본의 영향력을 뛰어넘어 최고의 미디어 사업자로 성장할 수 있었다.

근성 저널리즘과 협상력의 근원에는 창립자 3인 중 한 명인 셰인 스미스Shane Smith가 있다. 그는 바이스를 만들기 전까지는 뚜렷한 직업 없이 마약을 하며 유럽을 전전하던 젊은이였다. 그런 그가 자신의 반항적인 성격을 고스란히 미디어 적으로 증폭시켜 만든 매체가 바로 바이스이다.

또한, 그는 성장의 갈림길마다 협상력을 발휘에 바이스를 성장시켰다. 바이스 성장의 계기라 할 수 있는 MTV와의 제휴를 통한 VBS · TV라는 글로벌 케이블 채널 출범이 그의 작품이다. 그 외에도 그는 다양한 제휴로 바이스에 공헌했다. 인텔과 창작자 프로젝트를 진행해 창작 자금을 조달했다. 2011년에는 유튜브가 지원하는 100대 MCN에 채널 두 개를 올렸다. 2015년에는 HBO와 함께 공동 뉴스를 제작하는 협상을 성사시켰다.

현재 바이스 미디어는 시초인 종이 잡지에서부터 유튜브 채널, 웹사이트, 케이블 채널까지 보유한 거대 미디어로 성장했다. 굳이 인터넷 형식에 자신을 가두려 하지 않는다. 기성 언론과 적극적으로 협업하고, 그들의 플랫폼에도 서슴없이 들어간다. 이 방식으로 그들은 42~45억 달러 규모의 거대 주류 미디어 회사로 성장했다.

바이스 미디어는 미디어 업계에서 신참자가 성공하는 또 다른 방식을 보여준다. 기술만이 뉴미디어의 경쟁력이 아니다. 확실한 브랜드와 콘텐츠 제작 방법 또한 성공 공식이 될 수 있다. 그 브랜드가 기성 언론이 원하지만, 기성 언론이 갖지 못한 거라면 더욱 좋다. 바이스의 근성 저널리즘이 바로 그랬다. IS나, 북한과 교류한 데니스의 의견까지 거침없이 담는 바이스의 콘텐츠는 기성 언론이 하지 못하는 종류였다. 그들의 20대에 대한 흡입력 또한 기성 언론이 얻고 싶어 하는 종류의 재능이었다. 물론 이런 방식이 언제나 성공적인 것은 아니다. 대개 미디어 콘셉트, 미디어 브랜드는 개인을 넘어서기 어렵다. 개인이 성공 원인이라면 기존의 대형 미디어들은 출연진을 영입하면 그만이다. 바이스가 성공한 이유는 그 원인이 개개인 스타 저널리스트가 아닌 그룹이었기에 가능했다.

JTBC 뉴스는 기존 TV 뉴스가 갖지 못했던 '손석희 브랜드'를 통해 최순실 사태에 주인공이 되었다. 하지만 JTBC 브랜드가 조직의 브랜드가 되지는 못했다. 손석희 개인 브랜드에 기댄 성공에 가깝다. 하나의 방송사 혹은 조직이 브랜드를 만들기는 어렵다. 뉴미디어 업계도 사정은 마찬가지다. '캐리와 장난감 친구들'이라는 MCN 채널이 있다. 이 채널은 거대한 성공을 거두었다. 이후 1대 캐리와 MCN 채널은 갈등 끝에 결별했다. 캐리와 장난감 친구들은 다른 출연자를 2대 캐리로 내세워 운영했다. 1대 캐리 강혜진은 '지니'라는 이름으로 CJ E&M 산하 다이아 TV에서 장난감 채널을 운영하기 시작했다. 조직과 개인 중 누가 성공

© 캐리와 장난감 친구들

원인이었을까? 승자는 개인 브랜드였다. 현재 지니는 캐리보다 5배 넘는 유튜브 채널 조회 수를 기록 중이다.

뉴미디어가 바이스처럼 성장하려면 1인 창작자를 대형 업체가 데려와도 베낄 수 없는, 자신만의 노하우와 브랜드가 있어야 한다. 이게 안 된다면 대형 업체는 뛰어난 스타 개인만 가져가면 그만이다. 뉴미디어가 제작 능력으로써, 개개인의 브랜드를 넘는 무언가를 조직화할 수 있을까? 아직 기성 언론이라 할 수 있는 JTBC조차 손석희 개인을 넘는 무언가를 만들지는 못하고 있다. 뉴미디어 업계가 바이스처럼 대체할 수 없는 브랜드 조직을 만드는 데 성공할 수 있을지 주목해볼 일이다.

쿼츠

혁신은 외부에서

앞서 내부 혁신조직은 조직 외부에 있어야 한다고 말했다. 이를 정확하게 지키고 있는 언론이 있다. 쿼츠Quartz이다. 159년 전통의 애틀랜틱 미디어ATLANTIC MEDIA는 2012년 9월, 디지털 미디어 쿼츠를 만들었다. 디지털 시대를 이끌기 위해서다. 별도의 서비스로 시작했다. 이를 위해서 월 스트리트 저널THE WALL STREET JOURNAL, 블룸버그Bloomberg, 이코노미스트The Economist, 그리고 뉴욕 타임스 출신의 기자들을 영입해 새로운 조직을 만들었다.

쿼츠의 핵심 구성원은 발행인이자 공동대표 제이 라우프Jay Lauf와 편집장 겸 공동대표 케빈 딜레이니Kevin J. Delaney이다. 라우프는 애틀랜틱 출신이다. 딜레이니는 월 스트리트 저널에서 일했다. 특히 딜레이니는 10년간 테크 분야를 취재했다. 이후 6년간은 온라인 에디터로 재직했다. IT 기술에 대한 지식과 이해도가 풍부한 저널리스트인 셈이다. 그는 20112년 2월에 합류해 쿼츠를 이끌고 있다.

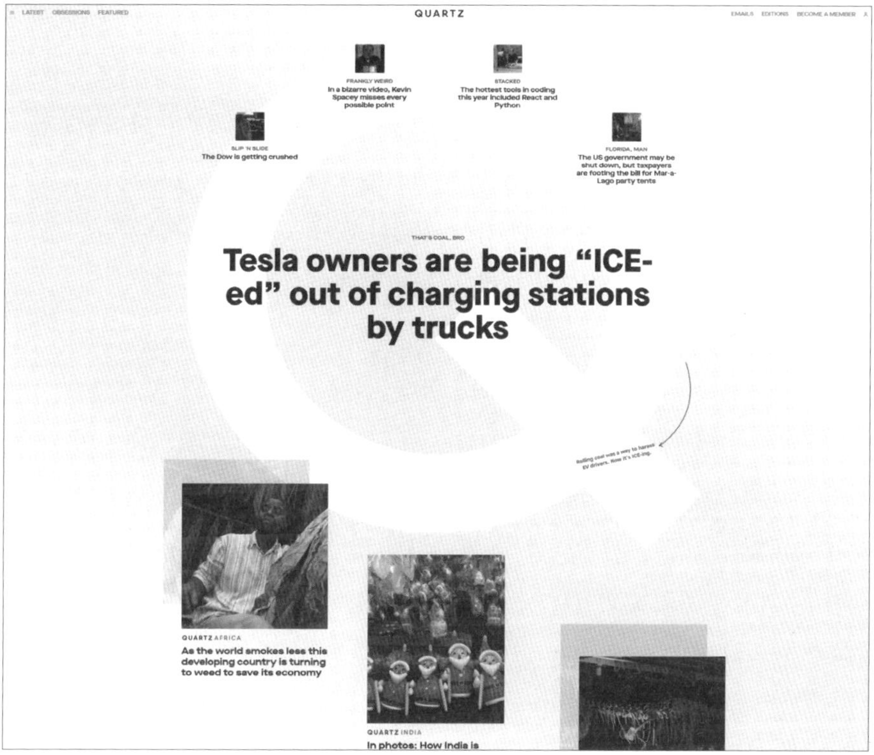

© 쿼츠

처음에 사람들은 쿼츠가 애틀랜틱 미디어의 온라인 웹 사이트 실험 정도로 보았다. 쿼츠는 그보다 큰 꿈을 꿨다. '2012년에 발행하는 이코노미스트'를 만드는 거였다. 2012년에 애틀랜틱이 시작한다면 어떤 모습일까? 이 질문에 대한 해답이 지금의 쿼츠를 만들었다.

이를 위해서는 단순히 본사의 종이잡지 더 애틀랜틱을 보좌하면 안 된다. 그것조차 경쟁자다. 쿼츠의 목표는 '자기 파괴'이다. 디지털 및 온라인 환경에 최적화된 콘텐츠로 자기 자신을 잠식하는 게 쿼츠의 목표였다. 단순히 인터넷판 애틀랜틱보다 훨씬 공격적이고 주도적인 목표인 셈이다.

쿼츠는 초기부터 모바일에 집중했다. 쿼츠를 시작하던 2012년은 아직 PC 웹의 영향력이 강했던 시기다. 이때부터 이미 쿼츠는 모바일이 웹의 미래라 보고 모바일 경험에 집중했다. 심지어 오랜 기간 홈페이지조차 만들지 않았다. 어차피 모바일 시대에 콘텐츠는 SNS에서 퍼지고, 소비되기 때문이다.

이후 쿼츠는 온라인 홈페이지를 만들었다. 콘텐츠를 보여주기 위해서가 아니다. '우리는 이런 매체다'라는 이야기를 신규 독자에게 알리기 위해서다. 마치 기업의 홈페이지처럼, 홍보의 한 수단으로 활용하고 있다. 이 홈페이지 또한 철저하게 모바일을 지향한다. 요소가 적고 기사도 적다. 꼭 필요한 기사와 기능만 존재한다. 기성 언론처럼 기자를 달래기 위해 모든 기사를 올린다거나 하는 관행은 따르지 않는다.

쿼츠의 대상 독자는 고급 독자층이다. 특히 40대다. 중요한 결정은 하지만, 임원은 아닌 나이대이다. 이 나이대의 독자가 원하는 '경제 뉴스'에 집중하고 있다. 모바일에 집중하는 2012년의 이코노미스트, 쿼츠는 형식에서도 철저하게 모바일을 지향했다.

우선 기사 분류가 남다르다. '옵세션Obsession(집념, 관심)'이라는 방식이다. 경제, 국제, 사회 식의 테마 분류나 국세청, 시청, 교육청, 경찰청, 법원 식의 기성 언론의 출입처 분류를 거부한다. 대신 하나의 이야기를 기사로 묶는다. '푸틴과 세계의 대결' '미국 우선주의' '지구 온난화' 등의 굵직한 주제부터 '공부에 대한 과학', '장소 비즈니스' 등 부드러운 주제까지, 다양한 옵세션을 통해 기사를 분류한다.

딜래이니는 "좋은 잡지에는 옵세션이 있다며, 이 테마를 쿼츠에 옮겨오고 싶었다"고 말한다. 이렇게 기사를 운영하니 자연스럽게 타 매체처럼 모든 이슈를 다루려고 하지는 않는다. 옵세션이 될 수 있는, 정말 중요한 이슈에만 집중한다.

글의 구성도 독특하다. 쿼츠는 독자의 시간을 존중해야 한다고 말한다. 모바일에서 뉴스는 다른 언론과만 경쟁하는 게 아니다. 메시징 앱, 게임, 동영상 등과 경쟁한다. 필요 없이 긴 뉴스는 금물이다. 그래서 이들은 '쿼츠 커브Quartz Curve'라고 알려진 그래프를 통해 글을 쓴다. 500단어 이하, 혹은 1,000단어 이상의 글만 쓴다. 500~800단어의 어정쩡한 길이의 기사는 피한다. 독자들이 읽지 않기 때문이다.

500단어 이하로, 옵세션 즉 중요하고 깊이 있는 테마를 다루려면 글만으로는 부족하다. 그래서 쿼츠는 차트를 활용한다. 차트를 '우리들의 고양이 사진'이라 부를 정도다. 온라인상에서 고양이 사진이 얼마나 인기 있는지 고려하면 그만큼 본인들의 차트가 대중적이라는 자신감이다.

쿼츠는 통계를 위한 도구 개발에도 충실하다. 아틀라스ATLAS라는 플랫폼을 통해 모든 차트를 저장한다. 누구나 편하게 차트를 볼 수 있게 하기 위해서다. 차트빌더Chartbuilder라는 도구도 활용한다. 기자들이 누구나 편하게 보기 좋은 차트를 만들 수 있는 오픈소스 도구다. 차트빌더는 쿼츠 외에도 npr(National Public Radio의 줄임말로 워싱턴 D.C에 본사를 둔 미국의 공영 라디오 방송국), 월 스트리트 저널, 뉴요커, NBC 뉴스 등 다양한 언론에서 활용할 정도로 그 효용을 인정받았다.

차트가 진화해 아예 새로운 형식의 페이지로 발전하기도 했다. 쿼츠가 공개한 인덱스Index(책 속의 세부 내용을 쉽게 찾아볼 수 있는 표시를 뜻하는 것으로, 여기에선 해당 뉴스를 일목요연하게 설명한다는 뜻으로 붙인 이름) 섹션이다. 쿼츠 인덱스는 통계, 차트, 기사링크를 통해 짧게 뉴스를 설명한다. 글 숫자는 절제되어 있다. 모바일에 최적화된 화면 구성이다. 이 구성을 통해 짧은 문장으로 중요한 기사를 효율적으로 전달한다.

쿼츠 앱은 모바일 퍼스트mobile first(모바일 우선주의) 언론인 쿼츠의 콘셉트의 화룡점정이라고 할 만 하다. 쿼츠 앱은 메시징 앱의 모습을 하고 있다. 마치 앱과 대화를 하듯 정보를 받아볼 수 있다. 실제로는 대화를 한다기보다는 사용자가 객관식

쿼츠가 공개한 인덱스 섹션

으로 대답을 선택하면 이에 맞는 기사를 보여준다. 어드벤처 게임에 가까운 형식이다. 보이는 모습만으로도 사용자는 친근하게 뉴스를 받아볼 수 있다. 쿼츠 앱은 느리다, 혹은 어색하다는 비판도 받았지만, 이는 쿼츠가 얼마나 새로운 시도에 목말라 있는 기업인지를 증명하는 상징이 되었다.

쿼츠의 다양한 시도는 철저하게 고객과 시장의 니즈에 맞추기 위한 시도다. 고객들은 SNS로 기사를 본다. 그래서 쿼츠는 SNS에 집중한다. 모바일에 익숙하다. 그래서 쿼츠는 모바일에 최적화한다. 미국의 경우, 광고 차단 앱을 사용하기

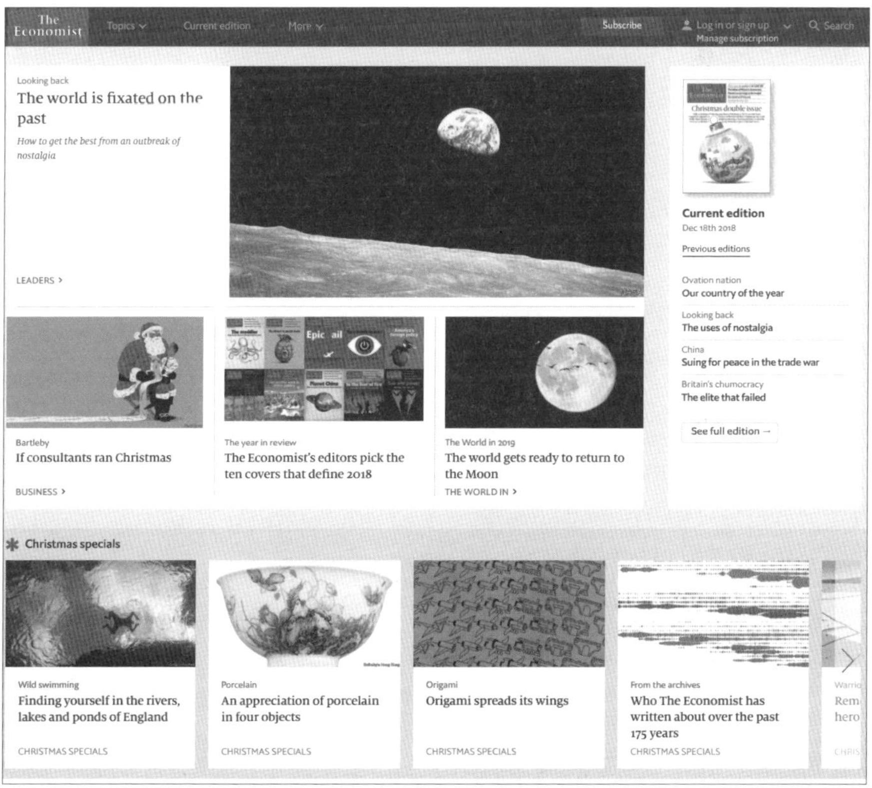

© 이코노미스트

때문에. 메시징 앱 형식과 gif 이미지를 사용하며 광고도 재미있게 내보낸다.

쿼츠는 성공적인가? 아직은 그렇다. 영국 옥스퍼드대 데이터 저널리즘 연구소 The Reuters Institute for the Study of Journalism(University of Oxford) 소속 루시 킹Lucy Küng에 따르면 4년 만에 쿼츠의 매출은 10배가 되었다. 딜레이니 편집장의 인터뷰에 따르면 월평균 순 방문자 수도 파이낸셜 타임스와 이코노미스트를 넘어섰다. 인도와 아프리카에도 진출했다. 이후 쿼츠는 일본의 데이터 분석 업체 유자베이스UZABASE에 인수되었다. 인수 가격은 7천5백만 달러에서 1억1천만 달러 내외다. 아시아의 영업력과 데이터 분석력까지 얻은 셈이다.

물론 한계도 존재한다. 쿼츠는 기술기업이 아니다. 쿼츠의 챗봇은 비영리 언론 단체인 나이트 재단KNIGHT FOUNDATION의 도움을 받아 만들었다. 기술적으로 충분히 혁신적이지 못했다. 자연스레 쿼츠의 앱은 업계 인의 뜨거운 반응과는 달리, 페이스북의 메신저 봇이나 기존의 앱만큼 뜨거운 반응을 얻지는 못했다.

그런데도 쿼츠의 시도를 주목해볼 필요가 있다. 쿼츠는 현 시점에서 이코노미스트를 재구성하고 있다. 모바일, 차트 위주, 짧거나 긴 글 형식, 메시지 전달 앱의 형식 등, 원점부터 새롭게, 이 시대에 맞는 언론 문법을 써내려가고 있다. 이렇게 근본적으로 뒤바꾸는 일은 기성 언론 내부에서는 불가능하다. 오로지 '외부 혁신조직'만 할 수 있는 일이다. 기성 언론이 자신을 죽이고 그 자리를 차지하게 하도록 만든 조직. 쿼츠야말로 미디어의 미래를 잘 보여주는 언론 중 하나이다.

하이프비스트

소재부터 달라야 한다

힙합의 시대다. 음원 순위부터 예능 프로그램까지 힙합 가수들이 점령했다. 힙합 문화는 음악보다 넓은 개념이다. 그래피티, 댄스, 디제잉 등을 모두 포함한다. 그 중에도 힙합 패션이 있다. 힙합 패션은 젊은이들 사이에서 큰 인기를 얻었다. 하지만 기성 패션 언론은 이런 스트리트 패션을 무시하다시피 했다. 기성 정장, 명품 패션에 집중했다. 이 분야 최고의 매거진은 홍콩의 웹사이트 하이프비스트HYPEBEAST다. 하이프비스트는 스트리트 패션 분야 최고의 권위 있는 언론이다. 또한, 기업 주식공개를 이룬 가장 뜨거운 신생 사업이기도 하다. 권위와 사업성을 모두 잡은 하이프비스트는 어떻게 모범적인 뉴미디어가 될 수 있었을까?

케빈 마Kevin Ma는 콜럼비아 대학을 나온 홍콩 유학생이었다. 졸업 후 그는 귀국해 은행에서 직업을 얻었다. 안정적인 삶이었다. 그는 운동화를 좋아했다. 하지만 운동화에 대한 정보는 많지 않았다. 패션 매거진들이 대부분 무시한 주제였다. 정보를 얻으려면 유럽과 일본의 패션 잡지를 뒤져야 했다. 그는 취미 삼아

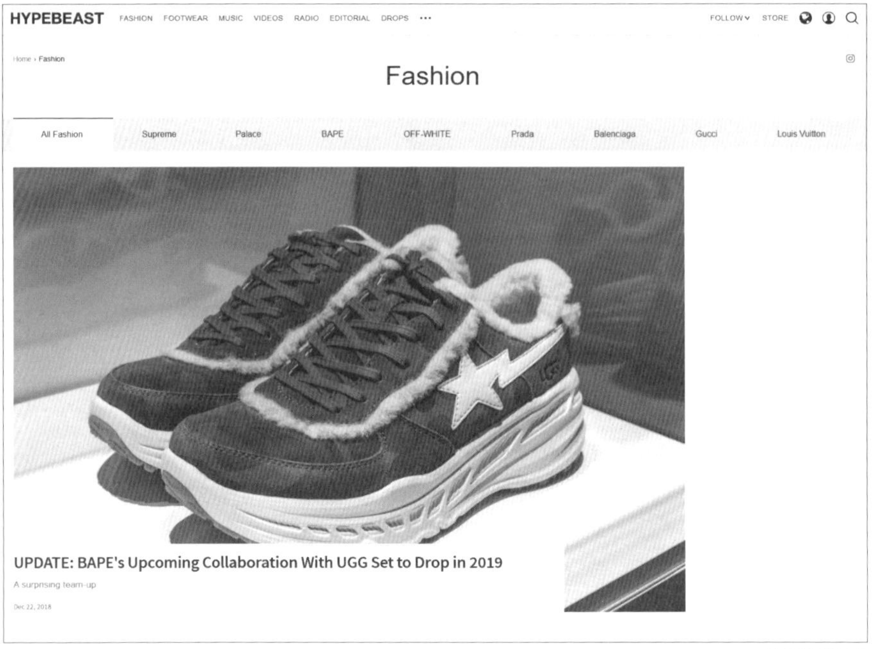

© 하이프비스트

자신이 모은 정보를 블로그를 통해 공유했다. 운동화를 사랑하는 세대는 케빈 마의 블로깅blogging(사이버 공간에 자기의 블로그를 개설 운영하면서 타인의 블로그와 교통하는 행위)에 열광했다. 곧 블로그에 붙인 구글애드 광고수익이 은행 월급보다 많아졌다. 그는 은행원을 그만두고 전업 블로거가 되었다. 본인이 좋아하는 운동화 정보를 수집하면서 돈을 벌 수 있다니! 여기서 그는 이미 만족했다.

케빈 마의 영향력은 점차 커졌다. 운동화를 사러 가면 '이 운동화, 케빈 마 블로그에서 본 운동화야'라는 이유로 줄 서서 운동화를 사는 사람들이 많아졌다. 케빈 마 개인이 운동화 시장에 인플루언서influencer(사회, 문화 각 분야에서의 영향력 있는 개인)가 된 셈이다.

하이프비스트가 단순 운동화 블로그를 넘어, 세계적인 힙합 패션 잡지가 되는 데에는 인플루언서들의 도움이 있었다. 힙합 문화의 영웅들, 바로 래퍼들이 그들이었다. 미국 본토 흑인 래퍼들이 하이프비스트에 큰 관심을 두기 시작한 거다. 특히 루페 피아스코Lupe Fiasco(본명 Wasalu Muhammad Jaco)와 카니예 웨스트Kanye West가 하이프비스트의 열성 사용자였다. 이들은 하이프비스트에서 활동하는 한편, 본인의 SNS 계정을 통해 하이프비스트를 적극적으로 알렸다. 덕분에 하이프비스트는 전 세계의 힙합 팬들이 인정하는 잡지가 될 수 있었다.

한국에서 하이프비스트가 알려진 계기도 마찬가지다. 하이프비스트는 씨엘과 지드래곤을 표지모델로 둔 적이 있다. 세계적 명성을 가진 잡지였지만, 한국에는 유명하지 않던 잡지였다. 최고 스타 지드래곤 덕분에 하이프비스트는 언론에 대서특필되었다. 그 기세를 몰아 한국에도 하이프비스트 지부가 생겼다. 현재 하이프비스트에는 래퍼 최자, R&B 가수 서사무엘 등 힙합 뮤지션들이 참여한 패션 기사, 맛집 정보 등의 콘텐츠가 올라오고 있다. 이들 덕분에 힙합 팬들이 하이프비스트에 자주 방문하게 됨은 물론이다.

하이프비스트는 본인들의 영향력을 유지하는 데에도 주의를 기울였다. 아무 광고나 받지 않고, 본인들이 좋아하는 브랜드의 좋아하는 제품만 활용했다. 하이프비스트에서 본 제품은 믿을 수 있다는 신용을 지키기 위해서다. 덕분에 한 번 얻은 영향력을 꾸준히 유지할 수 있었다.

그렇다면 하이프비스트는 어떻게 돈을 벌까? 우선 하이프비스트는 광고를 싣는다. 기성 언론과 비슷한 방식이다. 힙합 브랜드만 집중적으로 다루는 매거진이기에 스트리트 웨어 잡지들이 앞다투어 하이프비스트에 광고한다. 힙합 광팬들,

실구매자들이 하이프비스트에 있기 때문이다.

워낙 추천 제품에 자신이 있기에, 하이프비스트는 쇼핑몰을 열었다. 직접 본인들이 물건을 팔기 시작한 거다. 하이프비스트의 쇼핑몰에서는 다양한 힙합 패션 의류를 살 수 있다. 수익률은 덜하지만 좀 더 안정적인 수익이다.

광고와 커머스, 두 탄탄한 수익모델을 통해 하이프비스트는 빠르게 성장했다. 주식 공개에 성공했으며, 전 세계에 지부를 냈다. 현재도 하이프비스트는 순항 중이다. 주세도 점차 커져서, 이제는 자동차까지 다루는 거대 미디어가 되었다.

유학생 1명의 취미 블로그에서 시작해, 세계 패션 시장을 호령하는 매체가 된 하이프비스트. 이들의 성공은 한국 뉴미디어에도 시사하는 바가 크다. 어떤 뉴미디어가 어떻게 하면 성공할 수 있느냐는 거다.

우선 주제가 탁월해야 한다. 스트리트 패션이라는 주제가 그렇다. 우선, 이 주제는 희소하다. 기성 미디어가 굳이 다루지 않았던 주제였다. 덕분에 기성 언론들에 견제를 받지 않고 빠르게 하이프비스트가 영향력을 늘려갈 수 있었다. 블루 오션Blue Ocean(경쟁이 없는 독창적인 시장)을 공략했던 셈이다.

이게 전부가 아니다. 스트리트 패션은 빠르게 성장하는 분야였다. 힙합 패션은 커지다 못해 기성 패션을 흡수했다. 카니예 웨스트 등의 래퍼들은 스트리트 패션을 유지하면서도 루이뷔통 등의 명품까지 스트리트 패션으로 흡수했다. 이에 맞춰 스트리트 패션에 절대적인 영향력을 갖고 있던 하이프비스트도 고급 패션으로 사업을 확장할 수 있었다. 블루 오션이되, 성장성이 높은 주제를 집중 공략한

© 케빈 마

셈이다.

스트리트 패션이 돈이 되는 분야였다는 사실도 빼놓을 수 없다. 스트리트 패션은 구매로 이어진다. 사업이 된다. 심지어 그 고객들은 모두 하이프비스트에서 돈을 쓸 준비가 되어 있다. 좋은 사업 아이템이기까지 했던 좋은 주제다.

희소가치가 있고, 성장성이 있으며, 사업성도 좋은 주제. 이 주제를 빠르게 점령한 덕분에 하이프비스트는 좋은 미디어, 좋은 사업이 될 수 있었다. 무엇보다 그 주제를 진심으로 사랑하는 케빈 마라는 창업자에게도 잘 어울리는 주제였을 테다.

뉴미디어가 어렵다고 한다. 그 이유가 뭘까? 혹시 주제가 애초에 잘못된 건 아닐까? 이 주제를 기성세대보다 더 잘 다룰 수 있을까? 이 주제가 앞으로 성장할 주제일까? 마지막으로, 이 주제로 미디어를 만들면 사업성이 있을까? 예를 들어, 정치 블로그는 많은 경우 이 세 가지 조건 모두에 들어맞지 않는다. 대개의 경우, 정치는 기성 언론이 더 잘 다룬다. 관심도 많다. 성장성은 어떤가? 최순실 사태 등의 특수 상황이 아니라면 정치에 관한 관심을 조금씩 줄고 있다. 마지막으로 정치 관련 정보는 좋은 사업이 되기 어렵다.

물론 이런 단점을 극복할 수도 있다. '나는 꼼수다' 등의 소규모 매체, 김어준 등의 개인, 〈썰전〉 등의 방송이 그렇다. 극소수의 사용자에게 고급 정보만 파는 로비스트도 있을 테다. 하지만 인터넷에서 손쉽게 볼 수 있는 약간 진지한 불특정 다수를 위한 애매한 사이즈의 언론 매체가 살기는 어렵다.

글을 쓸 때는 주제가 일단 가장 중요하다. 기자들 사이에서 소위 '야마'라고 불리는 아이템말이다. 일단 남들이 모르는 주제, 남들이 안 하는 주제, 그러면서도 남들이 좋아하는 주제를 다루면 일단 훌륭한 기사가 나올 확률이 높다. 미디어 사업도 글쓰기와 마찬가지 아닐까? 이미 남들이 안 하는 주제, 그런데도 성장하는 주제. 그러면서도 돈이 되는 주제, 이런 주제를 가지면 뉴미디어에도 기회가 열릴 것이다. 홍콩의 한 개인의 1인 블로거에서 세계적인 사업으로 성장한 하이프비스트가 이를 증명한다.

브레이트바트 뉴스

뉴미디어와 정치

'미국의 일베('일간 베스트'의 약칭으로 극우, 뉴라이트 성향의 커뮤니티 사이트)'라 부를만한 언론이 있다. 브레이트바트 뉴스(원래는 브레이트바트 뉴스 네트워크Breitbart News Network이지만, 브레이트바트 뉴스Breitbart News, 브레이트바트Breitbart 또는 브레이트바트닷컴Breitbart.com으로 불림)이다. 트럼프는 주류 언론의 반대에도 불구하고 미국 대통령이 되었다. 그 뒤에는 트럼프를 지지했던 뉴미디어 웹사이트 브레이트바트 뉴스가 있었다. 흔히 세계 대통령이라고 하는 미국 대통령을 탄생시킬 정도의 영향력이 있다면 엄청난 매체일 것이다. 그렇다면 브레이트바트 뉴스는 어떤 매체며, 어떻게 트럼프의 당선을 도왔을까?

시작은 유대계 보수 정치 평론가이자 칼럼니스트, 앤드류 브레이트바트Andrew Breitbart였다. 문화적 유대인인 그는 초기 허핑턴 포스트의 시작에 이바지했을 정도로 뉴미디어 업계에 잔뼈가 굵은 인물이었다. 그는 보수주의자였다. 동성애에 온건했으며, 유대인이니만큼 유대계에도 온건했다. 하지만 그는 본인에 말에 따르면 주류 언론의 횡포에 신물이 났다. 이를 이겨내기 위해 대형 언론에 맞선 새로운 보수 목소리를 전달하고 싶었다. 그렇게 그는 2007년 브레이트바트 뉴스를 창간한다.

브레이트바트 뉴스는 2009년 단숨에 전국적인 주목을 받는다. ACORNAssociation of Community Organizations for Reform Now이라는 비영리 단체 고발 비디오 스캔들 덕분이다. 브레이트바트 뉴스 기자들은 성매매 종사자로 위장해 비영리단체에 접근했다. 여기서 단체가 성매매 종사자에게 집을 사고, 세금 혜택을 받게 도와주는 정황을 편집해서 동영상으로 공개했다.

파장은 컸다. 해당 단체는 큰 비판에 부딪혔고, 결과적으로 해체했다. 이후 밝혀진 조사 결과에 따르면 브레이트바트 뉴스의 제작에 비판점이 있었다. 편집은

© 브레이트바트 뉴스

악의적이었고 대화 순서는 뒤죽박죽이었다. 하지만 결정적인 말들은 맥락에 맞았다. 편집 또한 언론 고유의 자유 영역이다. 자극적일지언정 인터넷 뉴미디어 시대를 이렇게 돌파해야 하는지 브레이드바트 뉴스는 정확하게 아는 듯했다.

위기가 찾아온다. 2012년, 심장마비로 창립자 앤드류 브레이트바트가 사망한 것이다. 권력다툼이 벌어졌다. 승자는 스티브 배넌Steve Bannon이었다. 스티브 배넌 또한 보수주의 정치 평론가다. 평생 거대 언론, 거대 정치 조직과 거리를 일정 부분 뒀던 브레이트바트와는 달리 배넌은 거대 세력을 자유자제로 오가며 경력을 쌓은 인물이었다. 처음에 그는 미군에서 근무했다. 해군과 펜타곤The Pentagon(미국 국방부)을 거쳐 골드만 삭스The Goldman Sachs에서는 투자자로 근무했다. 골드만 삭스 부사장을 역임한 후에는 할리우드 영화 제작자로 변신, 18개의 영화를 제작했다. 이렇게 다양한 핵심 파워 엘리트(권력 집단) 조직에서 경력을 쌓은 배넌은 앤드류 브레이트바트의 죽음 이후에 브레이트바트 뉴스의 대표로 취임했다. 배넌은 브레이트바트 뉴스가 '대안 우파의 플랫폼'이라고 정의했다. 기성 보수가 주지 못하는 정체성을 대변하겠다는 뜻이다. 다만 그럴듯한 포장에 비해 그 내용은 자극적이고, 저질인 경우가 많았다.

브레이트바트 뉴스는 수많은 자극적인 기사를 쏟아낸다. 백인 남성을 제외한 모든 세력을 공격한다 '여성은 IT 업계에서 채용에 차별받는 게 아니다. 면접을 못 보는 거다.', '피임하는 여자는 매력적이지 않고 미쳤다', '온라인 성추행의 해결책? 여자가 로그아웃하면 된다' 등 모두 브레이트바트 뉴스의 실제 기사 제목들이다. '정치적 올바름이라는 (잘못된) 슬로건이 이슬람의 강간 문화를 방조하고 있다'라는 식의 문화 차별적인 기사도 쏟아진다.

브레이트바트 뉴스의 단골 주제는 민주당 공격이었다. 오바마를 케냐에서 태어난 무슬림이라고 공격한다. 테러리스트를 보호했다고 주장한다. 트럼프를 도청했다는 의혹도 쏟아낸다. 클린턴에게도 테러리스트 연루 설, 미성년 그룹 성관계 설 등 자극적인 의혹 보도를 쏟아냈다. 사실이 확인되지 않은 기사들이었다.

압권은 독일의 이슬람 폭동 뉴스였다. 브레이트바트 뉴스는 2016년 마지막 날 독일에서 이슬람 폭동이 일어났다고 보도했다. 무슬림들이 경찰에 불꽃놀이 축복을 쏘아대고 교회에 불을 질렀다는 보도였다. 하지만 가디언지의 취재 결과 이날은 그저 평온한 주말 밤이었다. 불꽃놀이가 있었다. 그중 약간의 불꽃이 사고로 교회에 옮겨 붙었다. 곧 불은 꺼졌다.

기사가 가짜로 밝혀졌지만 브레이트바트 뉴스는 끝까지 본인의 잘못을 인정하지 않았다. 기사가 사실이라고 주장한 거다. 심지어 이 가짜 기사를 본 오스트리아 극우파와 독일 극우파가 없던 사실이 사실이라고 주장하는 웃지 못할 해프닝까지 있었다.

브레이트바트 뉴스는 승승장구했다. 미국 대선 당시, 페이스북 페이지 기준으로 브레이트바트 뉴스는 폭스 뉴스, CNN, 뉴욕 타임스에 이어 '전체 상호작용 4위'를 기록했다. 스티브 배넌은 선거가 한창이던 2016년 10월 17, 트럼프 선거캠페인 대표이사에 취임해 캠페인을 지휘했다. 그들의 메시지는 미국 대중의 마음을 잡았고, 트럼프는 대통령이 되었다. 그리고 배넌은 '백악관 수석 전략가'라는 새로운 직함을 신설하여 트럼프의 심복으로 백악관에 입성했다. 브레이트바트 뉴스의 기자 줄리아 한 또한 수석보좌관으로 백악관에 합류했다. 브레이트바트 뉴스의 승리다.

트럼프는 지금도 브레이트바트 뉴스와 선을 그으면서도 은근히 그들의 메시지를 활용한다. 브레이트바트 뉴스의 초기 구성원들은 '거대 정당에 싸웠던 창업자의 유지를 저버리고 스티브 배넌이 브레이트바트 뉴스를 트럼프의 하수인으로 만들었다'며 싸우기도 했다. 배넌은 어찌 되었든 백악관에 입성하며 대표 자리를 내려놓았고, 브레이트바트 뉴스는 본인들끼리 살길을 찾아봐야 했다.

이후, 브레이트바트 뉴스는 전방위적 공격을 받는 중이다. 세계 최대의 통신사, AP통신(미국연합통신, 美國聯合通信, Associated Press의 줄임말로, 뉴욕에 근거를 둔 미국에서 가장 오래된 다국적 비영리 통신사)의 부사장 존 다니주스키John Daniszewski는 '대안 우파Alternative Right/Alt Right(21세기 들어서 미국 및 서양권에 등장한 극우 운동)는 인종주의, 네오나치즘Neo-Nazism(제2차 세계 대전 그리고 독일의 나치 독일 이후에 국가사회주의적인 사상을 재수용하는 사상이나 움직임), 인종차별의 다른 이름일 뿐'이라며 브레이트바트 뉴스에 대해 공격했다.

정치권 또한 브레이트바트 뉴스와 거리를 두기 시작했다. 2017년 4월 25일, 브레이트바트 뉴스는 미국 국회의사당 출입을 거부당했다. 배넌이 설립한 로비 비영리단체와의 관계가 의심스럽다는 이유에서였다.

무엇보다 뼈아픈 일은 소비자 운동이다. '잠자는 거인'이라는 이름의 소비자 운동은 브레이트바트 뉴스의 광고를 끊는 운동을 시작했다. 자발적으로 개인이 브레이트바트 뉴스의 배너광고를 찍는다. 이를 광고주에게 전달한다. 광고주에게는 브레이트바트 뉴스의 차별적인 뉴스를 보여주면서 이런 곳에 광고를 보내지 말아 달라고 종용한다.

회사들은 알고리즘에 의해 자동으로 뉴스가 배급되었을 뿐이라고 해명했다. 그

© 켈로그

리고 대부분 조용히 광고를 뺐다. 찬성도 반대도 하고 싶지 않다는 심리다. 정치적 분쟁에서 발을 빼는 걸 택했다. 예외도 있다. 켈로그Kellogg's(미국의 시리얼 제조 전문업체)는 공개적으로 차별적인 브레이트바트에는 광고하지 않다고 선언했다. 브레이트바트 뉴스 또한 이에 맞서 켈로그 불매 활동을 벌였다.

소비자 운동은 효과가 있었다. 2017년 6/5, 잠자는 거인은 2천 2백여 개의 단체가 본인들의 활동이 결실을 보아 브레이트바트 뉴스의 광고를 철회했다고 밝혔다. 워싱턴 포스트에 따르면 2017년 4월에서 6월 사이에 브레이트바트 뉴스 광고주의 90%가 광고를 취소했다.

설상가상으로 트럼프가 러시아 정부와 공모했다는 스캔들이 터지고, 트럼프의 지지율이 급락하면서 2016년 11월부터 2017년 6월 사이에 트래픽 또한 53%가 줄었다. 타 뉴스 사이트에 보다 2배 더 큰 하락 폭이다. 배넌은 트럼프의 최대 실세가 되는 듯 했지만 트럼프 사위 재러드 쿠슈너Jared Corey Kushner와의 권력투쟁에서 패해 영향력을 잃어가고 있다. (브레이트바트 뉴스는 쿠슈너 비판 기사를 실었다가 쿠슈너가 배넌에게 경고한 이후 기사를 슬쩍 지워 눈총을 사기도 했다.)

브레이트바트 뉴스는 소비자 운동 이후 공격적인 기사를 줄이기 시작했다. 과격한 이슬람 혐오 기사를 쓴 케이티 맥휴Katie Mchugh, 소아성애 논란에 휩싸인 마일로 이아노풀로스Milo Yiannopoulos 등을 해고하기도 했다. 가장 자극적이었던 미디어가 소비자 운동을 피하고, 광고주에게 인정받기 위해 다시 도덕성에 신경 쓰기 시작한다.

© 봉준호 · 옥자

봉준호의 영화 〈옥자〉에는 두 명의 틸다 스윈튼Tilda Swinton이 나온다. 낸시는 위선자다. 자본의 힘으로 폭압적인 일을 하지만, 따뜻하게 이를 포장하려 애쓴다. 그녀의 쌍둥이 루시는 다르다. 위선 따위 없다. 철저하게 사업 논리로 밀어붙인다. 이를 위해서는 폭력도 서슴지 않는다. 의외로 영화의 결말에서 주인공 미자는 선을 행하는 척이라도 하는 낸시와 타협하지 않는다. 돈만을 본다고 할 수 있는 루시와 협상한다. 그녀는 철저한 자본주의 기업가다. 그래서 그녀가 보기에 합당한 돈의 대가를 준다면, 얼마든지 미자에 문제를 해결해줄 수 있다.

브레이트바트 뉴스가 꼭 그렇지 않을까 싶다. 모든 도덕을 벗어버리고 서슴없이 여성 혐오, 외국인 혐오, 수많은 약자 혐오를 드러낸다. 그들에게 도덕과 성품을 준 것은 의외로 광고, 기업 논리 나아가 돈이었다. 소비자 운동으로 인해 돈줄이 끊기자 비로소 다시 도덕을 찾는다.

어쩌면 미디어의 희망은 돈에 있을지 모른다. 돈줄을 끊을 수 있는 소비자의 운동 말이다. 현명한 미디어 소비가 중요하다는, 너무도 뻔한 이야기다. 어쩌면 진리는 뻔하기에 진리인지도 모르겠다.

알렉스 존스

음모론이라는 괴물

“검열은 적이다. 모두가 말할 자유가 있다. 대중은 지혜롭게 옳은 메시지를 골라서 믿게 된다.”

자유주의자의 믿음이다. 특히 학력이 높고, 정보력이 좋고, 젊고, 진보적인 정치 성향이 있는 사람일수록 이런 종류의 믿음을 가진 경우가 많다. 하지만 꼭 그 믿음이 좋은 결과로 이어지지는 않는다. 이번에는 자유주의, 무 검열 원칙이 만든 부작용, 알렉스 존스Alexander Emerick Jones에 관해 이야기해보려 한다.

알렉스 존스는 오랜 기간 활동해온 인디 언론인이다. 그의 앱, 인포워즈Info Wars는 앱스토어 전체 10위 내에 들 정도로 큰 인기다. 현역 미국 대통령 트럼프가 진실을 밝힌다고 치켜세우기도 한다.

문제가 있다. 그는 음모론 주의자다. 그것도 심각한 수준이다. 과거 그는

9 · 11 테러가 정부가 배우를 고용해 만든 가짜라는 음모론을 퍼뜨려 유명해졌다. 이후에는 샌디 훅Sandy Hook 초등학교에서 벌어진 총기 난사 사건이 조작극이라는 음모론을 퍼트렸다.

샌디 훅 사건은 큰 파장을 몰고 왔다. 총기 난사 사건에서 사망한 아이의 부모가 알렉스 존스를 고소했기 때문이다. 알렉스 존스는 총기 소유의 자유와 표현의 자유는 헌법이 보장한 것이라고 말했다. 또 알렉스 존스 측 변호사는 '누가 봐도 알렉스 존스의 이야기는 가짜며, 풍자라고 생각할 수 있다'라고 주장했다.

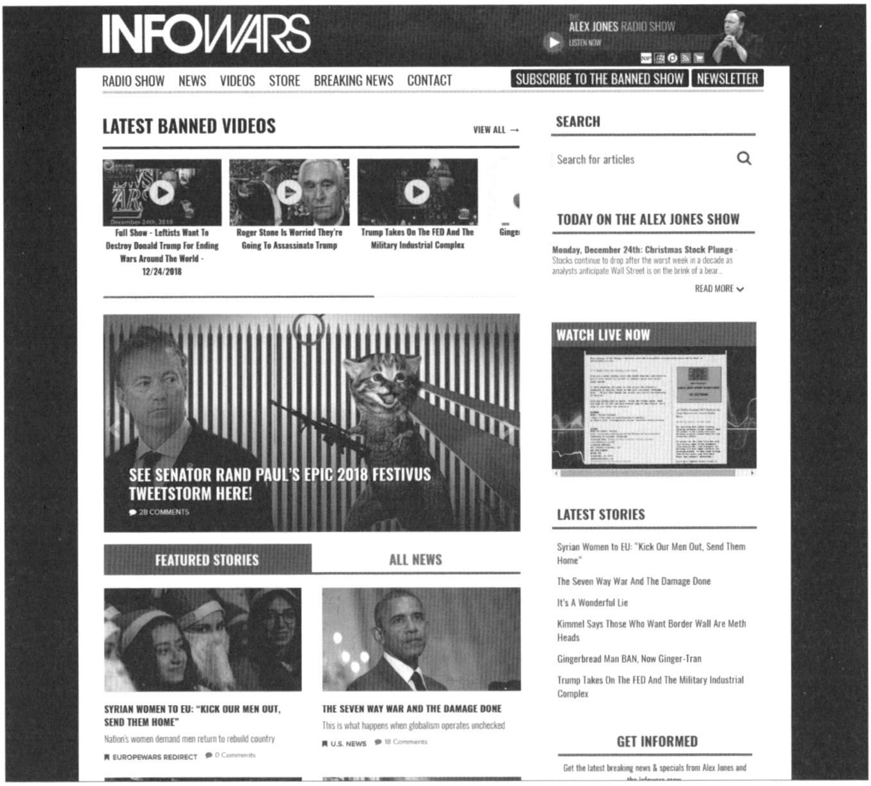

© 인포워즈

모든 사람이 알렉스 존스의 음모론을 재미있는 농담, 풍자로 받아들이지는 않은 듯하다. 알렉스 존스를 고소한 샌디 훅 사건의 부모는 알렉스 존스의 팬들에게 살인 협박까지 당하고 있기 때문이다. 자유를 중시하는 미국의 판례상 이기기 어려움에도 부모 측은 끝까지 소송을 끌고 가겠다는 태도다.

알렉스 존스의 의견은 당연히 주류 언론에서 받아들여지지 않았다. 그가 마음껏 이야기할 수 있는 건 인터넷 덕분이다. 팟캐스트는 물론이고 유튜브, 페이스북 등 온갖 플랫폼 덕분에 알렉스 존스는 자신의 정제되지 않은 음모론을 마음껏 발산할 수 있었다.

IT 회사들은 알렉스 존스를 방관하는 처지였다. 대중이 걸러서 판단하리라는 생각이다. 보수 공화당 정파는 방관했고, 트럼프 등 대안 우파를 표방하는 세력은 적극 지지했다. 그렇게 알렉스 존스는 점점 영향력을 넓혀갔다.

결국, 플랫폼이 칼을 뽑았다. 2018년 들어 애플이 팟캐스트에서 알렉스 존스를 삭제한 걸 시작으로 유튜브, 페이스북 페이지 등이 차례로 알렉스 존스를 차단했다. 인종차별, 음모론, 증오 발언 등이 그 이유였다. 자유방임주의를 표방하는 트위터조차 1주일 계정 정지 조치를 취했을 정도다.

플랫폼의 고민은 점차 깊어지고 있다. 아무리 삭제해도, 이미 늘어난 영향력은 쉽사리 줄어들지 않기 때문이다. 구글 등이 알렉스 존스의 계정을 삭제한 이후로 인포워즈 앱 순위는 4위까지 치솟았다. 앱스토어에서도 그를 지워야 한다는 주장이 나올 정도다.

보수 성향 뉴스 매체 폭스 뉴스는 알렉스 존스가 보수를 검열하려는 시도의 시작이라며, 그를 지지하기 시작했다. 앞으로는 어떨까? 아무도 모른다. 알렉스 존스는 기성 언론에서는 있을 수 없는 존재다. 기성 언론의 필터링을 통과할 수 없는 황당한 음모론을 내놓기 때문이다. 하지만 인터넷을 통해 그는 기성 언론과 동등하게 경쟁할 수 있었다. 정작 법적 책임을 져야 하는 상황이 되면 '풍자고 거짓말이다'라고 발뺌한다. 플랫폼의 의도는 아니다. 하지만 플랫폼이 없었다면 알렉스 존스의 의견이 이렇게 많은 사람에게 퍼지지는 않았을 것이다. 간접적인 책임 정도는 있다는 뜻일까?

그렇다고 함부로 알렉스 존스의 의견을 없앨 수도 없다. 누구의 의견이 나와야 하고, 누구의 의견이 없어져야 하는지, 그 기준은 누가 만드는가? 페이스북 등 IT 업체는 '우리는 미디어가 아니다'라며 최대한 책임을 사용자에 넘기는 전략을 내세웠지만, 이제는 통하지 않게 되었다. 2018년 미국 중간선거에서 페이스북은 작정하고 가짜 뉴스를 솎아냈다.

한국도 마찬가지다. 한국의 언론 신뢰도는 심각할 정도로 낮다. 인터넷 환경도 발달했다. 음모론이 퍼지기 쉬운 상황이다. 네이버 등 IT 업체도 서서히 미디어 · 언론으로서의 책임감을 고민하기 시작했다. 알렉스 존스와 같은 재앙이 닥치기 전에 외양간을 고쳐야 하는 시점이다.

링크드인

수익의 비결은 콘텐츠가 아닌 연결

사람에게 가장 중요한 일. 여러 가지가 있지만 그중 하나가 역시 커리어가 아닐까? 일로 삶의 보람을 찾는다. 돈을 번다. 사람을 만나고 관계를 맺기도 한다. 현대인에게 일은 가장 중요한 정체성이 되었다. 그렇게 중요한 일, 요즘 사람들은 일을 어떻게 찾고 있을까? 한국은 아직도 공채가 많다. 미국은 다르다. 철저하게 소개를 통해 이루어지는 경우가 많았다. 워낙 전 세계의 다양한 인재가 모이니 오히려 신뢰와 인맥이 가장 중요하다.

페이팔PayPal의 최고 운영자던 리드 호프먼Reid Garrett Hoffman. 그는 원래 스탠퍼드 대학을 나와 학자를 꿈꾸던 사람이다. 그는 자신의 영향력을 최대로 늘리려면 현시대에는 학계보다는 스타트업에 진출해야겠다고 생각했다. 그리고 스타트업에 뛰어들어 몇 번의 이동 끝에 금융 서비스 페이팔의 부대표가 되어 회사 성공에 일조한다.

회사의 성공 이후 그는 새 사업을 준비한다. 구인자와 구직자가 서로 정보를 교환해서 프로세스를 쉽게 해주는 서비스였다. 페이팔 대표였던 일론 머스크 등이 투자했다. 페이팔 구성원 중 상당수가 함께 참여해 링크드인Linkedin을 만든다. 2002년의 일이다.

곧, 실리콘밸리에서 링크드인은 '가장 도전적인 SNS 사이트'가 된다. 구인과 구직이라는 단 하나의 목적으로만 이루어진 사이트다 보니 폐쇄적이고, 콘텐츠도 부족할 수 있다. 이 모든 단점은 거꾸로 커리어라는 단 하나의 주제로 모든 콘텐츠를 집약시켜주는 장점이기도 했다. 소개를 통해서 폐쇄적으로 사람을 뽑던 실리콘밸리가 드디어 전 세계에서 사람을 찾아볼 수 있게 된다.

링크드인이 있다고 해서 신뢰, 네트워킹, 추천의 중요성이 사라지지는 않는다.

© 리드 호프먼

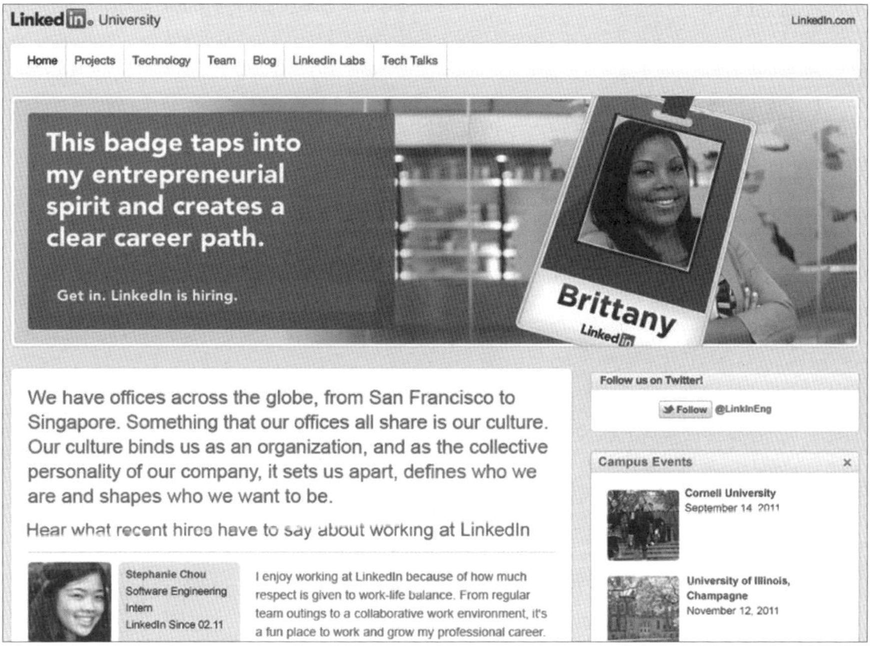

© 링크드인

그보다는 추천을 보완해주는 효과가 있다. 직접 사람을 만나보거나 추천을 받기 전에 그 사람을 미리 확인해보고, 그의 기초 레퍼런스reference(참고 자료)를 살펴보는 데 링크드인이 좋은 대안이 되기 때문이다.

링크드인은 순식간에 불어났다. 현재 링크드인의 가입자는 5억 명이 넘는다. 이직시기에만 활동에 집중되는 한계가 있음에도 활발하게 운영하는 사람만 1억 명이다. 링크드인은 더 많은 사람의, 더 상세한 프로필을 볼 수 있는 간단한 프리미엄 기능으로 상당한 돈을 벌었다. 실질적으로 효용이 있는 정보기에 금방 거부감 없이 유료 기능을 만들 수 있던 셈이다. 수익보다 더 중요한 건 '링크드인에서 사람을 구하면 된다'라는 영향력을 얻었다는 점이다. 전 세계적인 구직 정보

사이트에 핵심이 되었다.

링크드인은 여기에 콘텐츠를 더한다. 커리어, 구인에 관련된 전문성 있는 콘텐츠를 적극 올렸다. 대표인 리드 호프먼은 커리어 관련 책을 꾸준히 쓰기도 했다. 다양한 콘텐츠 및 PR 활동 덕에 링크드인은 연결 관계를 넘어, 커리어와 구인 구직에 관한 가장 집중력 있고 전문적인 미디어가 될 수 있었다.

2016년 6월, 마이크로소프트Microsoft Corporation가 링크드인 인수를 발표한다. 인수 금액은 262억 달러. 마이크로소프트가 진행했던 역대 최고의 금액이었다. 그만큼 링크드인의 구인 · 구직 분야에서의 영향력이 엄청났다는 의미다. 또한 이는 링크드인이라는 서비스의 한계로 보이기도 한다. '커리어'라는 워낙 명확한 주제가 있기에 집중력이 있다. 하지만 한계도 명확하다. 아마존, 구글, 애플, 마이크로소프트처럼 전방위 IT 기업으로 성장하기에는 주제가 작았다. 결국, 링크드인은 마이크로소프트와의 합병을 택했다.

하버드 경영학 교수 바라트 아난드Bharat N. Anand는 저서 《콘텐츠의 미래The Content Trap: A Strategist's Guide to Digital Change》에서 신문의 위기는 회사 광고가 아닌 개인 광고에서 왔다고 주장한다. 개인을 연결해주던 구인 광고 등의 간단한 광고를 인터넷에 빼앗긴 게 신문의 위기에 핵심이라는 뜻이다.

과연 링크드인은 그 구인 · 구직 개인 광고를 대체해 전 세계의 구인 구직 시장을 잡았다. 이 영향력을 토대로 거대한 미디어가 되어 커리어에 관한 가장 집중력 있고 전문적인 매체가 되었다. 이제는 마이크로소프트의 기술력을 더해 커리어 시장의 혁신까지 장악하려 한다.

링크드인의 이야기는 스타트업, IT 회사가 어떻게 세상을 바꾸는지 잘 보여주는 전형적인 이야기다. 불편하지만 꼭 필요한 시장에 집중한다. 기술을 통해 연결을 만든다. 이를 통해 영향력을 쌓는다. 영향력에 기술을 너해 시장까지 바꾸려 시도한다. 핵심은 내용이 아니라 그 내용을 담는 기술과 연결 관계다. 전형적인 스타트업 기술 기업의 성공 모델 링크드인에 뉴미디어가 집중해봐야 할 이유다.

텍스처

올드 미디어가 안되는 이유

'잡지계의 위기'라고들 한다. 광고비를 잡지에 쓰기보다는 영상에 투자하는 경우가 많기 때문이다. 인스타그램Instagram, 유튜브의 인플루언서가 더 큰 호응을 받는다. 가장 큰 가치였던 광고와 구독이 모두 줄면서 산업 자체가 존폐의 기로에 서있다. 잡지 콘텐츠 자체의 위기는 아닐 것이다. 잡지의 뛰어난 디자인과 편집, 마케팅적 콘텐츠, 속도보다는 깊이 있게 한 주제를 파는 형식, 명품으로 대표되는 라이프스타일을 파는 방식 등 디지털 콘텐츠는 잡지와 비슷한 경우가 많다. 피키캐스트부터 인스타그램까지 잘 나가는 뉴미디어는 대개 그랬다.

콘텐츠는 인정받되 잡지 형식은 돈이 안 되는 상황에서 6개 잡지사가 힘을 모았다. '넥스트 이슈 미디어Next Issue Media'라는 이름의 스타트업 회사를 2010년 설립했다. 이 회사는 2012년 '잡지계의 넷플릭스Netflix'를 만들기로 합의했다. 텍스처Texture의 시작이다.

처음의 이름은 '넥스트 이슈Next Issue'였다. 이 앱에서는 6개 잡지사의 다양한 앱을 직접 읽어볼 수 있었다. 하나의 잡지를 인터넷으로 읽어볼 수 있는 이북 모음, 혹은 뉴스스탠드 방식(마치 '가판대'처럼 여러 뉴스들을 나열하여, 독사가 선택적으로 기사를 읽어볼 수 있게 만든 방식)의 앱이었다. 가격은 월간지만 모아서 9.99달러(약 1만 원), 주간지까지 합치면 14.99달러(1만 6천원)였다.

뭔가 이상했다. 사람들이 전혀 넥스트 이슈에 관심을 보이지 않았다. 디지털화된 콘텐츠의 최대 장점인 데이터, 이를 통한 검색, 추천, 공유 등을 전혀 살리지 못했기에 당연한 결과였다.

2015년, 넥스트 이슈는 텍스처로 이름을 바꾸고 디지털 콘텐츠의 요소를 추가했다. 잡지를 기사 단위로 쪼갰다. 보고 싶은 콘텐츠만 검색하는 기능을 추가했다. 에디터를 뽑아서 기사 추천도 할 수 있게 했다. 유저 또한 직접 리스트로 다른 사람에게 공유할 수 있도록 공유 기능 또한 추가했다. 시간이 지나 2018년 3월, '2018 사우스 바이 사우스웨스트South by Southwest(보통 약자로 SXSW라 쓴다. 미국의 텍사스주 오스틴에서 매년 봄(보통 3월)에 개최되는 일련의 영화, 인터랙티브, 음악에 관한 컨퍼런스)'에서 애플이 깜짝 발표한다. 바로 '텍스처 인수'였다. 금액은 밝히지 않았다.

애플은 대형 IT 회사인 아마존, 구글 등과 힘겨운 구독 경쟁 중이다. 구글은 무료로 구글 드라이브, 지메일 등 다양한 생태계를 꾸미고 있다. 아마존은 프리미엄 쇼핑몰을 시작으로 음성 스피커, 언론사, 음원, 비디오 스트리밍 서비스까지 유료 패키지 구독으로 제공한다.

특히 애플은 넥스트 이슈와 매우 유사했던 뉴스스탠드를 이미 서비스하고 있었

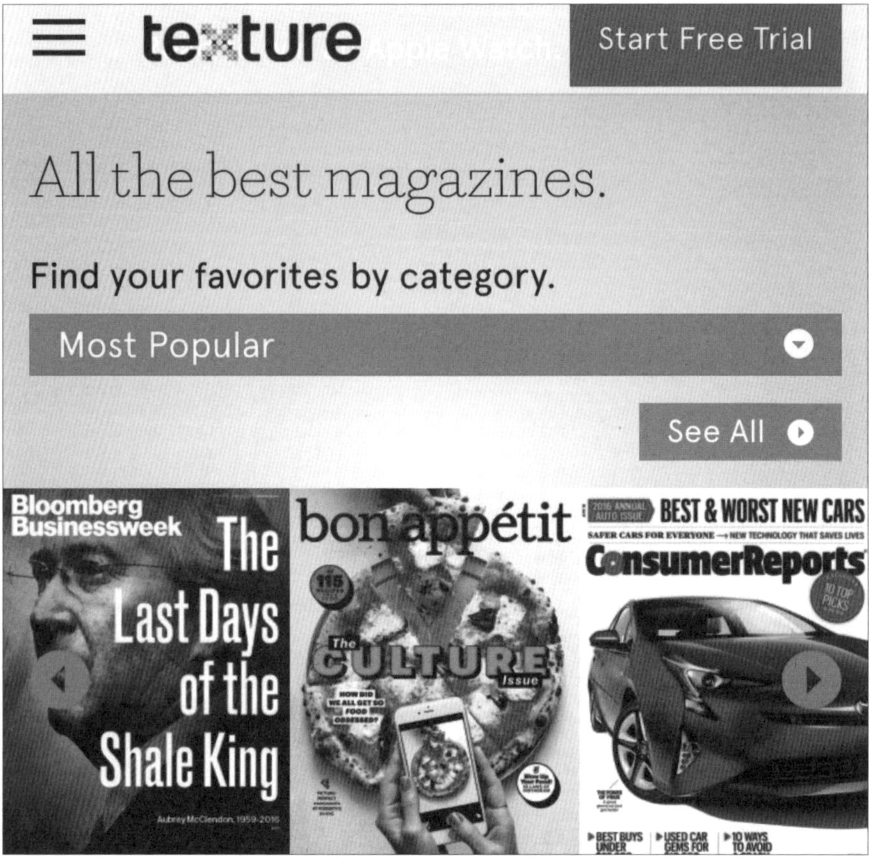

© 텍스처

다. 지금도 물론 무료 뉴스 추천 서비스인 애플 뉴스를 제공하고 있다. 다만 애플 뉴스는 SNS로 뉴스를 보는 요즘 서구권 독자들의 트렌드에 비교해 정체 상태다. 이에 애플은 콘텐츠 보강을 위해 뉴요커, 롤링스톤RollingStone, 빌보드, 타임 등 다양한 잡지 콘텐츠를 가진 텍스처를 인수한 거다.

텍스처는 처음 기술기업에 대항하기 위해 콘텐츠 회사들이 연합해 만든 서비스다. 결말은 대형 기술기업에 의한 인수였다. 텍스처란 서비스의 미래는 성공적일지도 모른다. 다만 처음 목표는 이루지 못했다고 보는 게 맞겠다.

텍스처의 실패는 콘텐츠 회사의 한계를 보여준다. 콘텐츠 회사는 자신의 콘텐츠를 분절하고 데이터베이스화하여, 새로운 맥락으로 보여주는 유통 기술이 부족하다. 콘텐츠 자체보다 맥락이 더 중요할 수 있는데도 말이다.

결정 속도도 느리다. 넥스트 이슈는 처음 디지털 콘텐츠 마켓에 맞지 않은 서비스였다. 당장 바꿔야 했다. 그러나 텍스처로 바뀌는 데 3년이 걸렸다. 다양한 잡지사가 모여서 결정 속도가 늦은 탓이었을까? 결국 텍스처는 빠른 결정속도와 압도적인 기술력을 가진 애플로 가야만 했다.

지금도 콘텐츠를 만드는 회사는 끊임없이 새로운 환경에 적응하려 궁리 중이다. 전형적인 게 스스로 콘텐츠를 모아 플랫폼이 되려는 거다. 제이지가 만든 음원 스트리밍 회사 타이달TIDAL이 대표적이다. 한국도 대형 언론사가 포털에 대항해 뉴스 플랫폼을 만드는 시도가 있었다. 대부분 결과는 좋지 않았다.

텍스처 인수는 콘텐츠 회사의 한계를 보여준다. 기술력 부족. 그리고 그보다 더 중요한 실행력과 속도 부족이다. 이를 채우기 위해 텍스처는 콘텐츠를 가지고 최대 기술 기업 애플로 들어갔다. 콘텐츠 기업의 미래를 고민하려면 우선 텍스처를 살펴봐야 한다.

십스테드

180년 된 뉴미디어 기업

혁신기업, 이 말을 들으면 세워진 지 얼마 안 되는 스타트업이 가장 먼저 생각난다. 돈이 더 많은 기존 기업이 혁신에 성공하는 경우는 많지 않다. 왜 기존 기업은 혁신기업이 되기 어려운 걸까? 과거의 성공이 발목을 잡아서다. 대표적인 예로 반스앤드노블Barnes&Noble을 들 수 있다. 초기 아마존은 개발자 1명이 만든 조악한 홈페이지에서 주문을 받고 도서 소매상으로부터 책을 구매했다. 물류센터는 밴드 연습실을 빌려 만든 창고를 활용했다. 소매상으로부터 구입한 책을 우편으로 배송했다. 그에 비해, 반스앤드노블 등 대형 서점은 잘 구축된 유통망과 막대한 예산을 가지고 멋진 인터넷 서점을 만들 수 있었다. 하지만 승자는 아마존이었다. 캐시카우cashcow(시장 점유율이 높아서 꾸준한 수익을 가져다주지만 시장의 성장 가능성은 낮은 제품군이나 산업) 사업의 수익을 깎아 먹으며 신사업을 진행하기란 어렵다. 그렇게 손을 놓고 있다가 잃을 게 없는 신인에게 패배한다. 기업의 역사에서 반복되는 흐름이다.

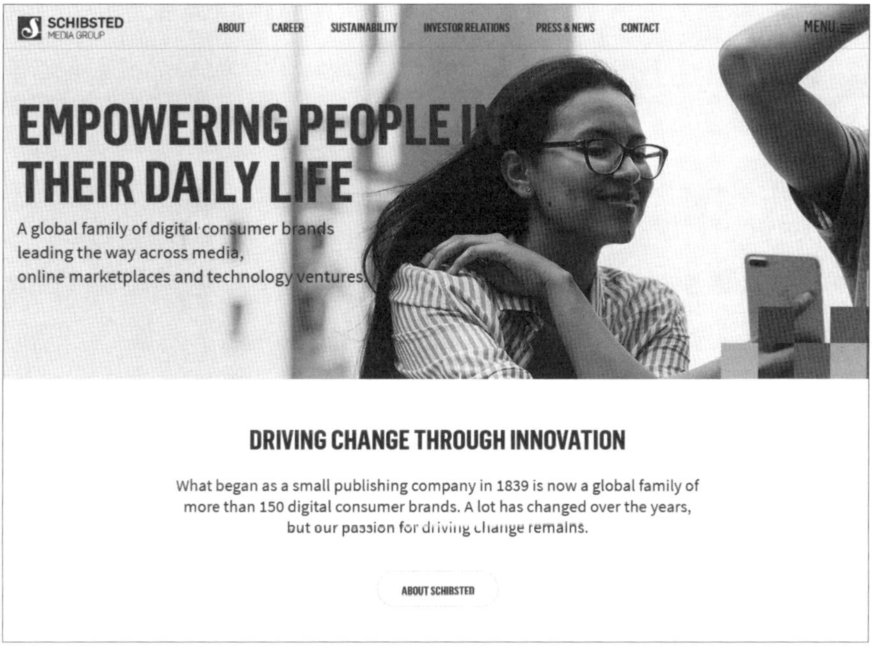

© 십스테드

이번에는 1800년대에 세워진 혁신기업에 대해 이야기해보려 한다. 180년 된 북유럽 최대의 혁신기업, 십스테드SCHIBSTED이다. 십스테드는 1839년에 만들어진 미디어 그룹이다. 당시 십스테드는 출판업을 전개했다. 1860년부터는 노르웨이 최대 신문 아프텐포스텐Aftenposten을 발행했고, 1966년에는 VGVerdens Gang를 인수했다. 가족 기업이던 십스테드는 1989년 주식회사로 전환했다. 노르웨이 최대 로컬 미디어 회사였던 셈이다.

노르웨이 인구는 5백만 명이다. 노르웨이 1등 지역 언론에 전 세계적 관심이 덜한 건 어쩌면 당연하다. 시장 크기가 작기 때문이다. 하지만 이런 십스테드에 주목한 이가 있다. 하버드경영대학원 교수 바라트 아난드다. 그는 하버드경영대학원의 트레이드 마크인 케이스 스터디에서 십스테드를 미디어 전략의 성공 사례로 소개했다. 덕분에 노르웨이 지역 언론 십스테드는 글로벌 미디어 업계의 주목을 받을 수 있었다.

아난드 교수가 십스테드를 주목한 이유는 간단하다. 다른 언론사와 다르기 때문이다. 십스테드의 사업 포트폴리오는 공격적인 IT 기업을 연상시킨다. 십스테드는 전 세계에 지부가 있다. 직원 수도 7천 3백명에 달한다. 노르웨이뿐만 아니라 스웨덴, 프랑스 등 유럽 국가, 인도네시아와 태국, 심지어 멕시코, 모로코 등 전 세계적으로 영향력이 뻗어 있다.

시작은 온라인 광고였다. 십스테드가 소유한 신문사 아프텐포스텐은 다른 종이 신문과 마찬가지로 온라인 광고 시장에 적응하는 데 애를 먹었다. 기존의 신문 광고 수익에 영향을 미칠 걸 염려한 광고 담당자들이 온라인 광고에 뜨뜻미지근한 태도를 보였다.

노르웨이의 특수성도 온라인에 적응해야 한다는 위기감을 덜 느끼게 했다. 세계신문협회World Association of Newspapers에 따르면 노르웨이는 세계에서 가장 신문을 많이 보는 나라다. 신문광고 시장 또한 튼튼했다. 노르웨이의 기성 언론들은 온라인 광고에 관심을 보일 이유가 없었다. 대부분 언론은 우물쭈물하다 구글, 네이버 등 IT 업계에 온라인 광고 시장을 거의 빼앗겼다.

십스테드는 위기를 기회로 삼았다. 5개의 다른 신문사와 함께 온라인 광고 연합을 만든다. 다양한 지역의 언론을 '핀 Finn'이라는 단일 광고 브랜드로 묶었다. 5개의 서로 다른 회사가 같이 일하다 보면 의견이 통일되지 않아 일이 진행되기 어려울 법한 구성이다. 다행히도 십스테드 외 4개의 회사는 온라인 광고에 전혀 관심이 없었다. 십스테드는 자기들 의지대로 핀을 밀어붙일 수 있었다.

핀은 우선 자신들의 오프라인 언론 브랜드를 가장 잘 활용할 수 있는 사업에 집중했다. 부동산이다. 부동산이 필요한 사람과 부동산을 팔려는 사람 사이에 플랫폼을 만든 거다. 지금이라면 너무도 당연한 이야기지만, 핀은 고작 2000년에 만들어진 회사다. 심지어 이 회사가 사업을 시작한 시기는 2000년 3월 17일, 닷컴 버블이 터진 지 불과 2일 후였다. 닷컴 버블의 영향력 덕분에 많은 기업은 온

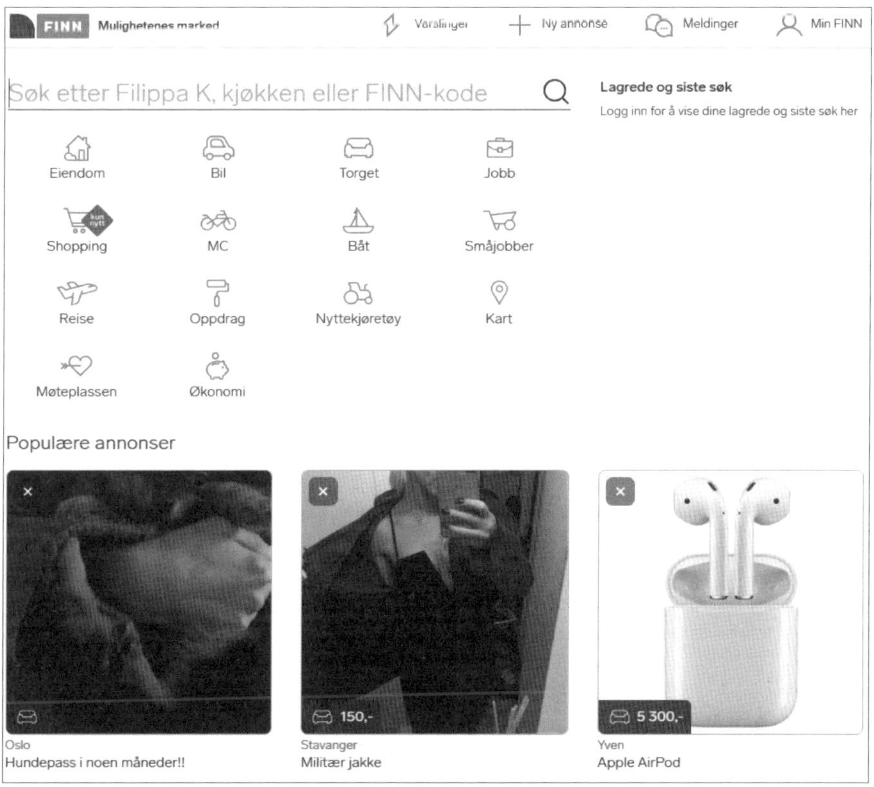

© 핀

라인 광고 시장 진출에 소극적이었던 시점이다. 핀은 경쟁자가 없는 부동산 안내 광고 시장을 개척해 1년 반 만에 부동산 광고 1위 기업이 될 수 있었다.

한번 성공하자 빠르게 그들은 자동차 안내 광고, 직업 안내 광고 등 다양한 시장으로 영향력을 넓혀갔다. 2007년에 핀은 노르웨이 온라인 광고 시장의 90%를 점유한 기업이 될 수 있었다.

십스테드는 여기서 만족하지 않았다. 공격적으로 전 세계에 영향력을 늘렸다. 시작은 옆 나라 스웨덴이었다. 다음은 프랑스, 스페인, 인도네시아까지 전 세계로 영향력을 불린다.

십스테드는 글로벌 시장의 선두주자는 아니었다. 노르웨이에서와는 달리 해외에서는 언론 브랜드가 가진 이점도 누릴 수 없었다. 그런데도 십스테드는 많은 시장에서 유의미한 성공을 거두었다. 2007년에 핀의 기업 가치는 노르웨이 최고의 신문사 아프텐포스텐을 능가했다.

십스테드는 180년 전에 설립된 회사지만, 지금은 혁신기업으로 불린다. 핀의 성공 비법은 간단하다. 품질보다 네트워크라는 인터넷의 속성을 정확하게 찾은 덕분이다. 그들은 신문의 위기 요인을 네트워크에서 찾았다.

아난드 교수와 십스테드에 따르면 신문업계가 어려워진 이유는 기업 광고가 줄어서가 아니다. 안내 광고가 적어졌기 때문이다. 아난드 교수의 연구에 따르면 기업의 신문광고는 우리의 생각만큼 빠르게 줄지 않았다. 과거에는 구인 · 구직 광고, 중고차, 부동산 등을 얻기 위해 개인이 신문에 광고를 올렸다. 개인이 활용할 수 있는 가장 저렴하고 효과적인 광고 방식은 신문 광고였다.

이제 이런 광고는 모두 인터넷을 활용한다. 중고차나 구인광고 등을 선문적으로 하는 웹사이트와 앱이 신문보다 효과적이다. 인터넷은 배달 앱, 택시 앱 등 기존 안내 광고보다 강력한 연결방식을 개발해 큰 수익을 낸다.

십스테드는 안내 광고에 집중했다. 다른 언론사들이 기사 영향력에 집중하거나 기업 광고 수주에 노력했던 것과 대조적이다. 안내 광고에 집중해 빠르게 신뢰를 쌓아나가자 십스테드는 어떤 혁신기업에도 뒤처지지 않는 훌륭한 포트폴리오를 가질 수 있었다.

비즈니스모델의 변화는 콘텐츠의 변화로 이어졌다. 콘텐츠의 내용보다는 '공유하기 좋은가'에 집중하기 시작한 셈이다. 예를 들어보자. 속보성 기삿거리가 발생하면 좋은 기사를 촘촘하게 쓰기 전에 우선 빠르게 글을 쓴다. 그리고 상황이 변할 때마다 업데이트 기사를 올린다. 마지막으로 다음 날 아침 조간신문용으로 잘 정돈된 기사를 올린다.

9 · 11테러 등 전 세계의 관심이 집중된 사건을 다룰 때, 십스테드의 속도감 있는 정책은 빛을 발했다. 다른 언론들이 기존 신문 문법대로 콘텐츠를 생산하다가 구글 뉴스 등에 관심을 빼앗길 때, 십스테드는 자사 사이트에 노르웨이 국민의 관심을 잡아두었다. 이미 2001년에 인터넷 환경에 적합한 기사를 만들기 시작한 셈이다.

십스테드는 앱을 만들기도 했다. 2009년 아이슬란드에서 화산이 폭발했다. 화산재는 전 유럽에 퍼졌다. 유럽 항공기의 95%가 취소되었다. 이 심각한 상황에서 십스테드는 무엇을 했을까? 물론 기사를 썼다. 하지만 더 중요한 행동을 먼저 했다. 그날 밤 10시에 히치하이킹 앱을 만들어 배포했다. 사용자가 서로 도울 수 있게 만든 이 앱은 마치 '우버Uber'를 연상케 한다. 이 앱은 노르웨이를 넘어 전 유럽에 퍼졌다. 사용자들은 사진과 감사의 편지를 십스테드에 보냈다.

"고객들이 서로 도울 수 있게 만든다"라는 십스테드의 기조는 2009년 돼지인플루엔자(신종플루) 사태 때도 유효했다. 십스테드는 노르웨이 전역에 위키 지도를 만들었다. 사람들은 돼지인플루엔자 접종에 관련한 정보를 공유하며 도움을 주고받았다. 십스테드 홍보 영상. 국제적인 규모나 사업의 다양성이 IT 회사의 소개 영상을 떠올리게 한다.

십스테드의 사례는 혁신기업이란 무엇인가에 관해 한다. 우리가 생각하는 혁신기업은 이렇다. 똑똑하고 카리스마 있는 창업자가 미국의 실리콘밸리에서 창업한다. 투자를 거쳐 다양한 개발자를 모은다. 그리고 몇 년간의 고생 끝에 빠르게 성장해 한 분야를 정복한다.

십스테드는 북유럽의 작은 나라 노르웨이의 기업이다. 창업자의 카리스마는 이미 사라진 기업이다. 180년 된 회사기도 하다. 개발자 위주가 아닌 기성 언론사였다. 성공적인 신문이었다. 그런데도 십스테드는 자국은 물론 유럽에서 손꼽히는 혁신기업으로 자리 잡았다. 인터넷의 생리를 정확하게 꿰뚫고, 이를 과감하게 적용한 덕분이다. 혁신은 환경이 아닌 태도일지 모른다. 혁신하고 싶은 기성 언론이 십스테드를 참고해봐야 할 이유다.

훌루

방송사가 새 시대에 적응하는 법

2017년 미국 TV 프로그램 최고의 영예인 에미상Emmy Award에서 놀라운 일이 벌어졌다. 주요 부문인 '베스트 드라마'에 넷플릭스의 〈기묘한 이야기〉, 〈더 크라운The Crown〉, 〈하우스 오브 더 카드HOUSE of CARD〉와 훌루의 〈핸드메이즈 테일The handmaid's Tale〉 등 전체 7개 후보 중 4개 후보가 스트리밍 업체 제작 콘텐츠였다.

그 중 〈핸드메이즈 테일〉은 스트리밍 업체 훌루hulu가 제작한 작품이다. 훌루는 넷플릭스, 아마존 비디오의 뒤를 이어 3위를 차지하는 업체다. 어디나 2위까지는 살아남을 수 있지만 3위는 쉽지 않다. 그런데도 에미상 후보에까지 자체 제작 드라마를 올리며 존재감을 과시하는 훌루는 어떤 회사일까?

훌루는 2007년에 시작한 회사이다. 21세기 폭스, 월트 디즈니, 타임 워너 등의 회사가 지분을 출자했다. 시작부터 AOL, 페이스북, 컴캐스트COMCAST, MSN, 야후 등 다양한 파트너와 함께 말이다.훌루는 중국어에서 유래한 이름이다. 소중한

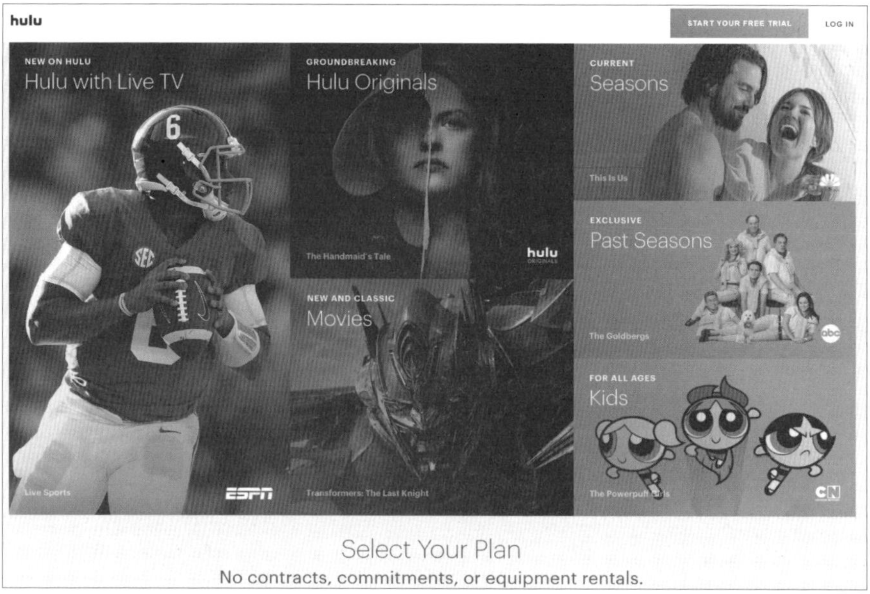

© 훌루

것을 가진 사람holder of precious things 혹은 쌍방향 녹화Interactive recording라는 두 가지 뜻이 담겨 있다. 둘 다 회사의 미션과 잘 어울렸고, 발음도 쉬워 사명으로 정했다고 한다.

훌루는 2007년, 초대를 통해 조금씩 사용자를 모았다. 2008년 3월에야 대중에게 공개했다. 훌루는 서서히 사용자를 모았다. 훌루는 콘텐츠를 무료로 제공하는 대신 광고를 보게 했다. 시간이 지나자 스트리밍 서비스의 대세에 맞춰 '훌루 플러스Hulu Plus'라는 월간 유료 상품을 출시했다. 2016년에는 무료 서비스를 없애고 유료 구독자 모델에 집중하기로 했다. 훌루는 라이브 방송도 제공한다. 다양한 케이블 채널의 방송을 생방송으로 제공한다. 다양한 방송사들이 모여 만든 회사라는 점을 활용해 기존 사업자와의 관계로 승부한 거다.

승부수를 띄웠지만, 사업은 순탄치 않았다. 넷플릭스, 아마존 비디오와의 격차가 점차 늘어만 갔다. 가입자가 1억 명이 넘는 넷플릭스, 8천만 명이 넘는 아마존 프라임 비디오보다 훌루 가입자는 1천 7백만 명 수준으로 매우 부족했다. 야심에 차게 오리지널 콘텐츠도 만들었지만 역부족이었다.

디즈니는 2017년 12월, 524억 달러의 돈을 들여 21세기 폭스를 인수하며, 〈X맨〉, 〈심슨 가족〉 등의 콘텐츠를 샀던 일에 이목이 쏠렸다. 업계는 훌루에 주목했다. 스트리밍 서비스를 디즈니가 갖게 되었다는 사실에 주목했다.

이전까지는 21세기 폭스와 디즈니가 30%씩 나누어 갖고 있었다. 다양한 방송사가 나누어 가진 덕에 단독 회사인 넷플릭스, 제프 베조스가 절대적인 영향력을 가진 아마존에 비해 지배구소가 명확하지 않았다. 상대적으로 경쟁에서 뒤처진 게 이런 지배구조 때문이 아니냐는 생각도 있던 차에 디즈니라는 대주주가 등장한 셈이다.

디즈니는 넷플릭스에 제공하던 콘텐츠를 끊겠다고 선언했다. 2019년에는 자체 스트리밍 서비스를 만들기 때문이다. 그렇다면 훌루를 통해 배급할 콘텐츠는 디즈니의 영상보다는 디즈니와 여타 방송사 소유의 드라마, 방송, 스포츠 등의 콘텐츠일 확률이 높아 보인다.

스트리밍 서비스인 스포티파이Sportify와 훌루가 최근 손을 잡았다. 9.99달러의 스포티파이 서비스와 7.99달러인 훌루 서비스를 12.99달러로 받도록 한 거다. 2017년에 대학생 대상 5.99달러 상품을 만들었던 적이 있다, 이 프로젝트의 연장으로 시너지를 내기 위한 묶음 상품이다.

넷플릭스는 영상 스트리밍에 온 힘을 집중하는 스타트업이다. 반면 아마존 비디오는 아마존의 커머스 상품부터 워싱턴 포스트까지 다양한 묶음상품으로 승부한다. 이에 대항하는 훌루는 다양한 방송사들이 지분을 가진 회사라는 점을 활용해 케이블 방송사부터 음원 서비스까지 다양한 외부 서비스와 협업하며 경쟁력을 만들고 있다.

시청률 조사 업체 닐슨은 이미 2017년 7월부터 훌루, 유튜브 등의 스트리밍 서비스를 시청률에 반영하기 시작했다. 사람들이 방송을 보는 형태가 바뀐 만큼, 집계도 달라져야 한다는 거다. 여러 의미에서 스트리밍 서비스는 과거 TV의 절대적인 위치를 노리고 있다.

방송사 또한 자신만의 스트리밍 서비스를 만들며 대응했다. 훌루는 넷플릭스처럼 폭발적인 기술력을 가지거나, 아마존처럼 다양한 IT 상품과 묶음 상품을 만들 수는 없다. 대신 다양한 기존 방송사의 콘텐츠를 모으고, 스포티파이 등 다른 분야의 스타트업과도 협업 등으로 승부하고 있다. 빠르게 바뀌는 세상에 적응하기 위한 기존 방송사의 노력이 만들어준 서비스인 셈이다.

로튼 토마토

네 의견보다는 다수의 의견(이 궁금해)

한국은 콘텐츠 산업 시장이 작다. 하지만 영화는 예외다. 세계에서도 손꼽히는 규모를 자랑한다.

영화는 추천이 가장 중요한 분야다. 사람마다 어느 정도 취향 차이가 있다. 품질도 있다. 멀티플렉스 극장에 걸려있는 영화는 몇 개 되지 않아 선택지도 적다. 실패해도 두 시간만 허비하는 셈이니 실패 위험도 크지 않다. 주택, 자동차보다 부담 없이 다양한 추천방식을 경험할 수 있는 상품이다.

영화 추천의 전통적 방법은 사람이다. 평론가 혹은 영화기자는 기사로, 리뷰 영상으로, 한 줄 평으로, 혹은 별점으로 볼만한 영화가 무엇인지 알려준다. 이동진 추천, 박평식 별점, 김혜리 별점, 듀나 리뷰 등 영향력 있는 리뷰어의 영화평은 영화 구매에 큰 영향력을 미친다. 다만, 사람의 평가는 한계도 명확하다. 타인의 취향은 아무래도 자신의 취향과는 다를 위험이 있다. 그 사람의 주관을 얼

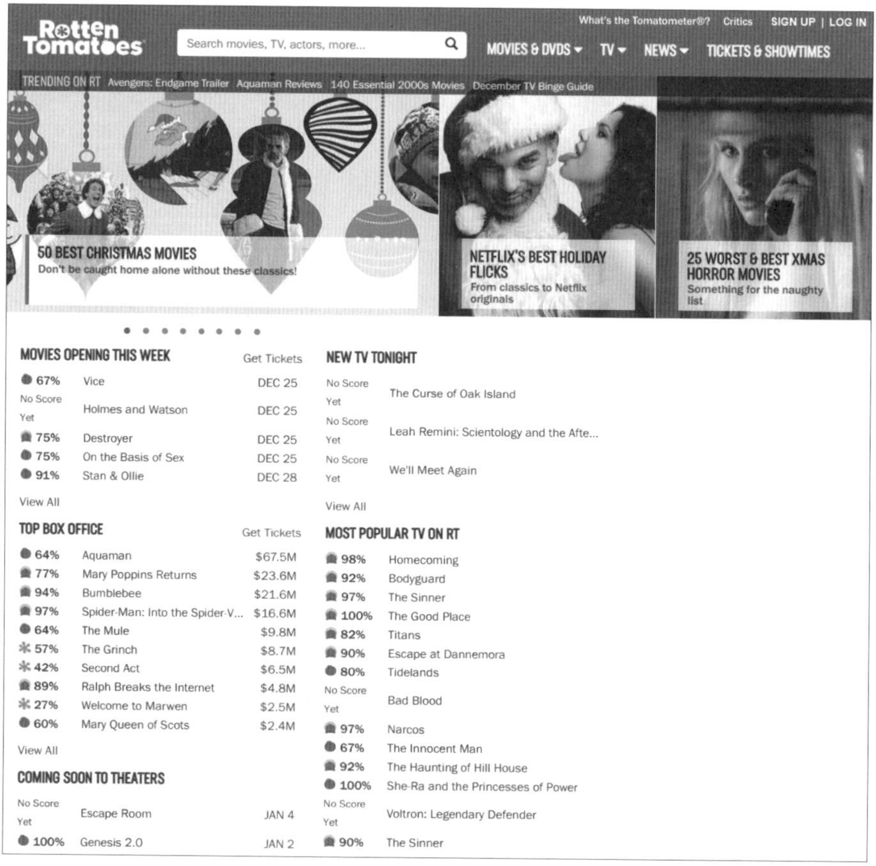

© 로튼 토마토

마나 의지할 수 있을지 미지수다. 대중성을 중요시하는 평론가라면 평론가의 별점을 어디까지 믿을 수 있을지 애매하다. 대중의 리뷰를 믿기에는 대중이 어디까지가 마케터이고 어디까지가 진실한 고객인지도 알기 어렵다.

요즘엔 로튼 토마토 지수가 영화의 수준을 알려주는 하나의 수치로 자리 잡았다. 미국의 시리즈 영화 혹은 일련의 유니버스 속편 영화들의 경우, 개봉 전 로튼 토마토의 '신선한 지수'를 거론하며 그 영화의 완성도를 미리 짐작하는 일도 볼 수 있다. 그럼 대체 로튼 토마토는 뭐고, 로튼 토마토 지수는 대체 어떤 의미를 있는 걸까?

로튼 토마토를 만든 센 두앙Senh Duong은 청룽成龍(성룡)의 팬이었다. 청룽의 영화를 너무 좋아했던 그는 청룽 영화의 리뷰란 리뷰는 모두 모았다. 다양한 의견을 수집하는 재미를 느낀 그는 이런 재미를 타인과 공유하면 어떨까 하는 아이디어를 가지고 '로튼 토마토Rotten Tomatoes(사이트 이름은 옛날 공연을 보던 관객들이 연기력이 매우 나쁜 연기자들에게 토마토를 던졌던 것에서 비롯됨)'라는 웹사이트를 만든다.

로튼 토마토는 평론가의 영화 리뷰를 모았다. 이를 수치화했다. 긍정적인 리뷰와 부정적인 리뷰로 영화 리뷰를 구별하고 긍징적인 리뷰가 얼마나 많은지 그 비율을 보여줬다. 그 비율이 75% 이상에 특급 평론가들의 보증이 있다면 아주 신선한 토마토. 60% 이상이면 신선한 토마토, 60% 이하면 썩은 토마토로 표시합니다. 간단하게 평론가가 얼마나 우호적인지 보여주는 표시 시스템이다.

로튼 토마토는 평론가 다수의 의견을 간단하게 수치화시켜 큰 인기를 끌었다. 곧 로튼 토마토의 신선한 지수로 영화의 품질을 비교하는 사람이 늘기 시작했다. 특히 최신 영화의 리뷰가 풀리면 로튼 토마토 지수로 영화가 얼마나 좋은지, 영화를 보고 실망하진 않을지 가늠하기 시작했다.

2000년에 센 두앙은 버클리 대학교 친구들을 모아 본격적으로 운영에 나선다. 시작하자마자 로튼 토마토는 빠르게 성장했다. 2005년에는 IGN에 인수되었다. 이후 플릭스터Flixster와 워너 브라더즈WARNER BROS.를 거쳐 2016년부터는 컴캐스트

산하 판당고FANDANGO에 인수되어 활동 중이다.

로튼 토마토는 인간의 주관적인 취향을 수치화했다는데에 의의가 있다. 덕분에 화제성이 강해졌다. 영화마다 다수의 평론가가 가진 호감도를 비교할 수도 있게 되었다. 이를 통해 '로튼 토마토 선정 최고의 영화'나 '로튼 토마토 수치가 가장 높은 마블 스튜디오의 영화' 등 영화계에 새로운 이슈를 생산할 수 있게 되었다.

한계도 명확하다. 우선, 평론을 긍정적인 리뷰와 부정적인 리뷰의 두 개로만 나누니 강한 긍정과 중립, 강한 부정과 약한 부정의 차이를 구별할 수 없게 된다. 모두가 긍정하는 무난한 영화가 호불호가 엇갈리는 강렬한 영화보다 더 좋은 평가를 받게 된다.

최근 영화일수록 점수가 높아지는 경향도 문제다. 역대 점수 상위 100위 중 25%가 2015년 이후 나온 영화다. 2015년 이후 영화가 그 이전보다 품질이 압도적으로 좋다고만 할 수 없는데 이런 결과가 나왔다는 건 점수 자체에 문제가 있다는 증거다.

마지막으로 수치화한 리뷰가 얼마나 품질이 좋은지에 대한 의문이 있다. 다수의 리뷰를 모두 모아 수치화한 게 '로튼 토마토 지수'다. 문제는 이 리뷰의 다수가 우리가 잘 알지 못하는 중소 매체의 저품질 리뷰라는 거다. 이런 저품질 리뷰가 뉴욕 타임스 등의 리뷰와 동일하게 모여 하나의 수치가 된다는 거 자체에 회의가 들 수 있는 대목이다.

그런데도 불구하고 로튼 토마토는 대중에게 사랑받고 있다. 이해하기 쉬운 수

치이기 때문이다. 로튼 토마토가 영화의 절대적인 품질을 결정하는 수치라고는 말할 수 없다. 다만 어떤 영화가 형편없는 영화인지는 가려낼 수 있다. 적어도 영화 보고 시간이 아까울 정도의 영화는 대다수의 리뷰어가 비슷한 평가할 수 있으니 말이다.

다만 대중성보다는 작품성을 추구한 영화를 발굴하는 데는 이런 다수의 수치가 적합하지 않다. 저 품질의 다수 리뷰가 모두 만장일치로 좋아하는 영화는 아무래도 대중적인 영화일 확률이 높다. 이럴 때는 소수의 뛰어난 리뷰어의 추천이 더 적합하다. 특출나게 독창적인 영화를 찾는 방식은 내가 신뢰하는 '특출난 개인'의 추천을 듣는 게 낫다.

결국, 플랫폼이나 특출난 개인이냐는 선택의 문제다. 무난한 영화 중에 저품질의 영화를 골라내고 싶을 때는 다수의 많은 평론가의 수치를 확인해보면 된다. 무난한 블록버스터 계열 영화의 경우, 다수가 좋다고 생각하면, 그게 좋은 영화라고 말할 수 있다. 독창적인 영화는 다르다. 이런 영화는 독특한 취향과 뛰어난 식견을 가진 소수의 리뷰어에게 귀를 기울이면 된다.

미디어 환경이 바뀌고 있다. 이런 환경에서 살아남는 건 두 종류라고 생각한다. 다수의 취향을 만족시키는 수많은 사람의 의견을 함축시킨 플랫폼이거나, 아니면 날카롭게 소수의 마니아를 만족시키는 특출 난 개인이거나. 이런 미디어 환경의 변화는 영화 추천 또한 바꾸고 있다. 기성 언론의 기자 추천보다는 로튼 토마토 기사와 특출난 영화 평론가의 SNS 추천을 더 믿게 되는 시대가 온 셈이다.

트위치

누구나 방송사가 된다

〈오버워치 리그〉는 블리자드BLIZZARD ENTERTAINMENT가 직접 진행한다. 온라인 영상 플랫폼 트위치Ttwitch Interactive, Inc.를 통해 단독 송출된다. 방송 중에는 게임에서 쓸 수 있는 아이템을 주는 등 다양한 혜택을 제공한다. 덕분에 이 방송은 주간 평균 동시 시청자 수가 15만 명(2018년 2월 하반기 기준)이 넘는 등 순항 중이다.

한때 게임의 스포츠화라 할 수 있는 e스포츠 채널이 케이블 채널로 들어와 화제가 되었던 적이 있다. 이제는 과감하게 인터넷 방송만으로 독점적으로 e스포츠 리그를 진행하고 있다. 트위치는 어떤 플랫폼이기에 블리자드 공식 e스포츠 리그를 진행할 수 있게 된 걸까?

저스틴 칸Justin Kan은 머리에 웹캠을 달고 본인의 삶을 비디오 피드(스트리밍 형태로 제공되고 스크롤해서 볼 수 있는 콘텐츠)로 공개했다. 2007년 일이다. 저스틴 칸은 8개월간 본인의 삶을 방송했다. 대중과 언론이 그를 주목했고, 저스틴 칸과 그의 동료들은 고민 끝에 누구나 방송을 올릴 수 있는 플랫폼을 만들기로 한다. '저스틴 TV'의 시작이다.

저스틴 TV에는 다양한 영상이 올라왔다. 스포츠, 연예, 뉴스, 기술 등 다양한 주제가 있었지만 가장 인기 있던 콘텐츠는 게임이었다. 사용자 요구를 확인한 저스틴 TV는 게임만을 위한 서비스를 분리한다. 트위치였다.

트위치의 성공 비결은 시청의 편리함에 있다. 누구나 쉽게 방송을, 특히 실시간 스트리밍을 볼 수 있다. 이에 비해 콘텐츠 제작으로서는 조금 어려운 플랫폼이었다. 트위치는 유튜브, 아프리카TV 등의 타 영상 플랫폼과 달리 영상 송출이 어려운 편이다. 다양한 클라이언트를 내려 받고, 다양한 변수의 세팅을 해줘야 하기 때문이다. 다만 이런 세팅과 클라이언트를 이해하면 유튜브보다 더 최적화

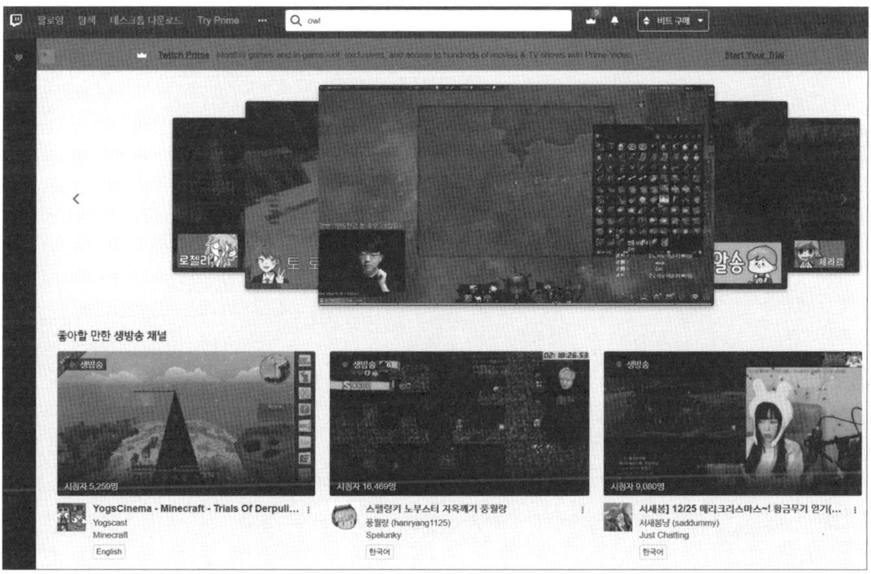

© 트위치

된 방송 설정을 할 수 있다는 장점이 된다.

트위치의 장점은 수익구조였다. 시청자는 구독 시스템을 통해 매달 콘텐츠 제작자에게 후원할 수 있다. 치어Cheer(아프리카TV의 '별풍선 시스템'과 같은 트위치의 자체 수익 시스템)라는 유료 아이템을 통해 빠르게 후원을 하는 방법도 있다. 트위치에 인정받은 파트너 스트리머streamer('인터넷에서 데이터를 연속적으로 전송하여 실시간으로 재생하는 일'이라는 스트리밍과 영어에서 '~하는 사람'의 의미를 만드는 -er의 합성어이다. 한국에서는 BJ, 유튜버, 크리에이터와 더불어 인터넷 방송을 하는 방송인들을 지칭하는 용어로 통상 '인터넷 방송인'을 의미)는 광고를 방송 중간에 내보낼 수도 있다. 시청자는 빠르게 콘텐츠 크리에이터에게 후원 피드백을 할 수 있고, 콘텐츠 크리에이터 또한 노력하면 수익을 낼 수 있다는 희망을 품을 수 있었다.

트위치는 월 방문자 수가 3천 5백만 명에 육박하는 성공을 거둔다. 2014년 미국 인터넷 트래픽 점유율 순위에서 넷플릭스, 구글, 애플에 이어 4위가 될 정도였다. 특히 게임 방송에서는 독점에 가까운 성장을 했다. 자연히 인수설이 흘러나왔다. 특히 구글이 유튜브의 성장을 위해 트위치를 10억 달러(약 1조 697억 원)의 가격으로 구매하려 한다는 기사가 나왔다. 결과적으로 구글은 유튜브와 트위치를 모두 가지면 반독점법 규제가 우려되어 구매를 포기했다. 대신 아마존이 2014년 8월, 트위치를 9억 7천만 달러(1조 376억 원)를 주고 샀다.

트위치는 여전히 독보적인 영향력을 보여주고 있다. 방송을 송출하는 스트리머는 200만 명에 이른다. 시청자 수는 일간 1,500만 명이다. 더 중요한 건 게임 업계에 미치는 트위치의 영향력이다. 한국 블루홀 스튜디오가 만든 게임 〈배틀 그라운드BATTLEGROUNDS〉가 성공하는 데는 트위치의 힘이 컸다. 〈배틀 그라운드〉는 이미 지난해 〈오버워치〉, 〈리그 오브 레전드〉 등의 기존 히트 게임을 누르고 트위치 게임 순위 1~2위를 차지하고 있었다. 집중해야 하는 시간이 짧고, 수다를 나누면서 방송할 수 있어 게임 방송에 적합했기 때문이다. 방송을 본 사람들은 〈배틀 그라운드〉에 재미를 느껴 게임을 하기 시작했다. 트위치를 통해 홍보한 '보는 게임'의 요소가 게임 성공을 견인한 것이다.

트위치를 통해 게임의 성공 공식뿐만 아니라 게이머의 수익구조도 바뀌었다. 과거 게이머는 일종의 상금 사냥꾼이었다, 트위치를 통해 전 세계에서 스트리밍 수익을 얻을 수 있는 길이 열리자 이야기가 달라졌다. 게임으로 인기를 얻고, 그 인기를 기반으로 스트리밍 수익으로 엄청난 돈을 벌 수 있게 된 거다.

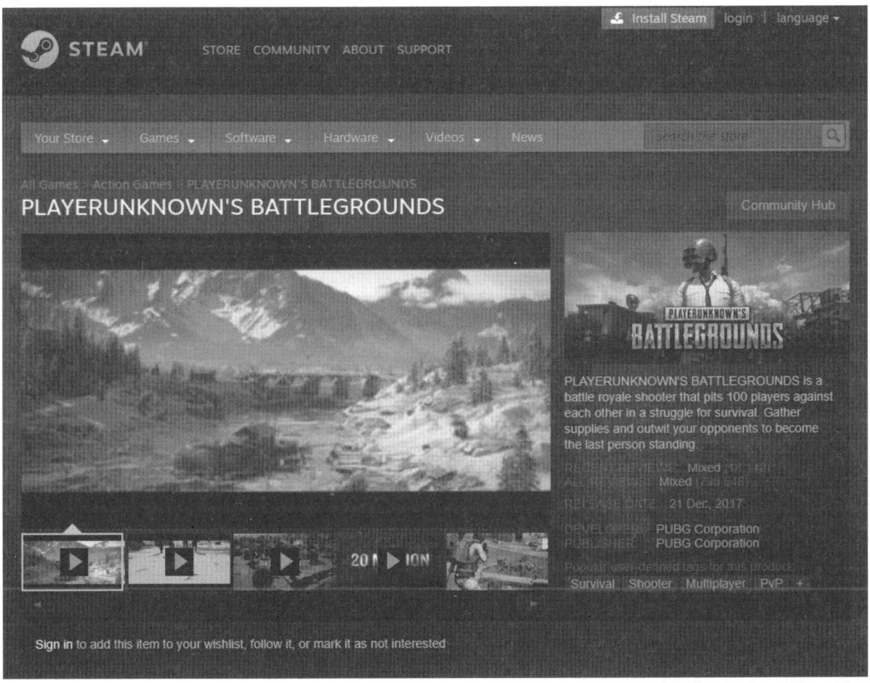

©블루홀 스튜디오 · 배틀 그라운드

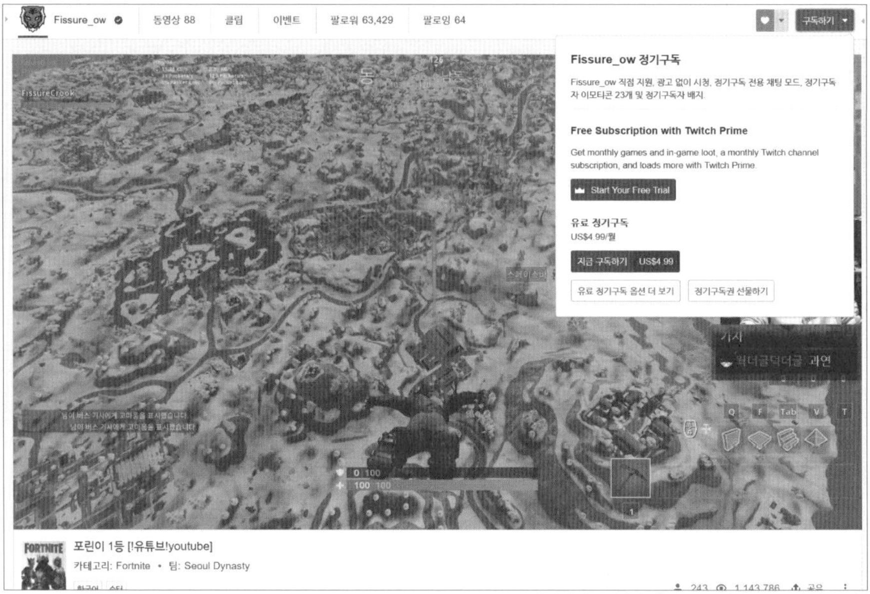

게이머의 수익을 창출하는, 트위치의 스트리밍 구독창

세계 최고의 프로게이머로 불리는 페이커 이상혁 선수의 연봉은 50억 원 이상으로 알려져 있다. 그 기반은 이상혁 선수의 스트리밍에서 나오는 엄청난 수익이다. 레드불 스포츠의 트위치 채널, 트위치를 통해 레드불은 다양한 게임 리그를 후원하고, 이를 본인 채널을 통해 스트리밍으로 공개한다. 광고 대신 본인이 방송국이 되는 셈이다.

트위치는 게이머뿐만 아니라 게임 리그마저도 바꿔 버렸다. 게임 팬은 젊다. 인터넷 매체에 대한 거부감이 적다. 굳이 케이블 TV로 방송을 보지 않고 인터넷 방송으로 봐도 만족하고 볼 수 있는 사람이었다. 덕분에 케이블 방송권이 없이도, 트위치를 통해 얼마든지 방송을 진행할 수 있게 되었다.

케이블 TV 시청권이라는 게이트 키퍼gate keeper가 사라지자, 기존 케이블 TV 채널들의 e스포츠에 대한 영향력이 약해지기 시작했다. 게임사가 직접 방송인을 섭외해 트위치로 공식 리그를 제작하는 거다. 혹은 소수의 개인이 직접 트위치를 통해 해설 방송을 한다. 기업과 개인 사이에 '언론이 설 자리'는 점차 좁아지고 있다.

새로운 플랫폼이 모두에게 개방되었다. 누구나 방송할 수 있게 되자 기업과 재능있는 개인은 굳이 언론을 거치지 않고 직접 본인의 콘텐츠를 제작해 사용자에게 전달하기 시작한다. 게임 방송에서만 나오는 현상은 아니다.

뉴스 채널을 통하지 않고 페이스북 라이브를 통해 소식을 전하는 청와대. 예능을 통하지 않고 유튜브를 통해 팬과 소통하는 방탄소년단. 잡지사를 거치는 대신 직접 모바일 남성 라이프 매거진 도미니크DOMINICK을 만들어 제품을 홍보하는 미니 쿠퍼 등 전 방위에서 벌어지는 일이다. 게임에 관심 없는 이들도 트위치의 게임 업계 영향력에 주목해 봄 직한 이유다.

알렉사

새 시대의 플랫폼 음성 비서

어느 분야든 한 번 정복하면 잘 바뀌지 않는다. PC 운영체제를 제패한 윈도우Microsoft Windows는 지금까지도 최고다. 고급 차 시장에서 메르세데스-벤츠Mercedes-Benz를 능가하기는 쉽지 않다. 애니메이션 하면 역시 디즈니다. 하지만 새로운 분야가 생길 때 신참자에게 기회가 생긴다. PC가 아닌 모바일이 중요해지게 된 순간, 애플은 비로소 마이크로소프트를 뛰어넘을 수 있었다. 자동차 시장에 전기차가 등장하자 테슬라TESLA라는 새로운 지배자가 나올 수 있었다. 3D 애니메이션이라는 새로운 분야가 등장하자 픽사PIXAR라는 새로운 이름이 최고가 되었다.

현재 IT 업계에서 이런 변신이 감지되고 있다. 음성제어 시장이다. 목소리를 통해 스마트폰은 물론, 각종 가전, 기기를 제어하는 사물인터넷Internet of Things(약어로 IoT)기술이 새로운 사업으로 떠오르는 거다.

과거 인터넷의 중심은 누가 뭐래도 검색엔진이었다. 세계적으로는 구글이고,

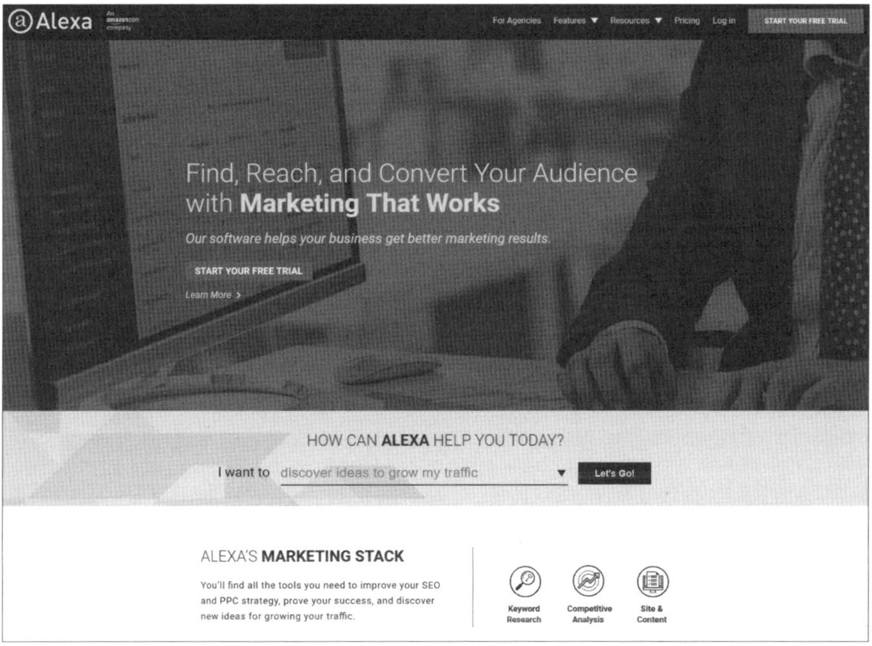

© 알렉사

한국이라면 네이버다. IT의 중심이 음성이 된다면 이는 바뀔 수 있다. 아침에 일어나서 검색엔진 대신 음성 비서에게 날씨를 묻는 시대가 올 수 있다는 뜻이다.

이 시장을 미리 접수한 회사가 아마존이다. 음성 스피커 아마존 에코amazon echo와 음성 비서 알렉사alexa와 함께 말이다. 처음에 아마존 에코는 아마존의 유료 정액제 모델, 프라임 멤버 한정 혜택이었다. 사고 싶어서 사는 게 아닌, 아마존에 프리미엄 고객에게만 파는 숨겨진 작품이었던 것이다. 2014년 11월의 일이다.

2015년 6월, 아마존은 아마존 에코를 미국 전역에서 판매하기 시작했다. 이후 아마존은 캐나다 그리고 영국까지 빠르게 시장을 넓히기 시작했다.

아마존 에코에 탑재된 음성비서가 '알렉사'다. 애플의 시리Siri, 구글의 구글 어시스턴트Google Assistant 등 강력한 경쟁자가 있음에도 알렉사는 가장 인기 있는 음성비서 역할을 하고 있다. 다양한 콘텐츠와 섬세함 덕분이다. 또한, 상품 소비와 콘텐츠에 집중한 아마존의 포트폴리오가 음성 시장과 결합하여 힘을 발휘한 덕분이기도 하다.

아마존 에코는 아마존을 삶에 녹여내는 시작점 역할을 한다. 영화 〈아이언맨〉의 '자비스'와 비슷하다. 아침에 일어나 음성 비서에게 오늘 날씨를 물어본다. 매일 필요한 식료품, 옷 등을 주문한다. (아마존이 소유한) 워싱턴 포스트의 당일 기사로 오늘 뉴스를 확인한다. 잠을 자기 전, 아마존이 소유하고 있는 오디오북을 통해 음성비서가 읽어주는 책을 들으며 잠을 청한다. 삶 속에 아마존의 상품과 콘텐츠를 밀착시켜주는 매개체인 셈이다.

아마존 에코는 무섭게 성장 중이다. 스마트홈 분야에서 아마존은 70% 넘는 점유율을 갖고 있다. 구글, 애플 등의 업체가 스마트홈 업계에 뛰어들었지만 아직은 맥을 못 추고 있다. 아마존 에코는 압도적인 점유율을 바탕으로 아마존의 서비스 전반에 큰 활력을 불어넣고 있다. 아마존의 재무 담당 최고 이사인 브라이언 올사브스키Brian Olsavsky의 2017년 4분기 발표에 따르면 아마존은 작년 4분기에 비해 음악 재생은 3배, 아마존 파이어amazon fire 재생은 9배가 늘었다. 아마존 에코가 구매는 물론, 콘텐츠 소비까지 영향을 끼치고 있다.

이에 따라 아마존은 음성 비서 프로젝트에 큰 투자를 진행하고 있다. 2017년 아마존의 발표에 따르면 알렉사에는 5천 명 이상의 직원이 있다. 15개월 전 제프 베조스는 알렉사에 1천 명 정도의 직원을 투입했다고 밝힌 바 있다. 15개월 사이에 5배의 직원을 충원한 셈이니 아마존이 이 프로젝트에 거는 기대를 짐작할 수 있다.

아마존 에코를 통해 새로운 사업을 만들려는 시도도 나오고 있다. 아마존은 '알렉사 비즈니스Alexa for Business'라는 프로젝트를 시작했다. 알렉사를 활용해서 사무실 운영, 미팅 관리, 메일 확인, 영업 관리 툴 세일즈포스 확인 등 다양한 태스크 관리를 돕는 틀이다.

BBC는 알렉사에 콘텐츠를 접목했다. 알렉사를 활용해 '음성 플랫폼용 드라마'를 만들었다. 음성으로 드라마의 분기를 선택할 수 있는 방식이다. 음성 로봇이 콘텐츠의 유통에 영향을 끼치는 걸 넘어 콘텐츠의 형식까지 바꾸기 시작했다.

알렉사가 강력한 영향력을 끼치면서 해프닝도 생겼다. 2017년 7월 텍사스에서 한 아이가 알렉사를 통해 몰래 쿠키를 주문하는 데 성공했다. 목소리 세팅에 문제가 있었다. 이를 샌디에이고의 아침 뉴스 방송이 보도하면서 사태가 커졌다. 리포터는 아이의 해프닝을 보도하면서 "알렉사, 인형의 집을 주문해줘!Alexa, ordered me a dollhouse!"라는 말을 했다.

이 말을 TV를 통해 들었던 많은 가정에서 알렉사가 인형의 집을 주문했다. TV 방송을 목소리로 착각한 게 문제였다. 아마존은 7천만 달러에 달하는 주문을 취소하느라 애를 먹었다. 강력한 영향력을 가진, 이전에 없던 새로운 제품이다 보니 문제가 생기면 엄청나게 크게 번지게 된다.

음성 비서는 앞으로 미래를 잡을 확률이 가장 높은 플랫폼이다. 또한 대기업만이 할 수 있는 프로젝트이기도 하다. 우선 엄청나게 많은 음성 데이터가 필요하다. '스피커'라는 실물 제품이 필요한 제조업이라 초기 투자도 어렵다. 무엇보다 음성 비서가 제대로 된 역할을 하려면 상품 구매, 날씨, 스포츠, 책, 영화 등 다양한 콘텐츠를 갖고 있어야 한다. 스타트업이 단독으로 만들기에는 어려운 프로젝트라는 거다.

대신 이런 음성 비서 플랫폼은 스타트업을 적극적으로 받기도 한다. 생태계끼리의 경쟁이기 때문이다. 알렉사는 적극적으로 자신의 플랫폼 내에서 새로운 서비스를 해 보라고 적극적으로 권장하고 있다. 음성 비서 내에서 다양한 개발 생태계가 만들어져야 구글, 애플, 마이크로소프트 등의 음성 비서 플랫폼의 도전을 이겨낼 수 있기 때문이다.

알렉사의 대두는 현 IT 업계의 모습을 보여준다. 대형 IT 업체가 아니면 새로운 그림을 그리기에는 어려워졌다. 대신 그 생태계와 빠르게 협업하면 큰 기회를 잡을 수도 있다. 거대 플랫폼과 그에 올라타는 스타트업, 개인으로 양분화되는 IT 업계를 보여주는 게 바로 음성 비서 서비스인 것이다.

구글

성공한 뉴미디어는 이미 우리 눈앞에

미디어 업계가 어렵다고 한다. 기성 언론은 물론이고 뉴미디어도 돈이 안 되기는 마찬가지다. 미디어가 세상을 호령하던 시절은 이미 지났다는 푸념도 나온다. 그런데 정말 그런가? 혹시 우리가 알던 미디어 업계만 힘든 건 아닐까? 이미 미디어 업계는 진화했는데, 우리만 미디어 업계라고 생각하지 않는 건 아닐까? 미디어라는 사업 자체가 아이티 플랫폼으로 진화했는데, 우리는 플랫폼을 언론이 아니라고 생각하는 일일지도 모른다.

구글은 미국 증시를 이끄는 거대 기업이다. 구글은 알고리즘을 통해 기사를 포함한 웹페이지를 소개한다. 이 알고리즘으로 천문학적인 광고 수익을 번다. 그리고 그 수익을 다시 다양한 사업에 재투자한다.

필자는 구글이 미디어 기업이라고 생각한다. 그것도 지상 최고의 미디어라고 생각한다. 미디어 회사로서 구글에 관해서 이야기해 보자. 우선 구글은 기성 미디어의 기사를 재배치해서 보여준다. 구글 뉴스 이야기다. 한국에서 네이버 다음 등의 포털이 그렇듯, 구글도 포털로서 기성 홈페이지보다 큰 영향력을 가지고 있다.

2016년 6월, 신문협회가 주최한 세미나에서 안민호 숙명여대 미디어학부 교수는 포털 뉴스를 통해 포털이 얻는 수익은 3천 528억 원이나, 신문사가 받는 비용은 3백억 원에 불과하다고 주장했다. 이를 통해 포털이 신문에 더 큰 비용을 내야 한다고 주장했다. 신문과 포털의 계약이 불공정 계약이라고 주장이다.

맞는 말일까? 3천억 원에 이르는 수익이 뉴스 때문이라면 그 말은 맞다. 하지만 그 수익이 뉴스를 편하게 찾을 수 있고, 볼 수 있는 플랫폼 때문이라면 저 주장은 틀렸다. 하다못해 서버를 유지하는데도 비용이 든다. 잘 짜인 디자인, 빠른 검색 등, 포털 뉴스는 뉴스 사이트보다 월등하게 나은 사용자 경험을 제공한다. 기사를

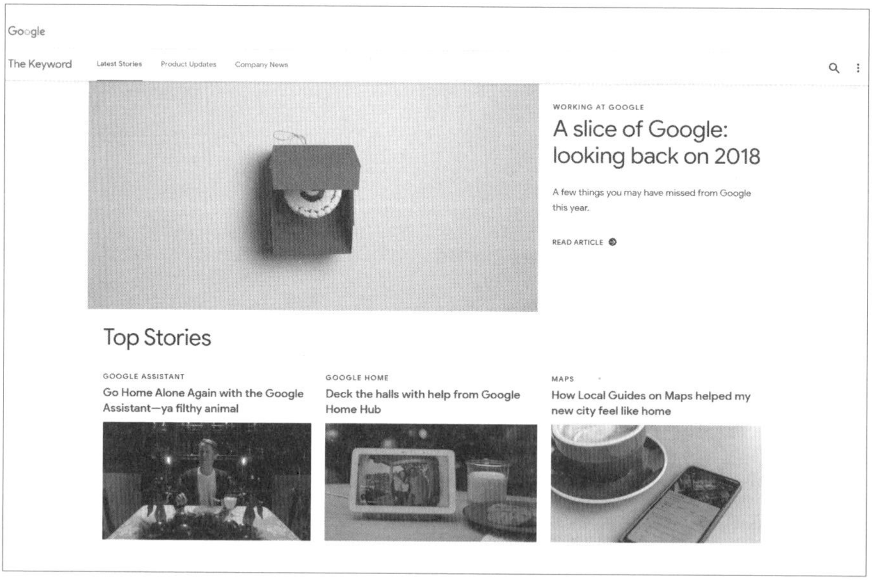

© 구글

포함한 아이티 제품이 잘 나가는 거지, 기사 자체가 잘 나가는 게 아니라는 거다. 정말 포털 뉴스의 수익이 뉴스 때문이었다면 사람들은 뉴스 사이트에서 기사를 봤을 테다.

구글 또한 일반 언론사 홈페이지보다 나은 경험을 제공하고 있다. 구글은 취재원, 기사 생산량, 기사의 길이, 편집국의 규모 등으로 매체를 평가한다. 이를 기준으로 고품질의 언론을 상위에 노출한다. 사용자 정보를 바탕으로 유저가 원하는 기사를 상단에 올리기도 한다. 이를 통해 관심 있는 기사를 월등하게 빠르게 발견할 수 있다.

구글 뉴스는 9 · 11사태 등 사회적으로 파장이 큰 사건이 일어나는 순간 주목받았다. 테러의 충격을 빠르게, 다양한 기사로 보여준 구글 뉴스가 하나의 기사, 소수의 취재원만 동원할 수 있는 언론사 홈페이지보다 더 많은 인기를 얻은 거다. 큰 뉴스가 구글 뉴스에 관심을 일으키는 동력이 된 셈이다.

네이버와 마찬가지로, 구글 뉴스도 언론사의 생명줄이 되었다. 구글에서 빠져나가는 순간 아무도 보지 않는다. 그래서 구글 알고리즘에서 제외하고 독자적으로 생존하기보다는 구글에 잘 보이려 애쓸 수밖에 없다.

구글은 여기서 한 걸음 더 나아갔다. 2017년 7월, 구글은 영국과 아일랜드에서 인공지능을 통해 지역 뉴스를 제작하겠다는 프로젝트를 발표했다. 기자와 데이터와 로봇이라고 칭해진 이것은 영국에 지역 뉴스를 보급하겠다는 프로젝트이다. 5명의 기자가 템플릿을 제작한다. 공공기관, 지역 단체 등이 정보를 제공한다. 이를 통해 반자동 적으로 효율적으로 지역 뉴스 기사를 생산한다.

구글의 프로젝트가 놀라운 이유는 지역 뉴스가 기성 언론의 취약점이기 때문이다. 이미 디지털화가 진행되면서 지역 언론 시장은 무너졌다. 한국 같은 작은 규모의 나라는 물론, 미국처럼 큰 나라조차 세계적 규모의 대형 언론이 모든 파이를 가져갔다. 주소 규모의 언론사가 사라지면서 시골의 지역 뉴스를 쓰는 리포터는 찾기 어려워졌다. 구글 뉴스는 자동화를 통해 기성 언론의 취약점을 비집고 들어가려 하는 셈이다.

단순 사실 전달이라면 자동화가 가능하다. 기자가 템플릿을 제작한다. 데이터를 받는다. 이를 인공지능이 템플릿을 통해 기사화한다. 충분히 가능하다. 기상청 담당 기자가 있을 필요 없이 기상청이 날씨 정보를 제공하면 템플릿을 통해 기사가 나온다. 이런 방식으로 대부분의 정보성 단신 기사를 대체하려 하는 게 구글의 움직임이다.

구글은 기획 기사도 잘 만든다. 기획 기사는 단신 기사와는 달리 자동화는 불가능하다. 테마, 소위 말하는 '야마('주제'를 뜻하는 언론계 은어)'를 잡아야 한다. 이를 취재한다. 정보를 스토리화 해서 기사로 만든다. 이런 작업은 사람이 해야 한다.

구글의 기술력은 기획 기사를 만들 때도 도움이 된다. 할리우드의 여성 배우 부족현상을 지적한 구글 공식 블로그의 포스팅이 좋은 예다. 이 기사는 1년 동안 미국에서 만들어진 모든 영화를 분석했다. 이를 통해 미국 영화에서 여성 배역이 차지하는 비율을 분석했다. 사람이라면 해낼 수 없는 막노동 작업이다. 이 데이터를 통해 영화에서 여성 배역이 부족하다는 야마를 뽑아냈다.

정치적으로 올바른, 멋진 기획이다. 하지만 구글의 딥 러닝deep learning('심층 학습',

큰 틀에서 사람의 사고방식을 컴퓨터에게 가르치는 기계학습의 한 분야)이 없었다면 만들 수 없는 기사이기도 하다. 이를 통해 구글은 사회에 이바지하는 멋진 기사를 만들었다. 또한 이 기사는 구글의 딥 러닝 기술 홍보 기사이기도 했다. 사회적 기여와 수익 모델 모두를 잡은 기사다.

한국의 포털 또한, 마찬가지다. 아직 기술력을 통해 기성 언론이 만들지 못한 기사를 만드는 수준에는 이르지 않았을지 모른다. 하지만 대형 트래픽을 만들기 위해 기성 언론보다도 과감한 투자를 하고는 한다. 네이버의 〈지식인의 서재〉, 〈오늘의 과학〉, 다음의 〈스토리 펀딩〉등은 기성 언론은 할 수 없는 참신한 시도다. 기술이 뒷받침된 플랫폼이기에, 또 거대 트래픽을 동원해야 하는 포털이기에 고급 콘텐츠에도 과감하게 투자할 수 있다.

미디어 업계가 어렵다고 한다. 하지만 이는 우리가 알고 있는 미디어가 세대교체를 이루는 상황일지 모른다. 과거에는 신문, 방송이 플랫폼이었다. 하지만 이는 분절되었고 기사 단위로 쪼개서, 하나의 IT 제품으로 만든 포털, IT 플랫폼이 그 자리를 대체했다. 그들은 더 나은 경험으로 기사를 제공한다. 나아가 자동화, 효율화를 통해 기성 언론이 만들지 못하는 지역 뉴스를 제작하려 한다. 기술과 트래픽 규모를 통해 기성 언론이 다루지 못하는 고급 콘텐츠나 기획기사를 만든다. 훌륭한 미디어다.

어쩌면 우리는 이미, 성공한 뉴미디어를 보고 있는지 모른다. 구글, 페이스북, 유튜브, 네이버, 다음이 바로 그들이다.

대담

2

글로벌
뉴미디어와
국내 뉴미디어

뉴미디어 열풍은 해외에서 시작됐다. 그리고 뉴미디어가 레거시 미디어를 뛰어넘고, 상업적으로도 성공할 수 있다는 사실 또한 해외에서 먼저 증명됐다. 그렇기에 뉴미디어 현상을 이해하기 위해서는 글로벌 시장의 흐름을 알고 있어야 한다.

국내 시장에서 다양한 뉴미디어 플랫폼과 매체가 뜨고 지는 과정은 글로벌 트렌드를 답습하는 경우가 많다. 글로벌 뉴미디어에 대해 촉각을 곤두세우고 있다면 국내의 트렌드를 미리 예측하는 것도 가능할 수 있다. 반대로 어떤 유형의 뉴미디어 서비스가 잠시 잠깐 반짝했다 사라질지 글로벌 트렌드를 반면교사 삼아 리스크를 줄일 수도 있을 것이다.

하지만 국내 뉴미디어 시장이 100% 글로벌 트렌드를 뒤쫓는다고 말할 수는 없다. 한국은 IT를 비롯해 다양한 영역에서 세계의 선도적 마켓 역할을 담당하고 있

© 싸이월드

다. 다양한 서비스와 제품을 한국에서 먼저 실험해보는 사례가 적지 않다는 뜻이다. 뉴미디어에서도 한국은 팔로워인 동시에 실험적 마켓이기도 하다. 싸이월드의 도전은 페이스북보다 앞서 있었고, 그 당시 적용되있던 서비스가 뒤늦게 재소명을 받는 실정이다.

글로벌 뉴미디어와 국내 뉴미디어의 관계를 딱 잘라 한 마디로 정의할 수 없지만, 지피지기면 백전백승이라는 식상한 말을 떠올리자. 비단 뉴미디어 분야가 아니라도 글로벌 트렌드를 파악하는 것은 시장에 참여하기 위한 플레이어의 기본 수칙일 것이다.

장예찬

먼저 글로벌 뉴미디어 시장의 특징을 짚고 한국과의 차이, 우리가 나아가고 배울 방향 등을 살펴보면 좋을 것 같습니다. 특히 해외 미디어 동향을 주의 깊게 연구하고 있는 은우 님의 의견을 기대해보겠습니다.

김은우

일단 한국보다 훨씬 지금 세계가, 그러니까 미국을 포함한 서구권은 정치의 계절이라 할 수 있겠죠. 개인적으로 정치는 기성 미디어가 더 잘 다룬다고 생각합니다.

장예찬

정치의 중요성이 높아질수록 뉴미디어보다는 기성 미디어의 비중이 다시 높아지는 게 세계적인 흐름이라는 말씀이시죠?

김은우

네. 뉴욕 타임스, 폭스 뉴스, 워싱턴 포스트의 시대이지 버즈피드의 시대는 아닌 거 같네요. 알렉스 존스처럼 예외 사례도 있지만요. 역시나 취재를 하고, 소스를 확인하고, 정리해서 폭로하는 건 기성 기자의 특기이지 싶어요. 《화염과 분노 FIRE AND FURY(저널리스트 마이클 울프 Michael Wolff가 백악관 내부에서 트럼프 정부 요인들과 함께 생활하며 그곳에서 도대체 무슨 일이 어떻게 벌어지고 있는지 취재했고, 트럼프 행정부의 기대와 우려에 대한 답변을 내놓은 책)》 등 기성 기자의 책이 뜨는 것도 비슷한 현상 같습니다.

장예찬

사실 정치 외적인 부분에서는 해외 뉴미디어의 성장이 국내보다 더 눈에 띄었는데, 정치라는 특수 카테고리에서만 기성 미디어의 역할이 더 남아있다. 이렇게 볼 수도 있지 않을까요?

김은우

그럴 수도 있겠네요. 유튜브, 넷플릭스로 대표되는 유통의 혁명은 거의 완료된 게 아닌가 싶을 정도니까요.

장예찬

정치 영역에서도 기성 미디어의 폭로성 기사나 취재가 불타오르듯 퍼지며 힘이 실리는 과정은 결국 트위터나 페이스북 같은 뉴미디어 플랫폼의 힘을 빌리고 있죠? 정치라는 특수 콘텐츠에 한해서 기성 미디어의 역할이 커지며 다시금 강한 영향력을 발휘하고 있지만, 그 영향력의 유통 경로는 뉴미디어 시대의 플랫폼인 게 그간의 변화를 드러내는 것 같습니다.

김은우 한국도 정치 주제의 콘텐츠는 주로 기성 미디어 출신이 만들지만, 화제가 되는 유통 경로는 TV 방송이나 신문보다 팟캐스트, 유튜브 같은 뉴미디어 플랫폼을 통해서죠. 유사성이 있네요.

김태현 저는 정치의 계절에서도 이례적으로 뉴스의 중심에 섰던 알렉스 존스를 주목하고 있어요.

김은우 알렉스 존스는 확실히 흥미로운 주제라고 봅니다. 기성 언론에 대한 신뢰가 깨지며 등장한 슈퍼 개인 대안 언론. 음모론. 대안적 진실! 정치부 기자인 태현 님이 좀 더 설명해 주시죠.

김태현 알렉스 존스는 인포워스 채널을 운영하는 극우 음모론자인데요. 총기 난사 사건은 총기규제 옹호론자들이 지어낸 조작이라고 주장하는 등 허위 사실로 음모론을 퍼트려왔습니다. 미국 내에서만 약 300만 명에 달하는 추종자를 보유했지만, 워낙 말도 안 되는 소리를 하다 유튜브와 트위터, 페이스북 등에서 모두 퇴출당하게 됐죠.

장예찬 퇴출 이후에는 영향력이 여전한가요?

김태현 퇴출당한 뒤 인포워스를 앱으로 만들어서 앱스토어와 구글 플레이에 올렸는데 앱스토어에서 뉴스 앱 4위까지 올랐다가 결국 차단을 당했습니다. 구글 플레이에서는 현재까지 잘나가고 있고요.

김은우

알렉스 존스 사건을 보면, 이제 사회가 뉴미디어 플랫폼에도 책임을 지우기 시작했다는 점이 재미있어요. 구글과 페이스북, 유튜브도 언론이라는 거죠. 실제로 지난 미국 중간선거에서 페이스북은 심혈을 기울여 가짜뉴스를 색출하려 했습니다.

김태현

음모론이 인기를 얻는데 뉴미디어가 도구로도 쓰였지만, 정치라는 다소 난해한 '특수 카테고리'가 뉴미디어 덕분에 소위 정치 무관심 세대인 2030세대에게도 확산할 수 있었다고 봅니다. 긍정적 측면을 무시할 수 없어요. 대체로 뉴미디어가 정치를 희화화한다, 지나치게 단순화해서 보게 만든다는 점을 지적합니다. 하지만 그럼에도 불구하고 청년층이 정치에 관심을 끌게 만든 건 9시 뉴스가 아니라 소셜미디어 아닐까요?

장예찬

지금까지 나온 이야기를 정리하면 한국보다 훨씬 빠르게 성장하며 영향력을 확대하던 글로벌 뉴미디어는 정치의 계절(특히 미국 정치)을 맞이해 기성 미디어에게 주도권을 조금 내어주는 모습, 하지만 기성 미디어의 뉴스 전달 또한 뉴미디어 플랫폼에 기대고 있다는 거죠. 그리고 정치 외적인 부분에서는 유튜브, 넷플릭스 등이 이미 새로운 유통체계 구축을 마치고 전 세계를 지배하는 중이고. 또 정치는 워낙 민감한 카테고리이기에 페이스북이나 구글에도 언론 수준의 자체 검열을 요구하게 됐고, 그 과정에서 알렉스 존스 같은 기인의 등장과 퇴출은 한국에서 화제가 되는 '유튜브 가짜 뉴스 소동'을 되돌아보게도 하네요.

김은우

그런데 가짜뉴스는 사실 특정 정파나 유튜브만의 문제는 아닙니다. 기성 언론의 신뢰가 무너지면서 뉴미디어에 싹을 틔운 인디 언론이

김은우
등장해 사회 전체의 고민거리가 되었다는 건 확실히 한국과 연결고리가 있어 보이네요.

장예찬
일각에서 뉴미디어 플랫폼과 매체를 마치 가짜뉴스의 주범처럼 몰아가는 게 우리만의 문제가 아니라는 점에서 위로가 되네요.

김은우
사람 사는 동네의 문제가 다 비슷비슷하죠.

장예찬
그렇다면 정치에서 어쨌든 기성 언론의 중요성이 다시 대두됐다면, 다른 카테고리에서 해외 뉴미디어들의 동향은 어떤가요?

김은우
일단 영상화가 가장 큰 화제 아닐까요? 그중에서도 유튜브가 당연히 임팩트로는 최고인 것 같습니다. 네이버, 카카오톡 같은 지역 서비스를 선호하는 한국도 유튜브의 유통 질서에 편입됐을 정도니까요. 한국에서는 최초로 해외 플랫폼이 영상 시장을 석권했고, 방탄소년단이 유튜브에 힘입어 대박이 나면서 대중의 유튜브에 대한 호감도가 급등했습니다. 세계적으로는 넷플릭스를 위시로 하는 독립 영상 플랫폼의 성공을 빼놓을 수 없어요. 넷플릭스는 콘텐츠 공룡 디즈니가 자체 플랫폼 제작에 뛰어들게 할 정도로 시장에 충격을 줬죠.

김태현
우리나라처럼 해외 뉴미디어들도 페이스북의 비중을 줄이거나 혹은 유지한다 해도 유튜브 쪽으로 비중을 많이 옮겨가고 있나요?

장예찬

예를 들면 우리가 다뤘던 버즈피드, 또 바이스나 쿼츠, 하이프비스트 같은 대표적인 뉴미디어 채널들이 영상 콘텐츠 비중을 늘리는 유의미한 변화를 보였나요?

김은우

바이스는 원래 영상을 잘 다뤘고, 유튜브에도 수월하게 적응했습니다. 버즈피드도 영상화로 넘어갔죠.

장예찬

그럼 버즈피드 같은 경우가 기존보다 영상 콘텐츠 비중을 확 늘린 대표적 예시라 할 수 있을까요? 국내에서는 페이스북 기반의 카드뉴스로 콘텐츠를 제작하던 체인지 그라운드가 유튜브 영상으로 완전히 방향을 틀었거든요.

김은우

영상 비중은 심지어 뉴욕타임스, 포브스 등도 커지고 있어요. 특정 뉴미디어 매체뿐 아니라 모든 미디어가 나아가는 방향 같습니다. 이제는 커머스로도 확대되고 있고요. 하이프비스트의 커머스, 쿼츠의 유료 구독자 모델도 영상 서비스를 마케팅 포인트로 삼고 있죠.

김태현

2018년 초에 뉴욕 타임스가 TV 프로그램 제작을 시작했다는 이야기도 들었던 것 같은데요.

김은우

맞습니다. 복스도 넷플릭스에 짧은 다큐멘터리 시리즈를 제작해 재미를 봤고요! 느린 고품질 다큐멘터리로 승부해 결과를 낸 게 좋아 보여요. 케이팝을 설명한 에피소드도 있는데 기가 막힙니다.

김태현

바야흐로 '영상의 시대'라는 건 부정할 수가 없는 사실이네요.

장예찬

하이프비스트도 영상으로 상품 판매를 유도한다는 거죠? 그러니까 해외의 경우 영상화 속도가 우리보다 빠르고, 유료화나 상품 판매를 담당하는 커머스 영역까지 영상을 적극적으로 이용하고 있다면 국내 미디어 시장의 미래도 예측할 수 있겠네요. 그 와중에 독자 플랫폼에서도 영상을 쓰지만, 역시 유튜브와 넷플릭스를 적극적으로 활용할 수밖에 없고.

김은우

조금 큰 곳들은 다양한 매체를 다 쓰고, 플랫폼마다 그에 맞는 문법으로 만들어서 이를 수익화하는 구조로 점점 가는 것 같네요. 각 플랫폼마다 전문화, 소형화, 파편화된 개인도 등장하고요. 한국의 미래일 수도 있습니다. 다만 한국은 시장 크기가 작고, 세대 간 격차도 더 커서 좀 독특하게 진행될 것 같아요.

김태현

글로벌 뉴미디어 시장 특징이라고 해야 할까요. 또 하나 재밌는 점은 페이스북이 플랫폼 자체는 점점 내림세인데 아이러니하게 광고를 붙이는 쪽에서는 비용이 점점 더 많이 든다는 점입니다. 특히 페이스북에서 핵심 타겟 세대인 2030여성 사용자가 급격하게 줄면서 이들에게 광고하는 비용이 크게 올랐다고 합니다. 페이스북에 루틴하게 광고글 붙이는 기업이나 홍보업체들은 많은데 사람들은 없으니 타겟층에 도달하게 만들려면 단가가 점점 높아지는 거죠. 반면 10대는 페이스북 메신저를 주로 쓰다 보니 10대 사용자 수는 오히려 20대보다 많은 편이라고 합니다. 광고 단가로 어떤 뉴미디어 플랫폼을 누가 주로 이용하는지도 알 수 있는 셈입니다.

김은우

맞아요. 광고 단가가 많은 걸 알려주죠. 매체력의 기준이니까요. 그런데 미국은 페이스북 자체가 위험하다고 하는군요. 10대가 페이스북 메신저를 쓴다는 것도 미국은 해당 사항이 없지 싶고요. 페이스북 이후 텍스트 콘텐츠는 어디에 가야 하느냐도 흥미로운 주제로 보입니다.

장예찬

그렇네요. 영상의 시대지만 텍스트가 원천 소스인데, 페이스북 이후 텍스트 기반의 뉴미디어가 갈 곳은 어디인가. 독자 플랫폼을 만드는 건 미국에서나 가능하지 한국은 힘들어 보이고요. 아웃스탠딩 같이 성공적으로 자리 잡은 텍스트 기반의 뉴미디어 매체도 경우도 결국 페북 마케팅으로 크고 있으니까요.

김태현

참고로 페이스북은 워낙 숫자 장난질로 유명해서 도저히 믿을 수 없다는 마케터나 뉴미디어 종사자도 많은 거 같습니다. 조회 수나 도달 등 수치 뻥튀기가 심하다는 거죠. 그런데도 숫자는 잘 나오니 소위 '윗사람에게 보여주기 좋다는 점' 때문에 페이스북에 광고 붙이기는 계속될 거 같기도 하고요.

장예찬

해외에서 페이스북 이후 텍스트 콘텐츠의 방향에 대해 뜨는 트렌드나 유의미한 변화는 없나요?

김태현

텍스트 콘텐츠를 원하는 사람은 여전히 많은데 페북에는 모두 마음이 뜨고 정나미가 떨어져 버렸다는 건 사실인 것 같습니다. 따지고 보면 원인도 확실히 잘 모르겠어요. 사용자는 점점 떠나고 광고만 남아있기 때문일까요. 하여간 마음은 떴는데 갈 곳이 없어 페북에 남아있는 느낌입니다.

김은우

페북 외에 텍스트 트렌드는 딱히 떠오르지 않네요! 텍스트 독서를 요즘 하나 싶기도 하고… 차라리 인스타그램에서 비디오 독서 콘텐츠를 만들 정도니까요.

장예찬

미국은 오히려 한국보다 페북 의존도가 더 낮고, 결국 텍스트 기반은 차라리 기성 언론의 역할로 돌아갔다는 거. 그게 트렌드일까요?

김태현

그렇게 보면 위기론을 설파하는 한국의 기성 언론들이 희망을 품을 법 하네요.

김은우

큰 흐름은 해외가 빠르겠지만, 작은 서비스 단위에서는 오히려 해외가 한국보다 느리지 싶네요. 외국에서는 지금도 이메일이 유효하죠. 반면 한국은 메신저 정도 속도여야 의사소통이 되고. 아프리카TV의 별풍선 제도 같은 것도 지금 생각하면 참 빠른 시스템 같아요.

김태현

아, 그렇군요. 트위치도 그렇고, 심지어 유튜브 라이브는 이제야 도입하는 도네이션 시스템을 아프리카TV에서는 한참 전에 별풍선으로 대중화시켰죠. 그런데 우리나라가 마냥 글로벌 트렌드를 뒤따르기만 하는 건 아닌 것 같아요. 제가 최근에 만난 뉴미디어 전문가는 '만약 싸이월드가 그 상태 그대로 남아있었다면 오히려 이 시점에 뜰 수도 있었을 텐데 어설픈 개편을 해서 잘 안될 것이다'라는 이야기를 했습니다. 미니룸 꾸미기, 도토리로 옷 입히기 같은 것도 유치하다고 보겠지만 사실 외국에서는 아이폰 이모지 정도만 쓸 때 우리는 다른 나라에서 거의 쓰지 않는 큼지막한 이모티콘을 선호해 거래가 엄청나게 이뤄졌으니까요.

장예찬

진짜 재밌는 게, 우리가 항상 뉴미디어 시장의 트렌드를 해외가 앞서 이끈다고 보는데 세세한 부분, 별풍선 과금이나 라이브, 그리고 이모티콘 등에 있어서는 오히려 한국이 앞선 시도를 했던 경우들이 꽤 있네요.

김은우

네. 저는 한국이 오히려 실험적인 서비스는 앞서는 것 같아요. 다만 시장의 크기에서 한계가 있고, 기성 미디어와 기업들이 변화를 받아들이는 속도가 느린 것이고요.

김태현

제 생각에는 오히려 2000년대 초반부터 중후반까지는 한국이 상당히 색다른 서비스나 시스템을 내놓은 적도 많았다고 봅니다. 다만 지금은 그 진보성이 보통 중국에 많은 것 같더라고요. 요즘 한국 서비스 중에서 특별히 실험적으로 앞선 게 떠오르지 않아요.

장예찬

기성 언론과 거대 기업의 투자가 느리지 색다른 시도는 2000년대 초중반 아주 빨랐다. 그때 기회를 잘 살렸다면 우리나라가 지금 전 세계의 뉴미디어 트렌드를 주도하고 있었을지 모르는데, 시장 사이즈가 작아서 실험적 도전이 상업적 성공을 거두기 힘들다는 한계가 새삼 뼈아프게 느껴집니다. 어쩌면 새로운 시도를 뒷받침하고, 적극적으로 믿고 투자해줄 시장 규모나 기성 언론, 기업의 안목 부재가 한국을 뉴미디어의 트렌드 리더에서 팔로워로 전락하게 만든 원인일까요?

김태현

한국영화의 2000년대 초반 황금기처럼 어쩌면 그때가 이상했고, 지금이 맞는지도 모르겠네요. 이 정도 규모의 시장을 가진 나라에서 자국 포털사이트가 점유율 1위고, 메신저가 1위인 나라가 없으니까요.

김태현

인터넷 보급률이 비상식적으로 높을 때, 즉 초격차 시기에 벌어진 일이고 이제 다시는 그런 선도적 혁신이 나오기 어려울 것 같습니다.

장예찬

그럼 2000년대 초중반은 국내 뉴미디어 시장에 돌아오지 않는 영광의 시기이고, 그 시절의 유산이 네이버와 카카오톡인 걸로? 그런데 조금 슬프네요.

김태현

네. 카카오톡도 결국은 그 뿌리가 네이버니까요. 네이버가 만든 라인이 일본에 자리 잡은 것, 그리고 스노우(네이버의 모바일 동영상 메신저)가 아시아권에서 인기를 끈 것 외에는 한국의 서비스가 전 세계적으로 통하는 경우도 찾아보기 어렵고, 심지어 한국 내에 있던 서비스들도 축소되는 분위기니까요. 페이스북이 2012년 즈음부터 싸이월드를 눌렀고, 유튜브와 트위치가 아프리카TV와 판도라TV 등을 제쳤고, IPTV는 넷플릭스에 고전 중이에요. 네이버도 여전히 점유율이 높지만 2030세대에서는 구글 비중이 조금씩 늘어나고 있고, 카카오톡은 여전히 제왕이지만 텔레그램, 페이스북 메신저 등 해외 서비스들이 그 자리를 노리고 있습니다. 중국발인 위챗이나 틱톡은 한국 정서상 잘 안 맞아서 뜨긴 힘들 것 같지만 이제 새로운 시도는 중국이나 해외에서 오는 것 같아요.

CHAPTER 2

규모는 작아도 다양한 도전을 하는 한국 뉴미디어

메디아티

"창업하지 말라고 말려요."

그는 흐뭇한 표정으로 이런 말을 한다. 물론 반어법이다.

© 메디아티

"힘든 길이지만 새로운 주제를 다르게 다루는 언론사가 많아졌으면 한다", "닷페이스.face가 50대에게 인기 있는 순간, 닷 페이스는 망한 것이다"라고 말할 정도로 뚜렷한 신념도 있다. 명문대 교수이자 인기 컨설턴트였던 강정수 박사(45)의 이야기다. 최근 대학을 떠난 그는 미디어 스타트업을 발굴 · 지원하는 엑셀러레이터 메디아티mediati를 세웠다.

문을 열자 산뜻한 노란 빛깔의 사무실이 눈에 들어온다. 핫팬츠를 입은 여성은 창가에 걸터앉은 채 노트북에 빠져있다. 20~30대로 보이는 청춘들은 삼삼오오 모여 이야기를 나눈다. 당찬 노란 엔진을 장착한 이 회사의 목표는 대안언론이 아닌 새로운 주류 언론을 만드는 거다.

미디어 업계에 관심을 갖게 된 계기가 있나.

"본래 신문도 워낙 좋아해서 한 달에 많으면 6개의 독일 신문을 구독했고 잡지와 주간지도 많이 봤다. 독일에서 공부하던 중 학부 말년에 한겨레21의 통신원을 했다. 통신원인데도 독일 정부가 기자 자격을 줘 연방 의회 등 정부 기관에도 등록해 출입할 수 있었다. 방학 때는 할 게 없으니 취재를 1주일 동안 다니고 기사 하나 쓰고 그랬다. 그렇게 혼자 하는 기자 생활을 몇 년 했다."

"경제학으로 석사를 하고 박사 과정에서는 경영학과 지도 교수님을 통해서 온라인 뉴스의 가격의 문제, 가격이 왜 0으로 수렴될 수밖에 없는지 수리적으로 입증하는 논문을 썼다. 경제학에 가까운 경영논문이지만 대상이 온라인 뉴스였던 거다. 그리고 한국에 들어오기 전부터 블로그를 운영해서 블로터BLOTER에 글을 기고하기도 했다. 블로그를 열심히 했던 것이 큰 도움이 됐다. 지금 함께 일하는 한국에 돌아와서 시간강사로 네 과목씩 맡으며 일할 때 블로그에서 만난 이선규 기자가 그때 '블로그에 적었던 온라인 뉴스의 가격에 대해 강연해줄 수 있느냐'는 식으로 요청하고, 지금의 슬로우뉴스slownews를 만든 사람들과 이에 대해 이야기도 많이 나눴다. 그러다 보니 매일경제, 한국경제 등에서도 강연 요청이 왔다. 그렇게 강연을 다니다 보니까 6개월쯤 후에는 컨설팅 요청도 들어왔고 못할 것도 없다는 생각에 컨설팅도 했었다."

"경영학과와 경제학과를 베이스로 하는 사람이 저널리즘에 대해 이야기하니까 콘텐츠보다는 비즈니스 모델과 혁신의 문제, 조직의 문제와 같은 시각에 좀 더 집중하게 됐다. 지금까지 한국에 있던 미디어 학자, 미디어 블로거들보다 차별화되는 지점이다. 또 미디어와 더불어 IT와 테크놀로지에 대해서도 글을 쓰는 것처럼 글의 주제가 미디어뿐 아니라 전반적인 경제, 특히 디지털 경제에 대한 부분이 많아 언론사와 방송사들에서 자문과 컨설팅 요청이 들어왔던 것 같다."

직함이 많다

※ 강정수 박사는 연세대학교 커뮤니케이션연구소 전문연구원, 슬로우뉴스 편집위원, 오픈넷 이사, 미디어 스타트업에 집중 투자하는 액셀러레이터 메디아티의 대표까지 맡고 있다.

"그나마 학부 강의는 여기로 오면서 그만두었다. 현재는 메디아티가 활동의 90%를 차지한다."

지금 있는 회사 운영 자금의 출처는 어떻게 되나.

"투자를 받았다. 정규직원 4명과 투자 프로그램과 파트너 프로그램 두 가지를 운영하고 있다. 파트너 프로그램은 아직 투자할지는 모르지만 투자할 가능성이 있는, 한마디로 썸타는 관계다. 마음에는 들지만 언제든 헤어질 수 있는 관계. 짧게는 한 달 길게는 두 달까지 같이 호흡을 맞춰보고 있다. 투자팀이 정말 괜찮다면 초기 6천만 원의 자금만 투자하는 것이 아니라 시드 A 투자까지 진행할 예정이다. 정말 더 클 것 같으면 5억~10억 원씩 투자하는 펀드들이 형성되어 있다.

메디아티의 뜻은 무엇인가.

"라틴어계열로 미디어를 메디아media라고 부른다. 티ti는 사람들이나 그룹을 뜻한다. 그래서 '미디어를 하는 사람들'이라는 뜻이다."

2010년에 한국에 와서 이런 업체를 차리기까지 쉽지 않았을 것 같다.

"많은 우여곡절이 있었다. 나는 학교가 원하는 스타일이 아니다. 내 능력도 안 된다. 강의는 열심히 하고 잘하는 편이지만, 교수는 내 재능이 아닌 거 같다. 나는 그 시간이면 블로그에 쓰고 언론에다 칼럼을 쓰고 싶다는 생각이 들었다. 그러면서 학술적 논문보다는, 나의 재능에 집중하고 싶었다."

여러 매체 설립을 도왔는데, 대안 언론을 직접 만들 생각은 안 했나.

"'인터넷 주인 찾기'라는 콘퍼런스를 하는데 1년에 두 번씩, 너무 똑같은 사람들만 모여 콘퍼런스를 한다는 생각이 들어서 콘텐츠 제작할 수 있는 사람들 끌어 모아서 슬로우뉴스를 만들었다. 미스핏츠 같은 경우에도 학생들에게 제2의 슬로우뉴스를 해보지 않겠느냐고 제안해서 하게 됐다. 내용은 여러분들이 결정하고 나는 밥 사주고 서포트만 해준다고 했다. 만들고 1년 이후에는 개입을 안 한다. 개입한다 해도 콘텐츠에는 관여하지 않는다."

"구글 뉴스 랩을 운영하고 구글 넥스트 저널리즘에 참여했을 때도 사람들이 창업 하겠다고 하면 창업하지 말고, 그냥 공채 봐서 들어가라 했다. 창업하고 싶다는 사람한테 사무실을 내주기도 했다. 그런 친구들을 도와주고 투자를 유치하기 위해서 자금이 있는 사람들을 찾아가서 투자해달라고 하자 '투자는 할 테니 네가 관리해 달라'고 해서 처음에는 거절을 했다. 저 친구들은 투자가 필요하고 네가 대행을 해주면 투자해주겠다는 분들이 계속 있었다. (그분들의) 조건이 '최소한 3년에서 5년, 대학도 그만두고 여기에만 집중해 달라' 이런 걸 요청하셨기 때문에 내 인생에서도 메디아티는 중요한 전환점이었다. 개인적으로 학교에 있으면서 프리랜서로 컨설팅하는 것이 수입은 좋을 수 있다. 그렇지만 이때 아니면 미디어 창업하는 거 언제 도와주겠나 싶어서 결심해서 이 세계에 뛰어들게 되었다."

© 닷 페이스

1차로 지원한 37팀 중에서 조소담 대표의 닷 페이스가 최종 선정되었다. 이 팀의 강점이 뭐였나.

“원래는 한 시즌에 4팀을 투자할 계획이었는데 마땅한 팀이 없었다. 초기에는 메디아티에 지원하는 팀을 받았다면 지금은 투자 프로그램과 파트너 프로그램을 함께 능동적으로 같이하고 싶은 팀들은 수시로 찾아 나서고 있다. 닷 페이스에는 영상 뉴스의 새로운 문법들이 있었다. 사실 영상 퀄리티가 그렇게 좋지는 않았다. 그런데 완성도를 높이기보다 소재의 신선함, 말 걸기의 신선함이 눈에 띄었다. 또 생산성이 뛰어났다. 지금은 여러 사람이 있지만, 초기의 닷 페이스는 3명이 진행했다. 그런데 현장 취재를 해도 2시간 만에 편집해서 올렸다. 저널리즘에서 중요한 것은 완성도보다 일정한 리듬을 타주는 거다. 3명이 있으면서도 리듬을 탔다는 것을 굉장히 중요하게 봤다. 지금은 투자를 받으면서 규모가 늘었는데 더 늘려야 한다. 매월 새로운 모습을 보여주려고 계속 준비하고 있다. 스타트업은 새로운 모습을 보여주면서 성장해야 한다고 생각한다. 매일 똑같은 카드뉴스, 영상만 만들어서는 그냥 그런 팀이 돼버린다. 변화해야 하고 변화가 성장이라고 생각한다. 이러한 가능성이 있다면 닷 페이스가 아니더라도 투자할 계획이 있다."

"정치적인 색깔이 너무 강하면 투자가 이뤄지기 어렵다. 언론이 공공성을 가지는 건 사실이지만 후원을 받고 보조금을 받아서 할 것은 아니지 않나. 그런 팀에는 투자할 계획이 없다. 결국, 본인들이 선택할 문제다. 그런 것을 원한다면 다음 스토리 펀딩이나 뉴스타파와 같은 기존의 업체에 가서 혁신하면 된다. 굳이 스타트업을 할 필요가 없다. 이들과 다르게 간다면 철저하게 경제적으로, 자신의 성과로 수익구조를 만들어내서 오히려 정치적으로 독립해야 한다. 돈을 떳떳하게 벌라는 거다. 스스로 살아남으려면 차별점이 있어야 한다. 굳이 조선일보, 한겨레에 들어가지 않은 이유를 말할 수 있어야 한다. 거기서 혁신하면 되지 왜 창업을 했느냐는 얘기다. 달라야 한다는 말이다. 정치색이나 강도도 상관없다. 지금 당장은 아니더라도 자신들이 스스로 먹고 살 수 있는 구조를 만들어낼 능력과 의지가 있어야 한다는 얘기다. 이곳은 후원단체가 아니기 때문이다.

정치색을 빼는 것이 수익구조에 도움이 된다는 말인가.

"아니다. 정치색의 내러티브가 지금처럼 진영논리에 빠져있으면 답이 없다는 거다. 박근혜 대통령, 세월호에 대해 비난하면 기본 트래픽이 들어오지 않나. 그런 트래픽 장사로 돈 벌 수 없다는 얘기다. 다른 눈으로 정치를 이야기해야 한다는 말이다. 이미 기성 언론들이 하고 있는 이야기를 할 거면 왜 그

고생을 해서 스타트업을 만드느냐. 닷 페이스가 50대에게 인기를 얻는 순간이 닷 페이스는 망한 거다. 새로운 아젠다agenda(회의에서 논할 의제 또는 안건)와 접근 방식을 찾아야 한다. 그래서 함께 공부하고 연구하는 데 돈과 인력을 지원하고 있다."

트래픽이 수익모델이 되는 팀을 선발하지 않는다면 어떤 것을 기준으로 삼는 건가.

"영향력이다. 특정 소수 집단에 영향력을 갖는 미디어, 그 특정 소비자에게 도달하고자 하는 기업이 있고 거기에 가교 구실을 해줄 수 있는 미디어다. 자꾸 젊은 층을 보려고 하는 이유는 아직 젊은 사람들은 충성하는 미디어가 없기 때문이다. 그들이 충성할 수 있는 브랜드가 나온다면 매우 가치 있는 기업이다."

눈에 띄는 성과를 보여주는 언론사가 있나.

"현재로서는 별로 보이지 않는다. 이제 찾아가야 한다. 가장 어려운 점은 젊은 분들이 창업하겠다는 생각이 적다는 점이다. 특히 기자나 PD가 되겠다는 사람은 더 적다. 언론인의 창업은 경력이 꽤 되는 분들이 가진 네트워크를 이용해서 뭐 해보겠다는 경우가 많은 것 같다."

모바일용 뉴스라는 건 어때야 한다고 생각하나.

“시간과 처한 상황, 목적에 따라 다른 형태의 뉴스를 제공해야 한다고 생각한다. 아침에는 글이 많은 뉴스를 보지 않는다. 저녁에는 꼭 그렇지는 않다. 또 관심을 끌기 위해서는 동영상이 효과적이지만 깊이 있는 주장과 분석을 담고 싶을 때는 이미지와 텍스트가 결합한 전통적인 기사도 효과적일 수 있다. 근데 우리는 주야장천 동영상이야 혹은 우리는 기사야라는 건 좋지 못하다.”

최근 개봉한 영화 〈브리짓 존스의 베이비BRIDGET JONES'S BABY〉에서 최고의 뉴스 PD인 브리짓을 젊은 CEO는 봇마땅해 하며 자극적이고 이슈(쟁점)가 될 것들만 뉴스화할 것을 주문한다. 소비자가 원하는 뉴스와 보도되어야 할 뉴스가 다르다고 보는가.

“꼭 그렇지만은 않다. 아직 디지털 공론장은 사춘기 단계라고 생각한다. 또한 모든 관심은 정규분포를 띈다. 9시 뉴스만 있었을 때도 모든 언론사의 주제는 비슷했다. 사람들이 관심을 두는 대상은 대동소이하다. 영화에서 말한 자극적인 뉴스는 네이버와 같은 포털을 중심으로 한 실시간 검색어를 말한다. 네이버에서 제공하는 뉴스는 전형적인 브로드캐스팅이다. 하나의 크기로 모든 사람에게 맞는 옷을 제공한다. 누가 들어가도 같은 화면을 제공해준다. 그러다 보면 이슈가 집중된다.”

“자극화되는 것은 뉴미디어 시대가 아니라 아날로그 시대의 특징이다. 아직 아날로그 시대를 벗어나지 못한 거다. 유럽에 있는 게이들을 위한 뉴스 사이트니 피메일 저널리즘Female Journalism을 중심으로 생겨난 여성들이 보는 뉴스 사이트와 같이 앞으로 점점 분화된 커뮤니티 중심의 뉴스 소비가 이뤄지면서 나아질 것이다. 이렇게 디지털 공론장은 진화하고 있고 오히려 편중 현상이 있었던 것은 아날로그 시대다. 다만 실시간으로 소통되고 24시간 이슈에 노출이 되다 보니 좀 더 강력하게 느껴졌을 뿐이다. 9시 뉴스를 24시간 한다고 생각해보라."

모두가 기성 언론의 위기를 말한다. 강정수 박사 본인도 마찬가지다. 종이신문이 사라질 것이라고 보나.

"당장 전통적인 기성 언론들이 사라지진 않을 것이다. 종이신문이 대충 20년에서 30년은 갈 것으로 본다. 그에 대한 충성도도 쉽게 사라지지 않을 것이다. 다만 젊은이들이 유입되지 않는다. 기성 언론이 환경 변화에 어떻게 적응하느냐가 관건이라고 생각한다. 적응에 실패하는 기업들은 날아가겠지만, 적응에 성공한 기업들은 계속해서 나아갈 수 있을 것이다."

앞으로 새로운 미디어를 창업하려는 사람들이 했으면 좋겠다고 생각하는 분야가 있나.

"우리는 기본적으로 본인들이 하고 싶다는 주제를 결정할 권한은 없다. 그러나 어떤 류가 들어오면 투자하겠다는 건 있다. 20대들에게 이렇게도 살 수 있다는 식의 정보, 예컨대 '이런 방식으로 아껴 쓸 수 있고 이렇게 돈을 벌 수도 있다'라는 식의 정보를 주는 서비스가 있다면 당연히 투자할 생각이다. 또는 20대 후반의 엘리트를 형성하는 사람들에게 좋은 지식과 깊이와 리더십을 만들어 줄 수 있는 콘텐츠, 라이프스타일과 정치를 묶어낼 수 있는 팀들. 이런 팀에도 투자할 계획이 있다. 다만 곧바로 정치적인 목소리를 내려고 하는 팀에게는 사실상 투자할 생각이 별로 없다."

"다만 피메일 저널리즘 분야에서 보그VOGUE나 엘르ELLE, 코스모폴리탄COSMOPOLITAN은 수명이 다해가고 있다. 이 시장이 상당히 크다. 여성이 만날 화장품과 패션만 보는 건 아니다. 그렇지만 화장품도 봐 주고 뭘 입을까 고민도 하긴 해야 한다. 그러면서 그들의 시각으로 정치를 이야기해줄 수 있는 그런 서비스는 꼭 있었으면 좋겠다."

"전문화된 영상 프로그램을 만들 수 있는 팀들의 태도도 필요하다고 생각한다. MCN 중에서 자신을 스타로 만들어서 활동하는 분들은 이미 많고 또 그런 곳에는 투자하는 분들이 있다. 본인이 출연하지는 않더라도 작가적 상상력과 기획력이 있는 분들에게는 투자할 생각이 있다."

급변하는 미디어 환경을 고려할 때 예비 언론인 혹은 기성 언론인들이 준비해야 할 것들은 무엇이 있겠나.

"독일만 해도 블로그가 중요한 채용의 기준이다. 왜냐하면, 그들은 포트폴리오를 보고 뽑기 때문이다. 학교 신문과 지역 신문에서 무엇을 썼는지를 넣는다. 뉴욕 타임스 기자가 처음부터 뉴욕 타임스 기자가 되는 경우는 거의 없다.

그들은 지역 언론에서 일하면서 검증된 사람들을 뽑는다. 한국은 그게 아니다. 어디나 공채부터 시작한다. 이 구조는 흔히 말해서 1970~1980년대 한국 사회가 돌만 쌓아도 성장했던 시대에나 가능했던 모델이라고 생각한다. 인재를 영입할 수 있는 새로운 구조가 만들어져야 한다. 구글 뉴스 랩에서는 포트폴리오를 블로그로 받았다. 그랬더니 블로그 생성일이 원서 마감일 때쯤이었다. 과거에 썼던 것을 한꺼번에 다 올렸다. 디지털 시대에 왔는데 자신의 결과물을 디지털에 올리지 않고 소통하고 있지 않았다는 것이다."

"구글 뉴스 랩에 있을 때 자기소개서에 출신 대학이 절대 드러나서는 안 되고 지원서를 통해 출신 학교 티가 나면 무조건 탈락시키는 걸 처음 시도했다. 그것을 명시하고 포트폴리오만 올리게 했다. 고졸 출신도 2명이나 들어왔고 골고루 섞였다. 상식을 외우고, 원고지 분량에 맞추어서 글을 써 내는 전근대적인 방식으로 인재를 뽑는 게 문제다. 인재들의 네트워크는 형성할 수 있겠으나, 새로운 재능을 가진 인재들을 뽑는 채용구조가 필요하다."

기존 언론이 해결해야 하는 과제는 무엇으로 보나.

"투 트랙 전략two-track 戰略('양면 전략'. 어떤 사안에 접근할 때 두 가지 접근방식을 동시에 취한단 의미)을 펴야 한다. 전통적 미디어도 계속하면서 새로운 힘도 준비해야 한다. 게리 하멜Gary P. Hamel 교수는 '기업이 망하는 가장 큰 이유는 넉넉하게 잘하고 있는 것에, 과한 인력, 시간, 자본 등을 투자를 하고 우리가 어쩌면 할 수도 있는 것에 적게 투자하는 것'이라고 했다. 지금 웬만큼 잘 돌아가고 있는 곳에는 에이스가 없어도 잘 돌아간다. 그런데도 에이스가 돈과 힘이 몰리는 곳에 있다. 에이스는 실험하고 있는 조직에 있어야 한다. '여기에 조직의 미래가 있구나'라고 보여줘야 한다."

"전설적인 보그 편집장 안나 윈투어Dame Anna Wintour가 자신의 오른팔이었던 사람을 자르고 디지털 업체의 편집장을 그 자리에 앉혔다. 안나 윈투어는 '종이 잡지는 망할 때까지 계속 만든다. 그런데 지금 신입사원을 뽑았는데 이들이 계속 종이잡지 편집장 밑에 가 있는 게 화가 났다. 기존 사람들은 종이 잡지를 만들지만, 앞으로의 시장은 당신들이 좋아하는 모바일에 있다'라고 했다. 신입사원이 되었으면 모바일을 연구해야 하는데 종이 잡지를 연구하고 있으니 미래가 없어 보였다는 것이다."

"한국은 기자들을 뽑아놓으면 페이스북, 모바일 열심히 했던 사람들은 시간도 없고 사츠마와리(경찰기자를 가리키는 일본 말. 한자로는 찰회(察廻)로 '경찰서를 순회한다'는 의미)도 해야 해서 그만둔다. (젊은) 그들을 아날로그로 변화시킨다. 이것은 전통 미디어들이 가장 실수하는 부분이다. 미래의 인재들에게 '여러분들이 우리 회사의 미래인데 선배들을 하나도 닮지 마라. 선배들과 똑같아지면 너희들은 해고다. 여러분들의 미래는 여러분들이 새롭게 만들어나가는 새로운 문화다'라는 것을 경영진이 잡아줘야 한다."

앞으로의 계획은.

"우리는 대안 미디어가 아닌 새로운 독자와 '주류'를 형성할 수 있는 곳에 투자하고 싶다. 로봇 저널리즘과 같은 미디어 기술 기업에도 25% 정도 투자하고 싶다. 사회성 강한 팀에게는 25% 정도 투자할 계획이다. 나머지는 패션, 뷰티, 스포츠 등 특정 주제에 집중하는 미디어들에 투자하고 싶다. 이렇게 골고루 투자해서 미디어 생태계에 골고루 있어야지만 성장할 수 있는 요소들에는 나름대로 다 투자하고 싶다."

"메디아티는 미디어 업계 종사자들한테 소문이 많이 났다. 그런데 미디어 종사자들에게 인기가 있는 것이 중요한 것이 아니라 미디어를 창업하려는 사람들에게 인기가 있는 것이 중요하다. 좀 더 그들을 찾아가려고 한다. 미디어를 창업하려는 사람들에게 메디아티가 도움이 되고 싶다."

메디아티의 강정수 대표를 인터뷰하고 1년이라는 시간이 흘렀다. 국내에서 전무한 뉴미디어 스타티업 인큐베이터를 표방한 메디아티는 지난 1년 사이 훌쩍 커버렸다. 이제는 뉴미디어 창업을 꿈꾸는 청년들이 가장 먼저 떠올리는 언덕이 됐다고 해도 과언이 아닐 것이다. 보금자리를 옮기고, 훨씬 더 많은 투자사와 함께 보다 큰 비전을 그리고 있는 강정수 대표를 다시 만났다. 그리고 한국 뉴미디어의 현실과 미래에 대해 예전보다 구체적인 이야기를 나눌 수 있었다.

메디아티는 다음DAUM의 이재웅 창업자가 대대적인 투자를 한 것으로 알려져 있다. 이번에 사옥으로 유서 깊은 대학로 샘터 건물을 매입했다고 들었다. 1세대 벤처 신화를 쓴 이재웅 창업자가 뉴미디어 인큐베이터를 자처하는 메디아티에 대대적인 투자를 한 특별한 이유가 있을까.

"메디아티의 문제의식과 이재웅 창업자의 문제의식이 비슷하기 때문이다. 우리는 새로운 세대가 새로운 세계를 열어야한다는 확고한 믿음을 가지고 있다. 구세대의 사고방식으로 급격히 변하는 새로운 시대를 준비하고 맞이할 수 없다. 2030세대와 여성이 주축이 되어야 한다. 미디어에서도 마찬가지다. 기존의 레거시 미디어와 그에 어울리는 어법은 이제 뒤로 물러나야 할 때다. 젊은

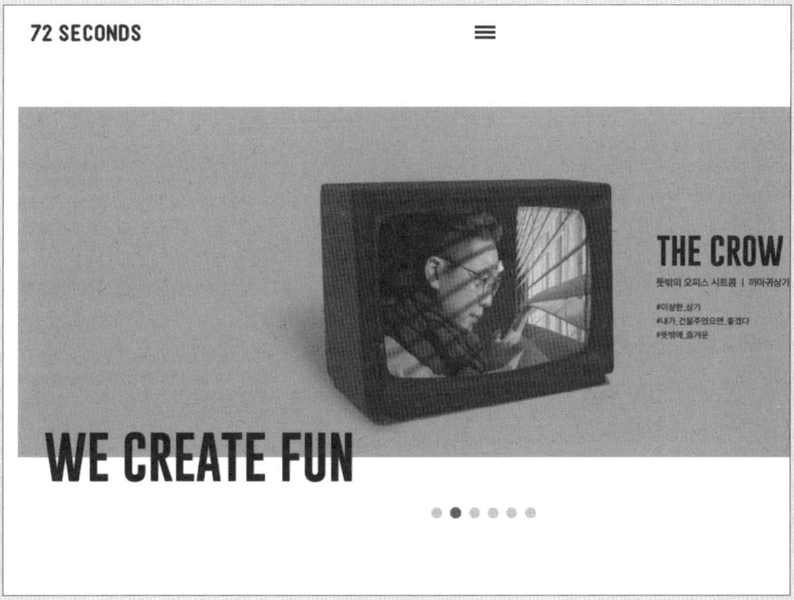

© 72초 TV

세대가 직접 만드는, 그들의 눈높이에 맞는 새로운 미디어가 지속적으로 탄생해 컨텐츠로 승부할 수 있는 환경이 필요하다."

"이재웅 창업자는 결과적으로 다음, 네이버 위주의 포털 생태계를 만드는데 일조한 것에 대해 개인적인 미안함을 갖고 있었다. 포털의 영향력이 지나치게 커졌고, 트래픽 경쟁에 열을 올리는 질 떨어지는 미디어 생태계가 구축된 것에 부채 의식이 있었다. 그렇기에 사회 환원의 차원에서, 또 일회성 기부가 아닌 미래 세대에게 가능성 있는 장을 열어주기 위해 메디아티와 함께 하는 것이다."

메디아티는 주로 어떤 미디어 스타트업에 투자하는지 궁금하다. 투자의 원칙이 있다면.

"대중적으로 널리 알려진 뉴미디어를 꼽으라면 72초 TV와 딩고 등이 있다. 이렇게 엔터테인먼트 영역에 속한 뉴미디어는 비교적 투자 유치가 쉬운 편이다. 따라서 메디아티는 비(非) 엔터테인먼트와 저널리즘 영역의 뉴미디어 스타트업에 더 많은 관심을 기울이고 있다. 뉴미디어의 장점이 다양성인데, 이 안에서도 엔터테인먼트 영역만 살아남는다면 레거시 미디어와 차별성을 두기 힘들다."

투자를 하는 방식은 여타 엔젤 펀드와 동일한가.

"메디아티는 경영권 인수를 하지 않는다. 지분의 25% 이상 투자는 하지 않는다는 원칙을 세웠다. 뉴미디어 스타트업 고유의 개성과 운영권을 침범하지 않기 위해서다."

"일반 스타트업은 비즈니스 모델이 중심이 될 수밖에 없다. 아니면 정부지원금을 얻는데 집중한다. 그러나 메디아티에서 투자를 받은 뉴미디어 스타트업은 정부지원금을 못 받게 한다. 그게 투자의 조건이다. 정부 지원에 포커스가 맞춰져 망가진 스타트업을 많이 봤기 때문이다."

"그리고 메디아티는 투자와 동시에 교육 서비스를 제공한다. 예를 들면 현재는 독일 출신의 영상 편집 제작자가 직접 교육을 하고 있고, 이러한 프로그램을 바탕으로 콘텐츠의 퀄리티를 높이게 도와준다. 뉴미디어는 콘텐츠에 충성하는 고객을 확보하지 않고서 비즈니스 모델 설립이 불가능하다. 우선 콘텐츠 질을 높이고, 그에 열광하는 충성 고객이 생기면 다양한 비즈니스 모델은 얼마든지 구축할 수 있다고 생각한다."

메디아티가 설립되고 2년 가까운 시간이 지났다. 그동안 가장 큰 성공을 거뒀다고 평가하는 뉴미디어는 무엇인지.

"여러 성공 모델이 있지만, 긱블Geekble을 먼저 소개하고 싶다. 긱블은 공대생 출신들이 공학적 시각에서 다양한 이슈와 실험을 재미있게 소개하는 뉴미디어다."

"지난 2017년 10월, 네이버에서 20억을 투자하고 메디아티가 10억을 투자해 '멀티미디어 콘텐츠 투자조합 소란'을 조성했다. 긱블은 가능성을 인정받아

© 긱블

네이버에서 5억, 소란에서 3억의 투자금을 유치했다. 궁극적으로는 BBC 사이언스와 같은 매체를 목표로 하는 '공학 미디어'다."

지금까지 긱블을 포함해 어떤 뉴미디어에 투자를 해왔는지.

"2018년 2월을 기준으로 12개 뉴미디어 스타트업에 각각 규모가 다른 투자를 했다. 매년 10개 미디어에 투자하는 게 목표다. 우리는 투자금 회수나 상업적 성공을 추구하는 펀드가 아니다. 새로운 시대에 꼭 필요한 미래 세대의 뉴미디어를 발굴하고 키우는 게 목표다. 물론 상업적 성공을 기대하는 때도 있다. 하지만 투자를 받은 다양한 뉴미디어 스타트업이 자생력을 갖추고, 안정적으로 운영이 되는 것 자체도 성공이라 생각한다."

"예를 들면 GQ 출신의 정우성 에디터가 참여한 더 파크the park, 공간 리뷰를 지향하는 POV, 여성 취향의 리뷰 미디어인 디 에디트the edit처럼 특정 주제, 특정 유형의 취향을 기반으로 하는 버티칼 미디어는 상업적 성공 가능성이 크다. 그렇기에 우리도 투자하면서 소위 말하는 대박을 기대한다."

"그러나 수익 구조를 만들기 어려운 순수 저널리즘 형태의 뉴미디어는 꿋꿋하게 살아남아 다양한 목소리를 더하는 것도 충분한 성공이다. 상업적인 지표만으로 뉴미디어 투자의 성패를 판단하지는 않는다."

저널리즘 미디어를 향한 깊은 애정이 느껴진다. 메디아티 같은 단체의 도움 없이 한국에서 순수 저널리즘을 표방하는 뉴미디어가 생존할 수 있을까.

"정치, 저널리즘 미디어는 자생이 어려운 게 현실이다. 그러나 레거시 미디어가 커버하지 못하는 빈 곳이 존재한다. 현재 10대 후반과 20대 초반이 갈만한 진보적 정치 커뮤니티가 없다. 그 세대는 김어준을 싫어하고, 오유와도 정서가 다르다. 이러한 정치적 빈틈을 공략한 게 국범근의 쥐픽쳐스Gpictures이다. 물론 국범근 같은 스타의 등장은 반가운 현상이지만, 자생이 가능한 저널리즘 미디어 생태계 조성은 여전히 난망한 과제다. 그래도 닷페이스, 쥐픽쳐스 등은 살아만 있어 줘도 고마운 팀이다."

© 코리아 엑스포제

또 소개하고 싶은 저널리즘 뉴미디어가 있는지.

"코리아 엑스포제Korea Exposé를 주목해주면 좋겠다. 한국을 대표하는 영자 매체가 목표이며, 이미 상당한 성과를 거두고 있다. 출범 후 뉴욕 타임스, BBC, 워싱턴포스트 등 주요 외신에서 160번 넘게 기사를 인용했다. 코리아 엑스포제의 대표는 뉴욕 타임스에 9번이나 기고를 했다. 대한민국이 선진국 반열에 들어섰는데 외신을 통해서만 한국의 목소리를 알리는 실정이다. 코리아 엑스포제는 사회적으로 의미 있는 걸음을 내딛고 있다."

"이처럼 한국의 기성 언론들이 못하는 영역을 뉴미디어가 소화해야 한다. 똑같이 할 거면 기성 언론에 들어가서 하면 된다. 이제는 기성 언론도 뉴미디어

팀과 채널을 가동하고 있다. 그렇기에 그들이 커버하기 힘든 영역, 엄두를 내지 못하는 분야를 찾아서 충성도 높은 고객을 만들어 내는 게 뉴미디어 스타트업이 생존할 수 있는 길이다."

사회가 말하는 성공의 기준과 메디아티가 바라보는 성공의 기준이 많이 다르다는 느낌이 든다.

"앞서도 말했지만, 뉴미디어 스타트업이 성공했는지 따지는 기준이 상업적 대박은 아니다. 기성 언론이 커버하지 못 하는 다양한 영역의 목소리를 내는 뉴미디어가 지속가능하게 살아남는 것 자체가 성공이다. 메디아티도 투자한 뉴미디어 모두의 대박을 바라지 않는다. 1~2개가 유의미한 상업적 성공을 이뤄내고, 8~9개에 속하는 나머지 뉴미디어는 자기 목소리를 지키며 생존하는 것을 바란다."

"그렇다고 마냥 상업적인 가능성, 비즈니스 모델을 등한시하는 것은 절대 아니다. 타깃 독자의 삶에 아주 사소한 부분에서 기여하는 것이 미디어의 역할이다. 즉, 콘텐츠를 구독하는 독자들에게 고맙다는 소리를 들어야 한다. 그럼 기업들도 특정 그룹에 메시지를 주고 싶은 경우 충분히 뉴미디어와 매칭이 가능하다."

"요즘 청년들이 한 달에 2백만 원밖에 못 벌어도, 비정규직이라고 해도 그들 역시 어떤 식으로든 돈을 쓴다. 그들의 편에 서서 목소리를 내고 문화를 창출할 수 있는 미디어가 필요하다. 바로 여기에 메디아티의 존재 이유가 있다. 일반적인 투자로는 저널리즘 미디어를 살릴 수 없다. 그렇기에 메디아티는 사회적 영향과 가치를 위해 필요성을 느끼면 투자를 하는 것이다."

여러 뉴미디어에 관여하다 보면 시대의 변화를 더 빨리 감지하게 되는가.

"벌써 네이버는 블로그 생태계의 존립 가능성에 위기감을 느끼고 있다. 10대 20대는 인스타그램과 유튜브로 검색을 대체하는 추세다. 따라서 네이버도 젊은 생활형 콘텐츠의 필요성을 느끼고 투자를 확대하는 중이다."

"2030 세대의 눈으로 맥락을 해석하는 정치와 경제 미디어는 미국에서 대세를 이루지만 한국에선 공백 상태다. 아직 메디아티에서도 찾아내지 못한 영역이다."

"또 앞으로는 '타임 스펜드 웰Time spend well'이라는 말처럼 콘텐츠 홍수 속에서 무엇을 봐야할지 가이드 해주는 미디어가 각광을 받을 것이다. 이를 위해서는 연륜 있는 기자와 젊은 인재의 결합이 필요하다."

이처럼 한국 뉴미디어 생태계를 위해 중요한 역할을 감당하고 있는 메디아티의 생존 전략은 무엇인가? 이재웅 창업자가 물러나고, 강정수 박사가 떠나가도 메디아티는 존립할 수 있을까.

"그런 미래를 염두에 두고 메디아티가 계속 돌아가게 하려고 소란을 만들었고,

올해 '소란 2호 투자조합'을 설립 예정이다. 또 기술 기업과 콘택트해서 미디어와 관련된 기술력 있는 팀에 투자해 상업적 성과도 튼튼히 다질 것이다. 앞으로도 다양한 투자조합 형성으로 투자 자금력을 확보하고, 메디아티의 운영 비용은 미디어 컨설팅으로 확충할 계획이다. 컨설팅 비즈니스로 메디아티의 자생력은 충분히 확보될 거라 생각한다. 어차피 메디아티는 유지 비용과 투자금 정도만 버는 게 목표다. 이윤에 목표를 두면 상업적 미디어에만 투자하게 된다."

"그리고 메디아티 자체에 대한 투자를 받아서 운영비를 보조할 수도 있다. 요즘 자본가들 사이에서 복지 재단이 아닌 청년 창업에 기부하는 것이 새로운 트렌드로 떠올랐다. 돈 되는 창업만이 아닌, 의미 있는 청년 창업 모델에 기부하는 것이 시대적 흐름이다. 그렇기에 메디아티와 뉴미디어 스타트업에 대한 지속적 투자 전망은 밝은 편이다. 다만 정부투자는 행정 절차가 너무 번거로우므로 안 받는다는 원칙을 세웠다."

빠르게 성장하고 있는 메디아티의 계획과 포부가 궁금하다.

"리버스 엔지니어링 세미나, 그러니까 해외 미디어의 성공 방식을 뜯어보는 정기 세미나를 개최할 예정이다. 이를 바탕으로 국내외 다양한 뉴미디어 스타트업 미팅 등을 성사시키고, 국내 미디어계에서 대외적으로 주도권을 확보해 나갈 것이다."

"메디아티의 투자를 받는 실험적인 뉴미디어들의 지속가능성을 위해서라도 메디아티가 미디어 판에서 중요한 역할을 해야 할 것 같다."

아웃스탠딩

아웃스탠딩outstanding은 국내 뉴미디어의 성공사례를 언급할 때 언제나 우선순위에 드는 곳이다. IT업계와 스타트업 뉴스를 전문적으로 다루면서 독자적인 브랜드 가치를 쌓았고, 마치 전통 매체처럼 별도의 홈페이지를 기반으로 다양한 콘텐츠를 생산하며 유료화 모델을 안착시키는데 성공했다.

물론 콘텐츠가 유통되는 주요 플랫폼은 페이스북이고, 기자들의 활동 방향과 기사 양식까지 기성 미디어의 문법과는 다른 참신한 면모를 보여주고 있다.

다른 콘텐츠도 아닌 기사를 돈 주고 읽게 만드는 유료화 모델이 얼마나 자리 잡기 어려운지 굳이 설명할 필요가 없다. 그것을 해냈다는 점만으로도 아웃스탠딩은 국내 뉴미디어 역사에 획을 그은 롤모델이다.

전통적인 언론과 뉴미디어 매체의 장점을 결합한 아웃스탠딩의 성공 배경으로 많은 사람들이 '최용식 대표의 리더십'을 꼽았다. 최용식 대표는 뉴스토마토에서 4년 넘게 IT 전문 기자로 근무하며 기성 언론의 한계를 절감했다. 결국, 회사 후배와 함께 2015년 1월 아웃스탠딩을 런칭했고, 같은 해 7월 법인을 설립하며 오늘까지 역사를 쓰고 있다. 최근에는 리디북스에 인수되며 새로운 전기를 맞이하게 된 아웃스탠딩의 최용식 대표를 만나 자세한 이야기를 들어보았다.

회사를 나온 당시만 해도 뉴미디어는 비주류였다. 그럼에도 독립을 결단한 계기가 있다면?

"2015년, 아니 그 전부터 기성 언론의 기자들은 많이 힘들어 했다. 구조조정을 하지 않더라도 어떤 형태로든 기자에게 광고 영업이 넘어가고 압박감이 주어졌다. 기사를 써도 사람들이 많이 안 보는 느낌도 점점 커졌다. 매체력의 문제만은 아니었다. 메이저 언론사에 속한 친구들도 비슷한 느낌을 받았으니 말이다. 미디어 환경의 변화를 언론사가 따라가는 속도가 늦어서 전파력이 낮아지는 느낌이었다. 그러나 언론이라는 조직을 바꾸는 건 말이 안 되는 대안이었다. 결국, 참고 사느냐 밖으로 나가느냐의 선택지에서 나가기로 결정했다. 이왕이면 한 살이라도 젊을 때 도전하는 게 나을 거 같아서. 아웃스탠딩이 하는 고민과 방향은 기성 언론이 쉽게 도전하기 힘든 부분이다. 거기에는 오랜 세월 쌓인 유산이 있는데 아웃스탠딩은 0에서 시작했다. 자원이 없는 대신 높은 자유를 누리고 싶었다.

국내에서 성공하는 뉴미디어는 한 분야에 집중하는 경향이 있다. 아웃스탠딩이 IT 분야에 집중한 것도 그렇고. 여기서 영역을 확장하고 싶은 마음은 없나.

"내 베이스가 IT 전문이기 때문에 잘하는 쪽을 다룰 수밖에 없었다. 지금은 경제 경영과 실용 지식으로 확장을 시도하고 있다. 전제 조건은 IT 및 테크와 연관이 있어야 한다는 점이다. 연예인 기사도 가끔 쓰지만 단순 가십이 아닌 창업 관점에서 바라보고, IT와의 접점을 위주로 해석한다. 우리의 뿌리가 IT라는 것을 잊지 않는 것이 중요하다. 그게 아웃스탠딩만의 색깔인 것 같다."

지난 3년의 성장을 돌아보면 만족스러운가.

"1년 차 때는 두 명밖에 없었다. 그때는 기사만 작성했고, 일단 존재감을 알리는 게 중요했다. 2016년에는 돈을 벌어야겠다는 고민을 시작했고, 2017년에는 유료화 모델로 결실을 보면서 현금 흐름이 개선됐다. 덕분에 조직원을 7명까지 늘릴 수 있었다. 2018년 들어서는 시대가 급변하며 커넥티드카 connected car(인터넷에 연결된 자동차)와 새로운 스마트홈에 대비한 블록체인 Block Chain 기술('블록'이라고 하는 관리 대상 데이터를 P2P 방식을 기반으로 생성된 체인 형태의 분산 데이터 환경에 저장하여, 누구도 임의로 수정할 수 없고 또 누구나 변경의 결과를 열람할 수 있는 분산 컴퓨팅 기술)에 어떻게 대응할지 고민하고 있다. 그에 따른 전문 기자를 추가하는 것도 고려 중이다. 지금에 만족하는 것은 아니지만 1년, 1년을 돌아보면 기대했던 것 이상으로 틀이 잡히는 느낌이다."

단순히 기사를 작성하는 것 말고 새로운 기술에 대응한다는 것은 무슨 의미인지.

"창업 기치가 '디지털 적응'이었다. 기성 언론의 문제는 디지털 적응하지 못했다는 거니까. 모바일 위주의 콘텐츠 제작이나 유통의 최적화를 위해서는 기술이 필요하다. 지금까지는 페이스북 같은 소셜 미디어 위주로 기사를 전송해서 유통해왔고, 기술적으로 최적화가 필요했다. 앞으로는 커넥티드 카와 스마트 홈이 뜰 텐데 그에 걸맞은 콘텐츠 포맷과 방식을 고민하는 것이다. 올해 팟캐스트를 시작할 예정인데 이것도 커넥티드 카, 스마트 홈, AI 스피커와 어울리는 방식이라 준비하게 됐다. 또 다른 비즈니스 모델이 유료화인데, 결제율을 높이기 위해서도 맞춤형 기술이 필요하다. 기사마다 코드를 심어서 얼마나 결제 유도를 하는지 체크하고 리스트를 정리한다. 그래서 기술적 이해와 개발자의 역할 중요하다."

그런 개발 역할은 누가 맡고 있나?

"국내 워드프로세스 개발 스튜디오인 단비 랩스에 맡기고 있다. 처음 창업을 했을 때부터 호흡을 맞췄다. 개발자 한 명을 뽑을까 고민했지만 단비 랩스와 호흡이 좋은 편이다. 개발을 맡기는 대신 우리는 리소스 음성듣기 콘텐츠에 집중할 수 있다는 것도 장점이다."

유료화 모델이 안착하기 전까지는 어떻게 버틸 수 있었는지.

"1억 원의 개인 돈을 투자했고, 초기 투자로 2억 원을 받아 3억이 시드머니(종잣돈)였다. 기자 생활하며 모은 돈을 다 끌어 모아 버틴 셈이다."

대부분 뉴미디어는 광고 수익을 비즈니스 모델로 선택하는데. 굳이 유료화라는 어려운 모델을 선택한 이유가 있다면?

"16년 말까지 여러 테스트를 해봤다. 브랜디드 콘텐츠Branded Contents(광고주가 SNS 크리에이터에게 대가를 주고 생산한 결과물을 의미)도 생산했고, 행사도 열었고. 광고도 고민했지만, 광고로 이익을 얻기 위해서는 무조건 많은 트래픽이 필요하다. 트래픽을 만들려면 콘텐츠 물량도 받쳐줘야 한다. 바이럴viral(바이러스virus의 형용사형으로 '감염시키는, 전이되는' 등의 의미이며, 바이러스가 전염되듯이 소비자들 사이에 소문을 타고 물건에 대한 홍보성 정보가 끊임없이 전달되도록 하는 마케팅 기법)이 중요해지는 것이다. 이런 모델이 언론과는 맞지 않는다고 판단했다. 스낵 콘텐츠나 동영상이면 몰라도 언론은 조회 수에 연연하지 않아야 할 때도 있기에 트래픽 추구에 집중하면 조직 방향이 흔들린다. 어떻게 트래픽을 터트릴까 고민하면 선정적이고 저작권을 무시하는 콘텐츠를 만들 가능성이 커진다. 우리의 창업 가치와 맞지 않는다. 또 개인적으로도 유료화를 너무 하고 싶었다. 디지털 유료화가 언론의 숙제라고 생각했기 때문이다. 결국, 데이터에서 나오는 자신감 반, 그리고 열정과 호기심 반으로 유료화 모델을 밀게 됐다."

유료화는 성공적으로 진행되고 있는가?

"시작부터 쭉 일정하게 성장하고 있다. 결제율이 팍 터지진 않지만 지금도 계속 성장세다. 현재 수익의 80%는 유료화에서, 20%는 행사에서 얻고 있다. 초창기 스타트업으로 보면 잘한다고 할 수 있지만, 기업화를 위해선 갈 길이 멀다."

유료화의 단점은 없는지.

"과금이 어렵고, 한 번에 대폭 성장하기 힘들다. 그래서 비즈니스 모델을 믹스하는 것도 고민 중이다. 블룸버그가 유료 서비스만 하다가 고급 독자풀에게 어필할 수 있는 브랜디드 콘텐츠를 제한적으로 만들고 엄청 비싸게 팔았다. 우리도 그 방식으로 가지 않을까 싶다. 광고가 덕지덕지 붙는 것은 절대 싫다. 독자가 많아지면 블룸버그 모델을 참조해서 부담스럽지 않은 브랜디드 콘텐츠를 제작해보고 싶다.

사실 사람들은 이게 제일 궁금할 텐데, 유료화 모델을 안착시킨 비법이 있다면? 유료 독자 모으는 특별한 방법이 있나?

"교과서적이지만 콘텐츠가 전부다. 콘텐츠마다 반응을 보면서 독자의 숨은 욕망을 읽어내야 한다. 당연히 데이터를 보고 해석하는 능력도 필요하다. 독자들이 어떤 콘텐츠에 반응하는지, 어떤 기사에서 얼마나 결제 페이지로 이동하는지 트래킹하는 것이다. 직감도 중요하지만, 데이터라는 근거가 없으면 언제든 무너질 수 있다. 데이터가 제한적이라 느껴질 때는 직접 사용자를 만나 이야기를 듣는 노력도 했다."

앞으로 아웃스탠딩이 바라는 모델은?

"큰 디지털 미디어 기업을 만드는 게 목표다. 기자들이 자기 주관을 가지고 안정적으로 활동할 수 있는 토대가 되는 게 공공적 언론으로서 목표라고 할 수 있다."

그런데 큰 디지털 미디어 기업이란?

"넷플릭스처럼 종합 콘텐츠를 추구할 수도 있고, 복스처럼 여러 개 미디어를 산하에 거느릴 수도 있다. 그러나 너무 먼 미래의 일이다. 현재는 아웃스탠딩의 존속과 성장이 최우선 과제다."

많은 스타트업이 투자를 필요로 한다. 아웃스탠딩은?

"초기 2억 투자 외에 현재 다른 투자는 없다. 그러나 비즈니스 볼륨를 확대하기 위해 투자를 받을 의향은 있다. 그러나 벤처 투자의 전제는 고위험 고수익이다. J 커브 모델을 만들어야 하는데 쉽지는 않다. 결국 사업 계획을 굉장히 정교하게 짤 수밖에 없다. 내부적으로 투자 유치를 고려하고 있는 것은 사실이다. 지금까지는 콘텐츠 제작에 집중했다면 이제부터는 투자 유치도 적극적으로 준비할 생각이다."

뉴미디어와 기성 언론의 조직문화 차이점은 어떤가.

"기자들은 반골 기질이 강하고, 낭만적 경향이 있다. 그래서 기성 언론사 조직운영 시스템은 좋게 말하면 자유롭고, 나쁘게 말하면 전근대적이며 비체계적이다. 오히려 체계가 필요하다고 느꼈다. 체계적이면서 동시에 수평적일 수 있다. 아웃스탠딩은 기자 트레이닝 가이드, 기사 가이드, 내규, SNS 가이드 등 계속해서 체계를 만들고 있다. 언론과 스타트업 중간 지점에서 가이드를 만들려고 한다. 수평적 문화 측면에서는 콘텐츠는 자유롭게 제작하는 게 기본적인 원칙이다. 창작자 의사를 최대한 존중한다. 대신 조직 운영 방안이나 경영, 최종 의사결정은 관리자가 내린다."

기존 언론의 데스킹 개념은 없나?

"아예 없지는 않다, 차이점이 있다면 데스크의 승인 도장이 찍혀야만 기사가 나가는 게 기성 언론의 게이트 키핑(검열)이다. 우리는 그렇지는 않다. 기자가 바로 콘텐츠를 올린다. 올리는 과정에서 제어가 있고, 편집회의 때 이야기를 하지만 일반 미디어보단 기자 자율도가 높다. 아예 자유를 주면 사고가 날 수 있다. 특히 언론은 뉴미디어고 기성 언론이고 사고 칠 확률이 높다. 사회에서 언론에 요구하는 잣대가 높기 때문이다. 팩트 문제도 있고, 최소한의 데스킹(취재 기자의 기사를 부장 등이 다듬는 것)과 면담은 할 수밖에 없다."

내부적인 트레이닝 시스템은 어떻게 구성하는지.

"기자를 채용할 때 서로 컨센서스consensus(공동체 구성원들의 의견에 대한 합의)를 일치시키는 게 중요하다. 면접 때 결을 확인하는 것이다. 그다음 아웃스탠딩을 운영하며 여러 실험을 해서 나름의 방법론과 노하우가 만들어진 게 있다. 그 부분을 집대성해서 자료로 만들었다. 그걸 기반으로 트레이닝을 한다. 어떻게 하면 SNS를 사용해서 팔로워 수를 빨리 늘릴 것인가? 팩트 체크는 어떻게 해야 되나? 취재원을 만날 때 어떻게 해야 하나? 디테일한 교범은 계속 업그레

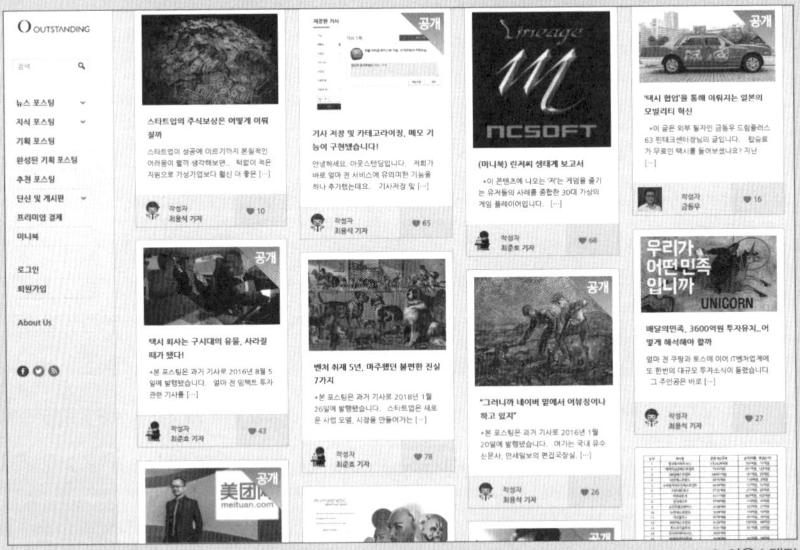

© 아웃스탠딩

이드하는 중이다. 물론 뉴미디어라는 특수성에 맞추고 있다."

기성 언론의 IT 전문 부서와 아웃스탠딩의 콘텐츠 차이점은?

"우리가 훨씬 더 창의적인 기사를 쓸 수 있다. 기성 언론에서는 기사체가 존재한다. 스트레이트, 박스, 르포 같은 고정적 기사체에 맞춰야 하고 자율성을 억압하는 요소들이 꽤 있다. 데스크의 생각, 회사의 논조나 방향, 광고를 주는 출입처와의 관계 등 고려할 게 많다. 그러나 뉴미디어는 제로에서 시작하기에 눈치 안 보고 발제할 수 있고, 표현 방식에서도 굉장히 자유롭다. 예를 들면 디씨 인사이드 개념 글 중 간혹 크리에이티브한 작법의 게시물, 그걸 보고 기사체와 연결해서 콘텐츠를 만들기도 한다. 기성 언론에서는 사소한 농담이나 비속어를 쓰는 것도 불가능하다. '팩트 폭행' 이런 단어를 기사에 쓸 수 없다. 뉴미디어에서는 아무렇지 않은 표현이다. 이처럼 표현 방법과 포맷, 기획 등 모든 게 다채롭고 자유롭다."

'기성 언론의 위기'라는 말이 많은데 한편으로는 스브스 (스브스는 영어 SBS를 한글 발음식으로 읽는 조어) 등 뉴미디어에 잘 적응하고 있는 모습이다. 과연 미래는 어떻게 될까.

"스타트업이 세상을 바꾼다는 걸 믿기 때문에 나왔고, 곧 바뀔 것이다. 기성 언론이 뉴미디어에 적응하고 채널을 내도 본질에서 바뀌긴 힘들 것 같다. 그들이 가진 레거시가 워낙 크고, 이해관계가 복잡하게 얽혀있기 때문이다. 지금이 기회의 시대인데 스타트업들이 치고 나가야 한다. 궁극적으로는 미국처럼 언론 지형에서도 뉴미디어 스타트업들이 대세가 될 것이라 믿는다."

미국은 이미 뉴미디어가 대세 됐는데, 한국에서는 여전히 뉴미디어가 못 치고 나가는 이유는 무엇인지.

"근본적으로는 언론 환경이 너무 꼬여있고, 그래서 레거시 미디어의 혁신도 어렵지만 신규 주자의 진입도 어렵다. 비즈니스 모델은 기업에 위압적 기사를 써서 협찬으로 환원하는 게 수십 년 동안 익숙해진 구조다. 기자도 익숙해졌고 기업도 익숙해져서 효율적 디지털 마케팅보다는 돈 줘서 그냥 기사 막는 게 더 쉽다. 언론고시 준비하는 학생들도 과거형 인재다. 디지털 친화적 인재는 잘 없다. 그런데도 불구하고 기회의 시대인데 잘 안 풀리는 걸 보면 플레이어들의 부족함도 있지 않나 싶다. 그러나 계속 성장하고 있고, 시간이 지나면 영향력이 더 커질 것이다."

국내 뉴미디어 언론이 주로 정치, 페미니즘 등에 몰린 게 문제 아닌가? 돈 안 되는 주제에 편향된 것 같다.

"A급 자원이 언론 뉴미디어를 많이 해야 되는데 돈이 안 된다는 인식이 강하니 게임이나 플랫폼 비즈니스에 관심을 가진다. 뉴스 쪽은 지난 15년 간 오마이뉴스, 뉴스보이를 시작으로 실패의 역사가 깊다. 뉴스가 돈이 된다는 인식이 생겨야 A급 인재가 모이고, 선순환된다. 카카오 때문에 무수히 많은 SNS 플랫폼이 등장한 것처럼 성공 모델이 하나 등장하면 상황이 확 바뀔 것이다. 카카오의 성공사례를 보고 다른 SNS 플랫폼들도 투자를 확대했다. 그래서 아웃스탠딩은 망하면 안 된다는 사명감이 있다. 미국도 마찬가지다. 수많은 뉴미디어가 허핑턴포스트에 부채감을 느낄 것이다. 허핑턴포스트가 AOL에 매각되지 않았으면 투자자들도 무관심했겠지만, 거액의 매각 이후 돈이 된다는 인식으로 투자자들이 몰리고 인재도 몰렸다. 우리도 허핑턴 포스트처럼 스타가 필요하다. 지금 우리는 그런 스타를 기다리는 과정이다."

마음만은 피아니스트

고등학교 2학년, 한창 공부할 나이, 학교를 중퇴하고 창업에 도전했다. 3개월이 안 돼 망했다. 절망적인 순간 취미로 만든 '피아노 치는 남자들(피치남)'이란 페이스북 페이지가 다르게 보이기 시작했다. 본업이 망하는 동안 피치남은 36만 명의 구독자를 보유하고 있었다. 부업으로 시작한 피치남은 마음만은 피아니스트란 의미를 담은 '마피아컴퍼니'로 진화했다. 뉴미디어로 인생 역전에 성공한 정인서 마피아컴퍼니 대표의 기적같은 이야기이다.

그는 매일 잠들기 직전까지 커뮤니티 운영, 회사 방향 등을 고민한다. 그런 치열함 덕분인지 스타트업 시장에서는 매우 빠르게 성장해 월 매출 5천만 원에 근접했다.

어린 나이에 사업을 시작했다.

"고등학교 자퇴생이다. 쇼핑몰 할 거라며 자퇴를 했다. 그때는 마피아라는 회사를 운영하고 싶은 생각도 없었고 하게 될 줄도 몰랐다. 하고 싶었던 것은 남자 옷 쇼핑몰, 그게 다였다. 친구들이나 부모님이 걱정했지만, 내 고집을 아무도 못 꺾었다. 아르바이트로 인터넷 쇼핑몰 시작할 정도로 모았고 인천에서 옷 쇼핑몰을 시작했다. 3개월 조금 안 됐을 때 망했다. 뉴스에서나 보던 망한 가게가 나에게도 현실로 다가오는가 싶었다. 다른 한 명과 동업을 했는데 결국 정리하게 됐다."

마피아컴퍼니로 어떻게 전환됐나.

"마피아는 사업을 하겠다는 의도 없이 시작했다. 내 피아노 영상을 알리고 싶어서 4년 전 시작했던 개인의 탐욕이 담긴 페이지였다. 내 영상도 올리고 사람들이 올려달라고 요청한 영상도 올려주는 취미활동이었다. 다른 일을 하다 망하는 과정에서 보니깐 어느새 구독자가 36만 명이 됐다. 36만 명과 페이스북 안에서 노는 것은 한계가 많았다. 나만 글을 올릴 수 있고 댓글도 일회성이었다. '피아노 치는 사람들이 대한민국에 이렇게 많았나, 이 사람들과 재밌는 것을 할 수 없을까'라는 생각이 들었다. 기존 커뮤니티 사이트가 자동차, IT, 음식 등 분야별로 많다. '피아노 치는 사람들이 대한민국에 이렇게 많은데 피아노 사이트는 없을까'라는 의문이 들었다. 그때 회사를 설립하게 됐다."

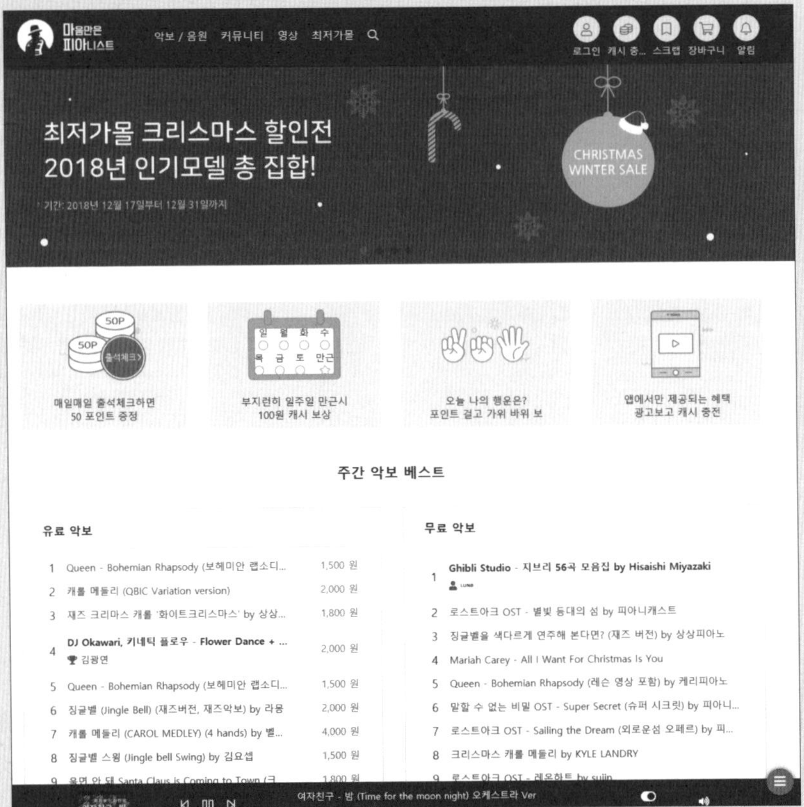

© 마음만은 피아니스트

회사를 설립하면서 어려운 점은 없었나.

"내 역량이 부족해 다른 3명과 공동 창업을 했다. 그렇게 마피아 사이트를 만들었는데, 생각만큼 사람들이 호응을 해주지 않았다. 사이트를 어떻게 할까 고민했던 시점이 지금까지 가장 어려웠던 순간이었다. 모든 게 불명확했다. 우리가 하는 일이 맞는 일인지 틀린 일인지, 제대로 하고 있는지 모르니까 두렵기도 했다. 그때 '이번 달까지 어떤 것을 시도해보고 안 되면 진지하게 생각해보자'라는 목표를 세우고 그에 맞춰 최선을 다했더니 조금씩 나아졌다."

현재 어떤 사업을 전개하고 있나.

"운영하는 채널로는 '피아노 치는 남자들'의 페이스북 페이지가 가장 크다. 또 '마음만은 피아니스트'라는 국내에서 가장 큰 피아노 커뮤니티 사이트를 운영하고 있다. 피아노 치는 사람들은 악보가 필요하다. 악보를 무료로 나눠주기도 하고 저작권이 있는 것들은 유료 판매도 한다. 피아노를 살 시기가 왔을 때 피아노를 판매하고 조율이 필요할 땐 조율사 아저씨도 보내준다. 피아노 비전공자로서 즐길 수 있는 피아노 공연은 많지 않아 직접 공연을 제작하기도 한다. 사업 부문은 다양하지만 하나로 명확하게 말하자면 피아노 치는 사람들이 원하는 모든 것을 다 한다."

매니지먼트 사업도 한다고 들었다.

"주위에 피아니스트를 물어보면 이루마 씨를 말하더라. 우리는 이루마 씨만큼 실력 있는 피아니스트들이 많다고 생각한다. 아직 알려지지 않았을 뿐이다. 알릴 장소가 없었기 때문이라고 생각해 장소를 제공한다. 이런 아티스트들이 세상에 많이 알려지도록 하는 마음이다. 현재는 제이엠 피아니스트, 심재윤 피아니스트, 하은지 작곡가와 함께하고 있다."

다른 악기가 아니라 왜 피아노인가.

“내가 전공 지망생으로서 피아노를 오래 쳤다. 다른 악기보다 피아노 하나에 정말 많은 고민을 했고 이해도도 있고 연주도 많이 하고 있다. 다른 악기는 시도해 봤는데 내가 연주를 못 하기 때문에 이해도도 떨어지고 모르는 부분도 많았다. 처음 시작할 때 피아노 한 분야만 일단 열심히 하자고 했다.”

비슷한 또래와 다른 길을 가고 있는데 후회는 없나.

“확실히 주변 친구들과는 다른 삶을 살고 있다. 안 부럽다고 하면 사실 거짓말일 수도 있다. 후회는 전혀 안 한다. 피아노 치는 사람들이 우리를 통해 우리가 만든 서비스를 이용해 주고 좋아해 주는 모습에 동기부여가 되고 더 열심히 후회없이 일할 수 있게 만들어준다.”

하루 일과는 어떻게 되나.

“아침부터 저녁까지 계속 일을 한다. 잠자리에 누워 눈 감기 전까지 ‘이런 부분은 어떻게 할까’ 끊임없이 생각한다. 고민해야 피아노 치는 사람들에게 좋은 서비스, 그리고 좋은 음악을 제공할 수 있는 것 같다.”

가장 반응이 좋았던 영상은 무엇인가.

"일반인이 길거리에서 굉장한 난이도의 피아노곡을 치는 동영상이 약 18만 좋아요를 받았다. 개인적으로 가장 좋았던 반응은 따로 있다. 피아노 학원에 가면 한 번 연습할 때마다 색칠해야 하는 과일 모양 진도표가 있다. 피아노 치는 사람들은 다 이 표가 있다. 이걸 보면서 '어떻게 하면 콘텐츠화할 수 없을까' 생각하다 진도표 사진을 올리면서 '아마 이때부터였어요. 제가 거짓말을 시작한 게'라고 썼다. 6살 때부터 연습은 하지 않고 색칠만 하는 거짓말을 밥 먹듯 했다. 이 사진이 좋아요 수는 10만개가 넘었다. 그때 '나만 거짓말 한 게 아니구나'라고 느꼈다.

주위에서 스타트업 하겠다고 하면 뭐라고 하겠나.

"섣불리 그 친구한테 하라 말라고는 못할 것 같다. 만약에 한다면 '너 이제 큰일 났다'고 얘기해줄 순 있다. 조언해줄 입장은 아니지만 마피아처럼 회원이 있는 사업을 한다면 '철저하게 회원들 입장에서 생각해야 된다'고 하겠다. 돈을 벌고 싶어서, 돈을 벌어야 유지가 되는 것은 맞지만 내 입장에서 생각하면 안 된다. 어떻게든 회원 입장에서 한 번 더 생각해 봐야 한다. 우리 회원이 무엇을 원하고 있는지, 우리의 회원이 무엇을 싫어하는지 그렇게 접근해야 한다."

커뮤니티를 운영하면서 고민이 있다면 무엇인가.

"고민거리는 늘 있다. 그중에서도 자주 드러나는 것은 수익 문제다. 계속해서 좋은 혜택이나 서비스를 제공하고 회사가 유지되기 위해서는 어쩔 수 없이 수익이 필요하다. 커뮤니티 사이트들은 업종과 무관한 구글 배너 광고를 한다. 사람들이 많이 들어오기 때문에 업종과 무관하더라도 구글 배너 광고를 달면 수익을 얻을 수 있다. 우리는 구글 배너 광고를 진행하고 있지 않다. 수익 때문에 피아노와 무관한 광고를 달지 않는 게 원칙이다. 하더라도 피아노 관련 광고만 한다. 다른 부분을 수익화할 때도 최고의 가격, 제품이 아니면 제공하지 않는다. 원칙 때문에 수익을 더 적게 벌 수 있다. 돈을 못 번다고 해도 우리를 믿고 서비스를 이용하는 분들의 트래픽으로 돈을 벌고 싶지는 않다."

광고 외에 또 다른 원칙이 있다면.

"정직하게 운영하는 것이다. 활동하는 회원들의 개인정보를 운영자도 볼 수 없도록 애초에 만들어 놨다. 개인정보, 회원 이름, 활동 내역, 접속 내역, 결제 내역 등 대개 운영진들이 조회할 수 있다고 생각하는 개인정보를 볼 수 없다. 운영진이라도 익명으로 작성한 사람을 알게 되면 그 게시글을 다른 시각으로 볼 수 있다. 그래서 익명게시판에서는 관리자도 누군지 알 수가 없다. 그렇게 해야 정직한 커뮤니티가 된다고 생각한다."

앞으로의 계획은 무엇인가.

"피아노 치는 사람들에게 지금까지 없었던 경험들, 시간을 제공하기 위해서 큰 노력을 하고 있다. 단기적으로는 한국의 마음만은 피아니스트에서 나아가 세계적으로 마음만은 피아니스트에게 혜택을 제공할 수 있는 회사가 됐으면 좋겠다. 한국 케이팝이 세계로 진출하듯 케이클래식도 성공할 수 있다고 믿는다."

인생공부

대기업 연구원 출신인 신영준 박사는 빅데이터 분석 결과를 기반으로 만든 영단어장 《빅보카BIGVOCA》를 출간해 10만 부 이상을 판매하며 공고한 영어 교육 시장에서 파란을 일으켰다. 《빅보카》의 성공은 이변이었다. 영어 교육에 빅데이터를 접목한 아이디어도 놀라웠지만, 페이스북에서 쌓은 신영준 박사의 인지도와 네트워크도 큰 영향을 끼쳤다.

© 인생공부

그가 직접 운영하는 페이스북 페이지 '인생공부'의 좋아요 수는 40만개에 육박한다. 딸이 희망 있는 세상에서 살 수 있도록, 더 나은 세상을 만들기 위해 페이스북과 유튜브를 통해 사람들의 평생 교육을 돕겠다고 말하는 그는 또 다른 베스트셀러로 연타석 홈런을 날렸다.

《완벽한 공부법》을 출간해 15만 부 가까이 판매하며 다시금 베스트셀러 저자로 등극한 것이다. 온라인과 오프라인은 다르다고 주장하는 사람들에게 신영준 박사의 페이스북 페이지 인생공부는 납득하기 어려운 존재일 것 같다. 그 온라인 영향력이 오프라인 베스트셀러로 고스란히 이어지기 때문이다. 어쩌면 신영준 박사와 인생공부는 뉴미디어의 영향력을 출판시장에 가장 효과적으로 적용한 케이스일지 모른다.

대한민국 취업준비생이라면 한 번쯤 꿈꾸는 삼성맨 출신이다. 게다가 공학박사, 연구원이었다. 단어장을 만든다고 갑자기 그만둔 것이 선뜻 이해되지 않는다.

"저는 공부 자체를 되게 좋아하는 사람이에요. 그래서 회사에 다니면서도 '어떻게 하면 영어를 더 잘할 수 있을까' 많이 궁리했죠. 그러다가 빅데이터를 분석하여 제대로 된 통계 기반 단어장을 만들어 보자는 생각이 들었고 결국 5백 부를 자가 출판했어요. 그런데 이걸 소셜미디어로 본 사람들이 관심을 많이 두는 거예요. 그렇게 초판 5백 부가 모두 팔렸어요. 사람들이 관심을 보이니 출판사에서도 제대로 한 번 써보자고 연락이 왔어요. 드디어 이걸 쓰면서 청년 상담과 그동안 제가 하고 싶었던 일을 할 수 있는 기회가 왔다 싶어서 작가와 강연가로 전업을 결정했어요."

영어에 관심이 큰 만큼 국내에는 이미 수많은 영어 교재, 뛰어난 교육자와 개발자가 많다. 그런데도 왜 빅데이터 기반 단어장은 처음인 건가.

"굳이 새로운 시도를 하지 않아도 팔리니까 충분하다고 생각한 거 같아요. 사실 영어책 한 권을 통째로 본다면 어떤 단어장을 봐도 상관없죠. 근데 한 권을 완주하는 사람은 20%도 채 되지 않아요. 대부분은 중도에 포기하죠. 문제는 보통 교재는 한 권을 숙달하는 완벽한 학습자를 대상으로 만들어진다는 점이에요. 물론 시중에 이미 우선순위별로 정리했다는 단어장은 있지만 진짜 통계를 기반으로 만들어졌는지는 알 수 없어요."

대형서점 외국어 분야 1, 2위를 모두 《빅보카》가 차지했다.

"특이한 스토리 없이 마케팅만으로는 불가능한 일이에요. 우선 빅데이터를 기반으로 만들었다는 스토리 자체가 특이했고, 이 점이 고객들의 요구와 잘 맞아떨어졌기 때문이라고 생각해요."

그렇게까지 열심히 한 거면 '이건 뭔가 될 거다' 이런 확신이 있었나.

"제 단어장이 대단하고 최고라는 생각보다는 (괜찮은 방법인데) 왜 이런 단어장이 없겠냐는 생각에서 열심히 했어요. 저는 다양성에 다양성을 보태는 것이 지식인의 의무라고 생각해요. 잘되고 못 되고는 독자가 판단할 몫인 거죠. 그런데 기득권은 기존의 방식과 다르다는 이유로 비난해요. 저는 제 단어장을 최고라고 하지 않아도 좋으니 다양성은 인정해줬으면 좋겠어요. 단어장뿐 아니라 모든 면에서요."

우리나라는 영어에 투자한 것에 비해 성과가 썩 좋지 못하다는 비판이 많다.

"착각하는 게 말은 어느 나라 사람도 모국어가 아니면 썩 잘하기가 힘들어요. 유럽과 비교를 많이 하는데 유럽은 문자가 알파벳이랑 거의 비슷해서 영어로 말하는 데 거부감이 적죠. 대신 우리나라 사람들은 미국인이나 유럽인보다 중국어나 일본어를 잘해요. 언어가 비슷하니까요. 그런데 우리가 정말 잘해야 하는 건 '읽기'예요. 담당한 업무가 마케팅이나 세일즈가 아닌 이상 영어가 필요한 건 원문을 읽어야 할 때잖아요. 논문도 대부분 다 영어로 쓰여 있죠. 그런데 그렇게 영어공부를 했는데 대기업에도 영어로 정보습득을 할 수 있는 사람들이 별로 없어요."

'인생공부'의 인기도 대단하다.

"페이스북에 가벼운 콘텐츠들이 많은데 좀 제대로 된 콘텐츠가 있었으면 좋겠다는 생각으로 만들었어요. 실험설계를 잘한 거 같아요. 어떤 콘텐츠가 성공하고 실패를 하는지 정량적으로 철저히 분석했어요. 실패한 콘텐츠는 보완해 가면서 성공하는 콘텐츠를 계획적으로 만들어냈죠. 물론 최고 전문가들만 모셨기 때문에 콘텐츠 자체도 고퀄리티에요. 자체 제작 콘텐츠가 많기도 하고."

소셜미디어, 팟캐스트뿐 아니라 멘토링, 강연 등을 통해 자주 청년들과 만나는 것 같다.

"온라인이 공허하다는 것을 깨달았어요. 뭔가 일어나는 것 같지만 하나도 일어나는 게 없는 거예요. 결국, 현실은 오프라인이죠. 그래서 페이스북을 도구로 청년들을 직접 만나기 시작했어요."

뉴미디어가 출판 시장에 끼치는 영향력은 어느 정도일까?

"냉정하게 구분해서 분석해야죠. 페이스북에서 좋아요가 1만 개를 넘어가는 대박이 터져도 책의 판매량은 겨우 1백 부도 안 늘어나는 경우가 많아요. 뉴미디어의 영향력은 소셜미디어 내부의 바이럴이 아니라 오프라인에서 어떤 결과를 만들었는지를 기준으로 판단해야 한다고 생각해요."

뉴미디어 만능론자는 아닌 것처럼 들린다.

"결국은 사람이에요. 페이스북과 유튜브, 팟캐스트는 사람들을 조금 더 쉽게 만나게 해주는 도구죠. 그래서 남들은 미친 짓이라고 하지만 신간을 내면 전국 서점 투어를 하면서 더 많은 사람들과 오프라인에서 만나려고 하는 거죠. 뉴미디어의 영향력이 무척 크고, '인생공부' 덕분에 단기간 출판시장에서 엄청난 성과를 얻었지만, 사람에 대한 이해가 없으면 오래 가기 힘들다고 봐요."

계속해서 페이스북이 마케팅, 특히 출판시장의 홍보 수단으로 사용될까?

"카드뉴스의 시대가 저물고, 동영상이 뉴미디어 콘텐츠의 주류를 장악했어요. 이런 트렌드를 읽지 못하면 뒤처질 수밖에 없어요. 유튜브가 페이스북의 영향력을 능가하게 될 것이고, 장차 출판뿐 아니라 다양한 분야에서 유튜브 영상을 이용한 콘텐츠를 먼저 고려하게 될 것 같아요."

영상과 출판은 어울리지 않는 느낌인데.

"그게 바로 시대에 뒤떨어진 생각이죠. 카드뉴스는 텍스트를 거칠게 압축해서 요약하는데, 예전에는 그게 출판과 어울린다고 생각이 들었을까요. 시대가 변하면서 사람들은 뜨는 플랫폼에 따라 사고하게 되었어요. 페이스북 위주의 사고, 유튜브 위주의 사고, 결국 미래의 소비자들은 또 새로운 플랫폼 위주로 사고하며 세상을 바라보게 될 거에요. 그 변화의 흐름을 인지하고, 남들보다 한 발 먼저 도전한다면 출판시장도 새로운 돌파구를 찾을 수 있겠죠. 무명의 비전공자가 1등 영단어장을 출판하고, 일본 등 해외에도 수출하게 됐어요. 그리고 곧바로 쓴 평생공부 도서로 다시 15만부 이상을 판매했는데 남들이라고 불가능 할 게 뭐 있겠어요?"

체인지 그라운드

몇 장의 카드에 사람들이 열광한다. 한 개의 콘텐츠당 평균 10만 뷰 달성. 카드뉴스 콘텐츠 제작에서 시작해 유튜브에서도 큰 성공을 거두고 있는 체인지 그라운드 이야기다. 페이스북에서 25만 명, 유튜브에서 45만 명 팔로워를 보유했는데 팔로워 대비 콘텐츠에 반응하는 사용자들의 비율이 압도적으로 높다.

그러한 영향력 덕분일까. 체인지 그라운드CHANGE GROUND는 단순한 페이스북 페이지가 아닌 사회적 기업으로 확장을 시도하고 있다. 여러 명의 PD와 직원을 뽑고, 재택근무를 보장하는 파격적인 조건을 유지하며 회사를 성장시키는 중이다. 최근에는 우리은행, 재규어 랜드로버 코리아 등 굵직한 기업과 손잡고 협업을 진행하기도 했다.

체인지 그라운드의 이웅구 대표는 콘텐츠로 세상을 바꾸고 싶다고 말한다.

체인지 그라운드는 어떻게 시작하게 되었나.

"사회적 경제 영역에 관심이 많았다. 군대 제대하기 전, 존 스튜어트 밀John Stuart Mill의 책을 읽다 '협동조합'이라는 개념을 알게 되었다. 마침 성공회대학교에 최초 개설된 협동조합경영학과에 진학했다. 이후 국비 유학에 지원했는데 탈락했다. 만약 선발되었다면 지금쯤 연구원이나 교수를 준비하고 있었을 거다. 박사, 취업, 창업의 갈림길에서 카이스트 '사회적 기업가 MBA 과정'을 알게 되었다. 창업에 도전해볼 만하다고 생각했다. 내가 지금까지 해온 것들을 많은 사람들과 소통하고 싶었고 소셜미디어 미디어 분야로 넘어오게 되었다. 이후 수입도 발생하고, 더 좋은 기회가 생기면서 지금까지 하고 있다."

체인지 그라운드 대표 말고도 직함이 많았다.

"체인지 그라운드 대표, 조선일보 '더 나은 미래' 온라인디지털팀장, 대전사회적기업협의회 기획국 등 다양한 영역에서 활동하며 경험을 쌓아왔다. 간간이 에세이와 소설도 쓴다. 창업자들이 창업할 때 하는 고민에 관한 내용이다."

경제학과를 졸업했다. 친구 중에 좋은 직장에서 일하는 직장인이 많을 거 같다.

"그렇다. 친구들 대부분이 좋은 직장에 취업했다. 누가 봐도 좋은 직장의 이름이 새겨진 명함과 내 것을 비교해 보면 느낌에 차이가 있는 건 사실이다. 그래도 중장기적으로 보면 괜찮을 것 같다. 나는 내 사업을 하고 있다. 이걸 평생 가지고 갈 수 있다. 현재 수익도 괜찮게 나오고 있다. 그리고 어떻게 확장할 수 있을까, 행복한 고민을 하고 있다. 종종 사회적 경제 기관 쪽에서도 함께 일해 보자는 제의도 받는다. 현재하는 일에 만족하며 즐겁게 하고 있다."

체인지 그라운드의 수익모델은 어떻게 되나.

"홍보 · 마케팅을 위한 콘텐츠 제작이다. 요즘은 책 홍보가 많다. 서울시, 대전시, 병원, 소셜 벤처, 사회적 기업, 크라우드펀딩 등 스토리텔링 기반의 카드뉴스를 제작한다."

체인지 그라운드에 사회적 경제 관련 콘텐츠도 많다. 그런데 국내에서 사회적 경제는 수익창출과는 거리가 먼 것으로 인식된다. 실제로도 그런 측면이 크다.

"요즘은 인식이 많이 변했다. 과거에는 사회적 경제를 비영리와 동일시하는 경향이 강했지만, 사회적 경제는 비영리보다 수익 추구에 적극적이다. 내가 소셜미디어를 중심으로 홍보 · 마케팅 회사를 운영하게 된 것 역시 그러한 수익 추구 성향을 지원하기 위해서이다."

전에는 카드뉴스가 대세였는데 요즘에는 영상으로 유행이 넘어온 것 같다.

"맞다. 체인지 그라운드도 영상 콘텐츠를 제작하기 위한 구상을 끊임없이 하고 있다. 카드뉴스 포맷도 없어지지는 않을 거다. 카드뉴스와 영상을 병행하면 효과가 더 클 것이다."

카드뉴스의 강점이 가독성이 높다는 것인 반면 너무 수박 겉핥기가 아니냐는 지적도 있다.

"역시 동의한다. 실제로 종종 카드뉴스의 휘발성에 대해 질문을 받는다. 그런데 이건 독자층이 다른 것 같다. 현재 체인지 그라운드의 구독자 수가 늘고 있는 것을 보면, 여전히 많은 분이 카드뉴스를 원하는 것 아닐까. 다 만족시킬 수는 없으니, 지금은 우선 그런 분들부터 만족시키려고 한다."

비슷한 종류의 회사들에 비해 팔로워 수가 상당히 빨리 증가했다.

"사회적 경제, 신간 도서 등 이런 주제를 다루는 소셜미디어 미디어에서는 성장이 빠른 편인 것 같다. 콘텐츠가 몹시 나쁘지 않은 덕분일까. 카드뉴스에서 가장 중요한 것은 스토리텔링이라고 생각한다. 참고로 바이럴 콘텐츠 제작과 관련해 강력히 추천하고 싶은 책이 있다. 말콤 글래드웰Malcolm Timothy Gladwell의 《티핑 포인트The Tipping Point: How Little Things Can Make a Big Difference》, 히스 형제Chip and Dan Heath의 《스틱MADE to STICK》, 조나 버거Jonah Berger의 《컨테이저스

Contagious》다. 특히 《스틱》에는 'SUCCESS'라는 법칙이 소개됐는데, 나는 이것을 모니터 옆에 붙여 놓고 카드뉴스를 만들 때마다 늘 참고한다."

뉴미디어가 우리나라 환경에서 기성 언론처럼 크게 성장할 수 있을 거라고 보나.

"매출 규모에서는 어렵지 않을까. 그런데 영향력 면에서는 가능할 수도 있지 않을까 싶다. 나는 체인지 그라운드의 미래가 현재 메이저 미디어 기업처럼 되기란 쉽지도 않고, 적절한지도 잘 모르겠다. 우선 소수의 인원이 모여 콘텐츠를 만드는데, 1개를 발행하면 약 1백만 명이 보는 그런 미디어는 가능하지 않을까 싶다."

뉴스래빗

한국경제는 레거시 미디어 경제지 중에서는 둘째가라면 서러워할 규모다. 종이신문을 발행하는 이 큰 조직도 디지털 시대를 맞아 급속도로 변화를 꾀하고 있다. 한국경제의 선봉에서 조직의 실험을 책임지고 있는 실험실이 '뉴스래빗newslabit'이다.

뉴스래빗의 이름 자체도 실험실이라는 LAB과 IT의 합성어다. 데이터를 중심으로 시각화, 영상화를 통해 새로운 문법을 만들기 위해 노력하고 있다.

이 매체는 소개말에 "아직은 누구도 정의할 수 없지만, 반드시 찾아야할 뉴스(News)의 '새로운 그것(it)'을 만나고자 합니다. 토끼(래빗)처럼 독자를 향해 '쫑긋' 귀를 세우겠다는 우리의 약속도 담겨 있습니다. 한국경제신문과 한경닷컴의 기존 온라인콘텐츠와는 다른 화각, 새로운 그릇, 친근한 스토리텔링, 소통하는 공유, 정성적 측정 등 실험합니다"라고 적었다.

뉴스래빗에서 데이터를 전문적으로 다루는 강종구 기자를 만났다. 강 기자는 보기 드물게 언론정보학과와 컴퓨터공학을 복수 전공했다. 그는 최근 한국기자협회나 삼성언론재단 등 미디어 업계에서 다양한 강연의 강연자로 나서고 있다. 뉴미디어의 최전선에서 새로운 언어로 뉴스의 가능성을 엿보고 있는 강 기자는 "우리의 핵심 가치는 실험에 있다"고 자신 있게 말한다.

뉴스래빗 구성은 어떻게 되나.

"팀장과 비디오 에디터, 비주얼 에디터가 있다. 나는 '데이터 분석'을 맡고 있다."

기성 언론 중에서 데이터를 중심으로 하는 매체가 있나.

"팀들은 몇 개 있다. SBS, YTN에도 있고 중앙일보에도 있다.

데이터를 중점적으로 다루면서 독립된 매체로 있는 곳은 뉴스래빗 외에는 못 봤다.

"독립 매체로는 없는 것 같다. 각자 지향하는 방향들이 다르다. SBS나 YTN은 방송사니까 방송 뉴스 클립에 들어가는 일을 한다. 엊그제 인터넷 보도상에서 중앙일보가 1등을 했다. 중앙은 온라인에서 독자와 소통하는 인터렉티브

© 뉴스래빗

뉴스를 중심으로 한다. 우리는 방향이 약간 다르다."

데이터를 뽑는 방식이 다르다는 건가.

"데이터를 뽑은 뒤 보여주는 방법은 여러 가지가 있다. 우리와 큰 차이는 대부분의 매체는 데이터를 움직이고 화려하게 만들고 프로젝트 형식으로 따로 만들어 별도로 올린다. 서버에 올린 뒤 링크를 거는 방식이다. 하지만 우리의 지향점은 아니다. 데이터를 잘 분석하는 일도 하지만 편집기 시스템 안에서 할 수 있는 일들을 찾아 나가는 게 우리의 핵심 미션이다. 새로운 형식, 내용, 자료를 회사 시스템 안에 녹이는 일이 우리가 가는 방향이다. 따라서 우리는 프로젝트 단위가 아닌 기사 단위의 일을 하게 된다. 기사 안에 듣도 보도 못한 움직이는 인터렉티브 요소를 회사 개발팀과 협의를 해 하나하나 되게 해나간다. 그런 식으로 일을 한다.

뉴스래빗이라는 이름도 한국경제 CMS(편집기) 안에서 실험을 통해 개선하는 역할이 핵심 미션이기 때문인가.

"그렇다. 그래서 우리가 만드는 기사의 꼭지를 프로토타입이라고 부른다. 우리가 어떤 포맷을 만들면 일선 취재 기자들이 보고 쓰기를 바라는 거다. 우리가 새로운 요소를 도입하면 그게 독자와 취재 기자가 익숙해지고, 필요성에 공감대가 형성되면 우리는 또 새로운 걸 찾아 나서는 일을 한다."

실험이 목적이라면 '트래픽 압박'에서는 상대적으로 자유로운가.

"거의 신경 안 쓴다. 보긴 하지만 트래픽을 의식해서 콘텐츠를 만들지는 않는다. 실험이 제일 중요하다. 한국경제라는 회사, 미디어 업계, 독자에게 의미가 있다고 판단되는 실험을 한다. 트래픽이 우리가 움직이는 가치가 아니다. 트래픽이 독자에게 얼마나 어필하는지를 참고하는 하나의 지표일 수 있으므로 안 보는 건 아니지만 개의치는 않는다."

기사량은 얼마나 써야 하나.

"의무적인 기사량은 없다. 일주일 동안 한 개도 못 써도 큰 압박은 없다."

기사 아이템을 선정할 때 제일 중요하게 생각하는 건 무엇인가.

"보통 데스크가 판단하기 때문에 답변하기 어렵다. 다만 기사가 사회적으로 유의미한가와 우리가 이미 개발을 하고 있는 프로토타입으로 적절하게 표현 가능한 소재인가를 따져 보기도 한다."

본인이 쓴 기사 중에 가장 기억에 남는 기사는 무엇인가.

"'강남역 살인사건'이 일어났을 때 2천 6백 건의 포스트잇을 데이터화해서 기사를 썼다. 그게 제일 기억에 남는다. 강남역 사건이 여혐인가를 포스트잇 내용을 보고 단정할 순 없다. 살인범이 무슨 동기로 죽였는지가 아니라, 그 살인범을 보고 이 사회가 어떤 반응을 일으켰는지 정도는 유추해 볼 수 있다. 데이터로 분석해보니 꼭 여혐 정서만 가득했다고 보기는 어렵다는 결과가 나왔다."

가장 인기가 많았던 기사는 무엇인가.

"〈서울 치킨맵〉이란 시리즈로 15년치 서울 치킨집 정보를 지도 위에 시각화한 기사다. 15년 생존률 47.3%라는 결과를 얻었고 2002년부터 2017년 현재까지 총 1만 2천 178곳의 치킨집이 생기고 사라지는 과정을 시간 순으로 관찰할 수 있게 만들었다."

요즘 관심 있는 주제는 무엇인가.

"페이스북이다. 최근 페이스북 대나무숲 분석 기사에 대해 비판적 의견을 많이 받았다. 그래도 좋은 경험이었다. 야마를 잡는데 익숙한 사람이 데이터를 만나면 귀에 걸면 귀걸이, 코에 걸면 코걸이가 된다. 데이터를 잘못 해석하면 과대해석의 여지가 많았다는 얘기다. 나는 그동안 오해의 여지를 줄이기 위해서 명확하지만 재미없는 주제를 많이 진행했다. 치킨집 폐업 수치는 누가 봐도 객관적이다. 반박의 여지가 없다. 어떤 특정 업체를 까는 얘기도 아니어서 반박의 명확한 주체가 있지도 않다. 반면 대나무 숲 분석 기사는 젊은 친구들이 관심 있어 하는 내용을 써서 독자 반응을 많이 볼 수 있었다. 깨닫는 바가 커서 페이스북 자체에도 관심이 많아졌다."

그렇다면 일방적인 해석은 어떻게 방지하나.

"일단은 기자 자신의 데이터 분석하는 전문성과 해석하는 시각이 수준이 높아져야 한다. 나도 그 역량을 키우기 위해 꾸준히 노력 중이다. 또한, 데스크의 이해도 필요하다. 기사는 위로 올라가서 출고되는 수직적인 시스템인데 이 의사결정 구조 변화도 동반돼야 한다. 기자 의견이 반영되고 데스크와 조율해나가는 과정은 회사의 도움이 필요하다. 뉴스래빗은 기자의 말을 많이 믿어주는 편이다."

뉴스래빗의 실험이 한국경제 본지에서 반영이나 적용 시도가 많은 편인가.

"그건 잘 안되는 편이다. 각자 다들 자기 일이 있으니까 새롭게 무엇을 하고 하기가 쉽지 않다. 데이터 자체 관련 제안은 꽤 오는 편이다. 다만 잘 이어지지는 않는 편이다. 예를 들어 프랜차이즈 카페 10개를 분석한 〈카페 변천사〉 시리즈 기사를 낸 이후에 다른 부서나 신문사에서 전화가 와서 자신이 듣기에 스타벅스가 만들어지면 그 옆에 이디야가 따라와서 개점한다는 이야기를 들었는데 그 소문이 진짜인지 봤으면 좋겠다더라, 그래서 내가 스타벅스와 이디야의 데이터를 정리해서 보내줬는데, 그게 보도자료를 받는데 익숙해져 있는 사람들에게는 그것도 크고 복잡한가 보다."

데이터 저널리즘 전문인 뉴스래빗 출범 이후 국내 언론계에서 데이터 저널리즘이 더 활발해지고 있는지 궁금하다.

"그렇지는 않다. 데이터 저널리즘은 진입 장벽이 너무 높다. 특히 기성 언론이 인재를 뽑는 방법은 데이터 저널리즘과 거리가 멀다. 서류 양식, 토익 점수 등의 틀이 첫 번째 이유다. 또한, 데이터 저널리즘을 할 수 있는 인재의 선호도도 문제다. 데이터 저널리즘을 하기 위해서는 기술적인 베이스가 있어야 하는데 컴퓨터공학과 학생들이 저널리즘에 관심이 많을 확률은 낮다."

컴퓨터 공학과 학생이 다른 곳에 취업할 시 더 큰돈을 벌 수 있기 때문인가.

"언론사는 기자가 갑이고, IT기업은 개발자가 갑이다. 기술을 가진 사람을 주인으로 대해주는 회사가 아주 많은데 굳이 언론계에서 내부의 을이 돼가면서 종사할 사람은 없어 보인다."

기자들을 대상으로 삼성언론재단이 주최한 강의에서 강연 중이다. 항상 만석을 채울 정도로 인기가 좋은데 이유가 뭐라고 보나.

"사실 90명을 받아서 한 번만 하기로 돼 있는 강의였는데 180명이 신청을 해서 한 번 더 하기로 했다. 다시 받아보니 또 초과가 돼서 똑같은 강의를 세 번 하게 됐다. 삼성 재단에서도 인기 강의라고 하더라. 기자들이 위기감을 느껴서 데이터 저널리즘에 관심을 두고 오기는 했는데 다들 막연해한다."

위기감은 어디서 온다고 보나.

"트렌드가 급변하고 있다. 언론사 안에서도 변화의 흐름을 도저히 모른 척하면서 살 수 없는 수준에 와있다. '인터렉티브 뉴스가 인기를 끈다는데 언제까지 글만 써서 살아남을 수 있을까.' 등의 불안이 있다. 단순 흥미가 있는 기자도 있다. 코딩을 배워서 할 줄 아는 사람보다는 회사의 관련 방향 설정을 어떻게 해야 할지를 궁금해 하는 분들도 있었다."

막연해하는 이유는 뭔가.

"여러 곳에서 강연을 해보니 나에게 당연한 얘기도 어렵게 듣더라. 그래서 강연을 준비할 때 초등학생에게 들려줘도 알아들을 수 있는 수준으로 기획했다. 실습도 일부러 안 한다. 강연 주최 처는 실습을 넣고 싶어 하지만, 무의미하다고 생각해서 하지 않기로 협의했다."

실습도 일부러 안한다고 했다. 현직 기자들이 기술을 배운다는 건 불가능의 영역이라고 보나.

"가능은 하다. 가능은 한데 굉장히 길게 봐야 한다. '3개월 속성반을 듣는다'는 개념으로 접근하면 안 된다. 3개월 동안 프로그램 언어 책을 세 바퀴 돌린다고 해서 할 수 있는 게 아니다. 모든 기자가 실험해야 한다. 내가 아이템 하나를 만든다고 할 때 모든 케이스가 다르다. 시행착오를 매번 겪으면서 한다. 다른 기자들도 자신의 기사에 작은 것부터 데이터를 적용해보고 시행착오도 겪으면서 더 나아지는 실험을 하면서 배워야 한다. 실습을 안 하는 이유는 데스크급 기자도 강연에 오기 때문이다. 그 사람들은 자신이 하는 게 아니라 누굴 뽑아야 할지, 어떻게 시켜야할지를 궁금해서 오는 사람이다. 그런 사람들이 자칫 실습하는 걸 보면 오해할 수 있다고 생각했다. 밑에 애들한테 '내가 거기 갔다 왔는데 쟤는 뚝딱뚝딱하니깐 뭐 나오던데?'라고 말하는 순간 그 데스크 밑의 기자들이 삶에 악영향을 미치게 될 수 있다. 제일 나쁜 사람이 조금 아는 사람이라는 말도 있지 않나?"

빅데이터가 공개되면서 데이터 저널리즘이 언론의 미래로 꼽히고 있다.

"나쁘지 않다고 본다. 인터넷 신문사가 등장하면서 저널리즘이 속도전으로 변질했다. 속도전에서는 기성 언론이 유사 언론에 밀리고 있다. 언론 현장이 왜곡된 셈이다. 개인적으로 언론사는 기획을 많이 하고 인사이트를 제공하는 콘텐츠를 만들어야 한다고 생각한다. 기자가 현장에서 취재하고, 이메일로 자료를 받고, 전화해서 무슨 얘기를 듣는 것을 넘어야 한다. 숨어있지만 차원이 높은 뉴스거리를 찾기 노력해야 한다. 숨어 있는 정보를 찾을 수 있는 데이터 저널리즘을 주목하는 것도 그래서 좋은 경향이라고 생각한다. 언론사 차원에서도 이 같은 노하우를 가진 기자를 지속해서 만들어야 한다."

강의 중에 '야마 천국'을 얘기를 했다. 실제로 그런가.

"회사 안에서도 그 단어를 많이 쓴다. 데이터를 뽑아보면 데스크는 많다고 하더라. 내가 못 보는 것들도 많고 데이터 자체가 커서 기사를 하나로 낼 수도 있고 열 개로 낼 수도 있다. 예를 들면 카페 분석 기사는 통합으로 갈 수도 있지만 프랜차이즈별로 10개 기사를 내보낼 수도 있다. 카페, 치킨집 등의 기사는 데이터가 계속 이어지니 주기적으로 '에버그린'하게 할 수 있다. 1년 단위, 분기마다 추위를 볼 수 있는 아이템이 많다."

데이터 저널리즘을 하면서 가장 어려운 건 뭔가.

“다 어렵다. 불확실과 싸운다는 게 가장 어렵다. 보통 취재는 합리적인 의심에서 시작해 전화를 돌리고, 현장을 가서 없으면 중단킬(취재를 그만한다는 의미의 언론계 은어)하면 된다. 반면 데이터 저널리즘은 기본적으로 양이 많고, 가공하는데 시간이 걸린다. 기본적으로 시간이 많이 드는 일이다. 데이터를 돌려볼 자료도 빨리 받으면 좋겠지만 정보 공개 청구나 요청한 자료가 나오는 시간도 길다. 뉴스를 만드는 시간이 전화 한 통, 메일 한 통과는 차원이 다른 자원을 감당해야 한다. 엄청난 작업 시간을 들였는데 기사로 쓸만한 포인트가 없을 수 있다. 무언가 있을 거로 생각해서 온라인 데이터 몇십만 건을 수집하고 정제를 해서 완성했는데 결국 뻔한 얘기만 나오면 통째로 버리고 새로 시작해야 한다. 또한, 회사 입장으로 보면 그 시간을 써서 기사를 작성한다 해도 출입처에 있는 기자들 생산량보다 비효율적이라고 생각할 수 있다. 회사 측에서도 보이지 않는 비용을 감당할 인내심이 필요하다.”

분석을 다 했는데 기사가 안 나온 적도 있는지.

“아예 안 나온 적은 없다. 지금까지는 어떻게든 세냐, 약하냐의 문제였다. 어떤 결과가 나올지 모르니 최대한 여러 개를 병행하려고 한다. 그래서 프로토타입 자동화에 공을 들이고 있다. 이를테면 최근에 진행한 ‘페이스북 대나무숲 분석’은 페이스북 페이지 데이터로 쓴 첫 기사다. 단순히 이 기사 하나 쓰고 끝나는 게 아니라 페이스북 페이지 데이터 수집기부터 만든다. 대나무숲이라는 주제도 흥미롭지만, 이 기사를 통해 페이스북 수집기를 만들고 앞으로 여러 종류의 페이스북 페이지나 유명인의 계정을 빠르게 분석할 수 있는 체계를 마련하겠다는 목표를 세운다. 목표대로 분석기를 만들었다. 다음에 문재인 대통령 페이지를 분석하겠다고 보고를 올리면 문 대통령 페이지 아이디만 넣고 돌리면 된다. 계속 써먹을 수 있는 주제로 많이 찾는다. 말하자면 안정적인 프로토타입을 병행해서 개발하려고 노력하고 있다. 프로토타입을 만드는 작업이 내 업무의 효율성을 높이는 중요한 미션이다."

어떻게 언론사에 들어 갈 생각을 했나.

"원래는 신문방송학과인데 컴퓨터 공학을 복수전공을 했다. 최근에는 '통섭' 인식이 생겨 대학교가 많이 지원한다고 하는데 당시만 해도 불가능한 일이었다. 개발을 배우다가 구글 뉴스랩에 참여했다. 미디어 콘텐츠를 만들고 싶다는 생각이 예전부터 있었는데 이왕 개발을 배웠으니 프로그래밍을 활용해서 뭔가를 만들어 보자는 생각이 있었다. 구글 뉴스랩에 가면 그걸 할 수 있을 것 같았다. 구글 뉴스랩 프로젝트를 하면서 느낀 게 많았다. 뉴스랩에서 게임을 만들었는데 내가 만들 줄만 알았지 소셜 임팩트가 어느 방향에서 일어날지 전혀 생각이 없었다. '무엇을 만들고 어떤 방식으로 영향을 끼칠 수 있을까' 그걸 생각하는 능력을 가지고 싶었다. 뉴미디어 판에는 그런 노하우가 거의 없다. 레거시 미디어에서 일하면 그 능력을 배울 수 있지 않을까 싶었다. 데이터 저널리즘이나 개발 문제나 소위 말하는 야마 뽑기(주제 선정) 능력을 기르고 싶어 입사했다. 마침 내가 하고 싶은 걸 할 수 있는 좋은 제안이 있기도 했다."

입사해보니 어떤가.

“만족하면서 다니고 있다. 데이터를 뽑으면 양이 너무 많아 ‘이걸 가지고 무엇을 하지’ 싶을 때가 있다. 그런데 회사 선배들은 이걸 보면 뭐가 야마가 될지 알 수 있다. 그런 측면에서 회사에서 배우는 게 많다고 생각한다.”

회사마다 강 기자처럼 데이터를 분석할 수 있는 사람을 뽑는 시대가 미래에 올까.

“데이터를 할 수 있는 사람을 선발하는 개념이 아니라 지금 있는 기자들도 해야 한다. 데이터 분석을 못 해서 잘리지는 않겠지만 경쟁력이 떨어질 수밖에 없다. 입지가 줄어드는 건 확실해 보인다. 기자 업무를 기계가 대체해 나가기도 하고, 제보를 받아쓰는 기사도 소셜미디어에서 밀릴 가능성이 커 보인다.”

앞으로 기자를 뽑을 때 개발이 하나의 스펙이 될 수 있겠다.

“우리 팀은 모두 그렇다. 비주얼 데이터 기자도 시각 디자인을 전공해 같이 일한다.”

페이스북 기반 언론사에서는 기자 대신 에디터라는 단어를 쓴다. 미래에는 에디터나 로봇 기자들만 남을 수도 있지 않을까.

"누가 남고 누가 없어진다는 개념은 아니다. 언론사에 기자가 아닌 제3의 존재가 점점 많이 등장할 것이다. 취재원도, 표현 방식도 다양해지면 기자의 경쟁력은 떨어질 것이다. 지금 있는 기자들도 데이터 역량을 길러야 하는 이유다. 개인적으론 새 시대에도 기성 언론과 기자들의 가치는 있다고 본다. 오랜 시간 쌓아온 취재 역량과 뉴스 콘텐츠 제작 노하우를 살려야 한다. 에디터, 로봇 기자와 경쟁하기보다 저널리즘적 가치를 바탕으로 공존해야 한다. 나는 그 답이 데이터 역량에 있다고 본다."

현재 기성 언론의 가장 큰 문제는 뭐라고 생각하나.

"다양성을 받아들이는데 너무 경직돼 있다. 기술도, 협업도 갑과 을처럼 되는 게 현실이다."

언론사 주변에 만연한 기자 우선주의를 바꾸려면 어떻게 해야 하나.

"뭔가 큰 자극이 있어야 하지 않을까. 어려워 보인다."

한국경제라는 큰 조직에 있다 보니 뉴스래빗이 굴러가는 측면이 있지 않나. 한경에 속하지 않았다면 독자 생존이 가능할까.

"그런 전제는 사실 적합하지 않아 보인다. 경쟁력 문제로 한국 경제의 울타리 안에 있는 건 아니다. 뉴스래빗의 가장 큰 미션 중 하나는 기성 언론을 뉴미디어 환경에 맞게 고쳐나가는 일이다. 결과물을 프로토타입이라 칭하고 전파하려 노력하는 이유도 이 때문이다. 외부에 나가는 기사 외에도 회사의 뉴스 콘텐츠와 서비스, 시스템을 바꾸려는 시도를 많이 한다. 뉴스래빗이 만드는 프로토타입들에도 그런 보이지 않는 시도들이 녹아 있다."

딩고

통합 구독자 2천만 명 이상, 월간 조회 수 4억. 소셜미디어에 접속하면 보지 않기가 힘든 메이크어스MAKEUS의 콘텐츠 제작 스튜디오 딩고dingo의 현재 지표다.

딩고는 페이스북, 유튜브를 기반으로 콘텐츠를 전달하는 메이크어스의 채널 이름이다. 딩고란 이름은 몰라도 소셜미디어를 사용한다면 딩고가 만든 콘텐츠를 한 번쯤 보거나 들어봤을 가능성이 높다.

딩고, 딩고 뮤직, 딩고 푸드, 국딩고 트래블, 딩고 뷰티, 일반인들의 소름돋는 라이브 등의 채널이 있다. 이 채널에서 발행하는 〈수고했어, 오늘도〉, 〈이슬 라이브〉, 〈세상의 온도〉 등의 시리즈는 개별 조회 수가 수백만에 이르는 히트작이 나오고 있다. 문재인 대통령이 출연한 〈수고했어, 오늘도〉 편은 3백만 조회 수가 넘었다. 딩고의 타깃 시청자인 1834에서는 공중파, 종편 이상의 시청자라고 볼 수 있다.

© 딩고

딩고를 이끄는 장준연 콘텐츠사업본부장을 메이크어스 1사옥에서 만나 성공비결을 물었다. 그는 성공이라는 단어를 쓰기엔 멀었다며 "지금까지의 시행착오를 거쳐 딩고 2.0시대로 진입한 것 같다"라고 밝혔다.

딩고를 소개한다면.

"메이크어스라는 회사가 운영하는 브랜드가 '딩고'다. 운영하는 채널로는 딩고, 딩고 뷰티, 딩고 푸드, 딩고 테이스티, 딩고 스타일, 딩고 트레블, 딩고뮤직, 스낵비디오 by 딩고 등이 버티컬(특정 주제)로 짜인 것이고 그 밑에 '일반인들의 소름 돋는 라이브', '세상에 소름 돋는 라이브', '딩고 프리스타일', '여자들의 동영상', '남자들의 동영상' 등의 채널이 있다. 전체 구독자를 합치면 2000만 명 이상이 된다. 월간 노출은 12억, 조회 수는 페이스북에서 3억, 유튜브에서 1억 정도 나온다."

어떤 업무를 담당하고 있나.

"광고와 브랜디드 콘텐츠, 바이럴 콘텐츠, 유튜브 프리롤Preroll video AD(영상이 나오기 전 나오는 광고), 곧 출시되는 페이스북 미드 롤Mid-roll(영상 중간에 나오는 광고) 등 그 안에 들어가는 광고를 기획한다. 이외에도 브랜드와 R/S 상품(브랜드 제품 콘텐츠를 만들고 그 콘텐츠에 구매좌표를 넣어서 판매된 매출을 나누는 형태)을 기획하는 등, 클라이언트의 브랜드와 딩고의 콘텐츠를 연결한 비즈니스에 대해 고민하고 솔루션을 찾아가는 업무를 맡고 있다고 생각하면 된다."

딩고를 무엇이라고 정의하는가.

"나도 고민을 많이 했다. 방송국이라는 콘셉트는 시대에 뒤떨어지고, 정규편성이 돼야 하는 것도 아니다. 그렇다고 콘텐츠 제작 스튜디오라고 하기에는 덕션(프로덕션) 느낌이 강하다. 디지털 미디어라고 하기에는 지나치게 포괄적이다. 신문도 잡지도 모두 디지털미디어다. 우리처럼 하는 회사가 없어서 어떻게 정의할지 고민이다. 다만 1834가 좋아하고 공감할 수 있는 콘텐츠를 제작하고 편성하는 디지털 매체라고 얘기할 수는 있겠다."

다른 미디어와 달리 큰 성공을 거둔 이유는 무엇인가.

"우리도 스타트업 단계라 성공이라고 얘기하기는 힘들다. 많은 분이 좋게 평가해줘 우리가 가는 방향이 틀리지 않았다고 생각하고 있다. 막 기반을 닦은 단계라 지금부터 본격적으로 잘해야 한다. 그동안 이룬 것보다 해야 할 일이 많다고 생각한다."

조회 수는 증가하는 추세인가.

"유튜브는 매달 140~150% 증가한다. 성장세가 높다. 페이스북에서는 3억 정도에서 조금씩 늘어나고 있다."

조회 수가 엄청나다.

"제작자가 중심이기 때문에 한계가 없다. 한계가 없기에 다양한 콘텐츠를 시도할 수 있다. MCN은 각각의 크리에이터의 한계가 있다. 1년 내내 나오면 물릴 때도 있다. 또한, 먹방 전문 방송인이 뷰티방송을 하면 어색하다. 그런데 우리는 크리에이터, PD 중심이다. 뷰티를 전문적으로 만들다가도 '캠핑 가서 세안하는 팁'으로 여행 콘텐츠를 제작할 수 있다."

"콘텐츠에 1834가 좋아하는 인물, 좋아하는 제품을 배치하고 그들이 공감할 수 있는 이야기로 구성한다. 콘텐츠에 셀럽('유명인'이라는 뜻의 영어 단어인 셀러브리티celebrity를 한국식으로 줄인 말)도 나오지만, 그들을 위해 이야기를 작업하는 게 아니라 먼저 재미있는 콘셉트를 구상하고 그에 맞는 사람을 찾는 식이다. 다른 회사가 PD의 감에 의존해 콘텐츠를 만드는 것과 달리 우리는 데이터에 근거해서 만드는 게 큰 차별점이다. 그래서 제작 콘텐츠가 많고 조회 수도 높지만 쉽게 질리지 않는다."

어떤 데이터를 참고하나.

"내부적으로 '업로딩고'라는 프로그램이 있다. 우리 콘텐츠를 봤던 사람이 어떤 콘텐츠를 보는지 어떤 이야기를 좋아하는지 볼 수 있다. 그들이 어떤 단어를 써서 댓글을 다는 지, 그들의 소통 방식에서도 소재가 나올 수 있다. 그들이 많이 사용하는 단어를 출연자들이 활용하면 유저가 더 가깝게 느낄 수 있다. 영상도 어떤 때 가장 반응이 좋았는지 숫자로 보고 제작할 때 응용할 수 있다. 우리는 한 달에 120명의 PD가 400~450개 콘텐츠를 만든다. 많이 만들다 보니까 '이런 식으로 만들면 편당 대략 70만 명이 보고 어느 정도의 좋아요, 댓글이 발생할 것'이라고 예측이 가능하다. 비즈니스 관점에서도 데이터에 기반을 두고 광고주에게 예측된 숫자를 제시할 수 있어 리스크를 줄일 수 있다."

빠르게 사용자를 모을지 예상했나.

"비즈니스 모델은 너무 재미있었고 한창 크고 있었기 때문에 가능성이 있다고 봤다. 콘텐츠를 비즈니스로 만드는 데 중요한 것은 제작자(크리에이터), 클라이언트와 연결하기 위한 비즈니스 모델이 중요한데 전자는 딩고에 속한 사람들의 능력치가 좋다고 생각해서 나만 잘하면 된다고 생각했다. 그래서 더 힘들었다."

어떤 게 가장 힘들었나.

"방향성을 봤을 때 가능성이 있고, 도전해 볼 만하다 정도지 안정화된 사업이 아니기 때문이다. 만들어 가는 과정에서 결괏값이 늦게 나올 때면 '이게 맞나?', '잘 가고 있나?' 싶었다. 가설을 세우고 실제로 일을 진행하면서 '되는구나'가 보일 때까지 아주 힘들었다."

'되는구나'라고 느낀 시점은 언제였나.

"상품 소개, 비즈니스 소개서를 만들 때만 해도 사람들이 '뭐지?'라는 반응이었다. 설명도 하고 설득도 하면서 한두 개일 이 성사되고 리뷰를 하면서 클라이언트의 만족도가 높다고 피드백을 받을 때 '되는구나'라고 느꼈다. 특히 〈수고했어, 오늘도〉, 〈이슬라이브〉가 뜨면서 된다고 봤다. 중소기업 브랜드를 다룬 딩고 콘텐츠를 본 해당 업체 사장님께서 페이스북 페이지에 '이 콘텐츠 덕분에 판매량이 5배가 늘었다'며 고맙다고 글을 남겼을 때 우리 콘텐츠가 분명 매력 있다, 가능하다고 판단했고 힘을 낼 수 있었다."

광고와 순수 콘텐츠의 비율은 어느 정도인가.

"월 450여 콘텐츠 중에 30~50개가 광고다."

PD 중 한 명이 기획을 제시하면 진행할지 말지는 어떻게 정하나.

"각 스튜디오별 총괄들이 판단을 하는데, 대부분 시도를 막지 않고 일단 해보라고 한다. 휴대전화만 있어도 만들 수 있으므로 방송사보다 의사결정이 빠르고 심플하다. 평가도 조회 수, 댓글, 공유, 좋아요 등을 통해 팬들이 직접 반응을 표현하기 때문에 콘텐츠 리뷰도 깔끔하다. 그러면서 개선점을 찾는다. 반응은 별로 안 좋았지만 살릴 요소가 있다고 생각하면 한두 번 더 해보고 판단한다."

스타트업은 비즈니스 모델이 무엇이냐가 가장 큰 관심사다.

"콘텐츠로 비즈니스가 가능한 건 광고 형태와 채널 사업으로 나눌 수 있다. 광고에는 바이럴 광고 제작, 브랜디드 콘텐츠 제작, 프리롤 광고, 미드롤 광고 등이 있고, 채널 사업으로는 브랜드와 콜라보를 통한 신제품 제작, 판매 같은 형태가 될 수 있다. 예를 들면 딩고뮤직에서 음원을 제작하고 이를 콘텐츠로 만들어 수익모델을 만들거나 딩고뷰티에서 1834가 좋아하는 '신박템(새롭고 놀랍다 + 아이템으로 만들어진 인터넷 신조어)'을 모아서 제공하는 식이다."

"광고 중 바이럴 광고와 브랜디드 콘텐츠 제작은 인기가 많다. 유튜브 프리미엄 프리롤 상품도 지난 4월 처음 선보였는데 반응이 좋다. 앞으로 더 고도화시켜 클라이언트에게 기여할 수 있도록 할 생각이다. 채널 사업은 올해 하반기부터 본격적으로 진행하기 위해 딩고스튜디오 내에 조직도 세팅하고 프로세스와 고민을 함께 하고 있다."

CJ E&M 출신 인력이 많다고 들었다. 제작 경험이 많은 분들의 역할이 컸나.

"그분들은 전체 인력 중 10~20%지만 제작 프로세스를 잘 알고 있는 뛰어난 분들이다. 그 역할이 컸다고 생각한다. 다만 딩고의 콘텐츠 제작방식이 기존 TV 제작 방식과 완전히 다르기에 초창기에 시행착오도 많이 겪었다. 하지만 이 차이를 이해하고 기존 제작 노하우와 디지털의 특성이 조화를 이루면서 폭발적인 성장세를 만들며 현재 수준까지 올라왔다."

최근 수지가 출연한 〈오프 더 레코드〉가 인기였다. 어떻게 섭외했나.

"〈빅뱅TV〉, 〈투애니원TV〉를 만든 최재윤 딩고스튜디오 총괄 PD가 있는데, 수지가 자신도 해보고 싶다고 직접 연락이 와서 하게 됐다."

방송국급으로 연예인의 출연료를 주기는 힘들 것 같다.

"〈수고했어, 오늘도〉나 〈세로 라이브〉에 출연하면 이미지에도 좋고 음원 차트 순위에도 좋은 영향을 미친다. 돈으로 셀럽과 커뮤니케이션하기보다 우리도, 유저도, 셀럽도 시너지가 나고 모두 윈윈하는 형태를 추구하고 있다."

소셜미디어에서 흔히 볼 수 있는 자극적인 소재가 딩고에서 보기 힘들다.

"우리가 지향하는 바가 아니다. 자극적인 소재가 나쁘다, 좋다가 아니라 우리가 지향하는 바와는 다르다. 1834를 이끌거나 자극하고 싶지 않다. 옆에서 같이 걷고 웃고 공감하는 모습을 추구한다."

가장 성공한 콘텐츠를 꼽아 달라.

"아직 성공이라고 하기에는 부담스럽지만, 〈이슬라이브〉, 〈수고했어, 오늘도〉, 〈세상의 온도〉가 있다. 〈이슬라이브〉는 타깃들의 관심과 브랜드를 자연스럽게 연결한 콘텐츠다. 누적으로 1억 뷰가 넘었다. 단순 숫자 외에도 소주라는 이미지가 갖는 어둡고 외로운 느낌을 밝은 곳으로 나오게 한 느낌이 들어서 의미 있다고 생각한다. 〈수고했어, 오늘도〉는 힘든 친구들에게 행복한 하루를 심어주는 내용이다. 편당 뷰가 300만이 넘을 정도로 이슈가 되고 있다. 어려운 경제상황 속에서 하루를 선물할 수 있는 콘텐츠다."

“여기에 알바천국과 함께하면서 아르바이트생들을 응원하는 콘텐츠로 많이 알려졌다. 문재인 대통령께서 후보자 때 출연해 ‘이니’라는 새로운 별명도 얻었다. 딩고의 고객이기도 한 1834를 응원하고 희망을 주는 콘텐츠를 만드는 것이 의무라고 생각해서 만들게 됐다. 개인적으로 기업들의 사회 공헌팀과 일하고 싶다. 딩고가 스타트업이다 보니까 회사 돈으로 누군가를 많이 도와주기가 아직 힘들다. 우리가 콘텐츠를 잘 만들고 유저가 좋아요나 공유를 누르면 그게 일정금액으로 환산돼 꼭 필요한 곳에 도움이 될 수 있는 모델을 만들고 싶다. 올해 한두 개라도 해보고 싶은 욕심이 있다.”

글로벌로도 진출하고 있다. 국내와 글로벌에서 통하는 게 다른가.

“글로벌은 이제 본격적인 시작이다. 일부지만 5천만 뷰가 터지는 콘텐츠가 나오고 있다. 숫자 단위가 다른 건 확실히 알겠다.”

글로벌에서는 어느 지역이 반응이 좋나.

“아무래도 영어권이다. 아시아시장에서는 동남아, 홍콩, 싱가포르 그리고 북아메리카가 될 것 같다. 우리 콘텐츠 성격상 미국보다는 동남아에서 먼저 반응이 오지 않을까 예상하고 있다.”

앞으로의 계획은 무엇인가.

"딩고만이 할 수 있는 것들을 계속 만들어 가고 싶다. 브랜드, 바이럴 등 다양한 광고영역, 유튜브, 페이스북에서 새로운 상품들, 우리 딩고만이 할 수 있는 비즈니스 등 다양한 영역에서 새롭게 시도해보고 싶다. 수익이 창출되고 벌어들인 수익을 제작자들에게 돌려주고 새로운 콘텐츠를 제작하는 선순환을 만들어야 한다. 그게 안정적으로 돌아갈 수 있게 만드는 것이 꿈이다. 2~3년 안에 될 수 있지 않을까 기대해 본다."

IT 유튜버 디몽크

유튜브, 트위치, 아프리카 등 MCN의 전성시대다. 유튜버가 요즘 초등학교 학생들의 꿈이라고 할 정도로 유튜브가 대세가 됐다. 유명 스트리머의 수입이 화제가 된다. 유튜브에서 오랫동안 활동한 유튜버는 어떤 삶을 살까. 어떻게 시간을 보내고 콘텐츠를 구상할까.

2011년 채널을 개설해 2014년부터 본격적으로 활동한 채널 디몽크Dmonk를 운영하는 노승균 씨(31)를 만나 그의 이야기를 들어보는 시간을 가져봤다. 그는 배우를 꿈꾸다 게임과 IT 기기를 전문적으로 리뷰하는 채널을 운영했고 얼리어답터early adopter, 더기어thegear 등 IT매체에서 활동하기도 했다. 그의 채널 구독자는 2019년 4월 기준 10만 명을 넘어섰다.

10만 명 구독자임에도 불안함은 여전하다. 언제까지 유튜브의 대세가 계속될지, 자신의 영상이 사랑받을지 불안이 있다. 그런데도 '내가 하고 싶은 것을 하자'는 마음으로 하루하루 삶을 살고 있다.

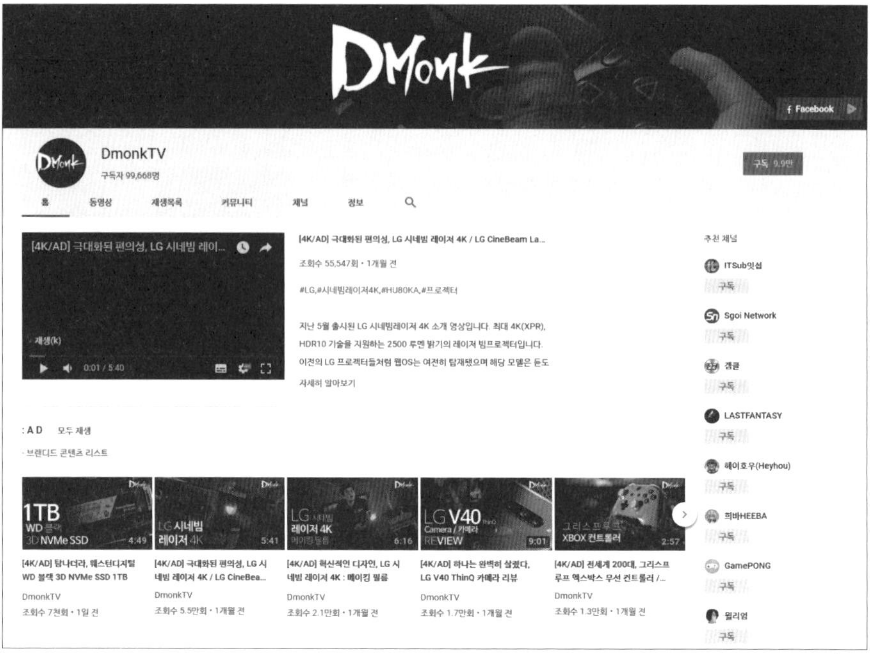

© 디몽크

'디몽크'라는 이름은 어떤 뜻인가.

"솔직히 말해도 되나. 유치한데, 개와 원숭이인 '도기몽크'라는 합성어에서 시작됐다. 원래 개라는 동물을 좋아했고, 옛날에 외모가 닮았다고 별명이 원숭이었다. 도기몽크라는 닉네임이 길고 거추장스러워서 줄이다 D·몽크가 됐다. 사람들이 흔히 '디지털몽크'라고도 하는데 별 뜻 없는 이름이다. 약간 아쉬움도 남는다. 더 멋있는 거로 할 걸. 그래도 이제는 바꿀 수 없다."

유튜브를 상당히 이른 시기에 시작했다. 어떻게 하게 됐나.

“삶이 정말 힘들었다. 누구나 사연이 있고 힘들겠지만 나도 너무나 힘들었다. 연기했는데 오디션을 60번 정도 봤는데 볼 때마다 떨어졌고 붙어도 쓰지 않았다. 성공할 수 있는 자신감이 들지 않더라. ‘내가 배우가 될 수 있을까’ 자신감이 없어졌다. 여기에 연기학원 다니는데 월드 오브 워크래프트World Of Warcraft(보통 WOW 혹은 와우라고 한다)에 빠져서 집에서 와우만 1년을 했다. 비참한 마음에 밤마다 누워서 유튜브를 봤는데 해외 유튜버 중에는 지금 흔히 하는 방송 콘셉트가 아닌 단편 영화처럼 만드는 사람도 있었다. ‘내가 뭐 하러 눈치 보고 빌빌거리고 있지. 그래 영화, 내가 만들면 되는 거 아냐’고 생각했고 그렇게 시작하게 됐다.”

처음 시작할 때 장비는 어떻게 마련했는지.

“아르바이트를 뛰었다. 호프집과 마케팅 회사 아르바이트를 했다. 번 돈을 꼬깃꼬깃 모았다. 당장은 비싸서 카메라를 살 수 없었다. 대신 웹캠을 샀고 마이크를 또 샀다. 당시에는 크로마키 합성 게임 유튜버가 거의 없었다. 구글 검색을 통해 크로마키 하는 방법을 찾아냈다. 크로마키 하는 것도 돈이라서 동네에서 파란색 부직포 사다 걸어서 환경을 만들었다. 조명은 형광등에 은박지를 직접 조립해 만들었다. 그렇게 하나하나 맞춰 갔다.”

장비는 아르바이트로 마련한다고 해도 기본적인 편집 기술은 어떻게 배웠나.

"처음엔 전부 독학이었다. 가르쳐주는 사람도 없었다. 구글 검색하고 해외 유튜브 강의나 국내 블로그를 봤다. 그런 분들을 보고 배운 건 직접 몸으로 부딪치면서 효과를 넣고 빼면서 하나하나 터득했다. 편집의 기법은 영화나 드라마를 많이 참고했다. 단순히 재미로 드라마나 영화를 보는 게 아니라 뭔가 배우기 위해서 항상 관찰했다. 본 건 비슷하게 만들어보려고 노력하고 마음에 들 때까지 항상 재촬영했고 마음에 들 때까지 편집했다."

독학은 적성에 안 맞으면 그만두기 쉬운데 적성에 맞았나.

"그랬던 것 같다. 하는 동안 재밌었다. 그때 유튜브에 업로드하면 반응은 당연히 미적지근했다. 근데 나는 솔직히 그때 자신이 있었다. '한국에 이 정도 리뷰 없다'고 생각했는데 올려도 50 뷰 나왔다. '왜 이렇게 뷰가 안 나오고 왜 이렇게 인기가 없는 걸까' 생각도 했다."

얼리어답터, 더기어 등 IT매체에서도 활동했다.

"아까 말했던 마케팅 아르바이트를 하다가 얼리어답터에서 일하는 에디터 한 분이 2014년 중순에 인턴 제안을 해서 가게 됐다. 그곳 편집장이 '영상 한다며? 그럼 나랑 재밌는 거 해볼래'라는 제안이 와서 인턴 기자로 반년 정도 근무했다. 그때 그곳에서 유튜브를 해야 한다고 말했는데 아무도 듣는 사람이 없었다. 그러다 앞서의 편집장이 더기어로 옮길 때 '네가 와야 한다'고 해서 가게 됐다. 그게 2015년 4월쯤이다"

더기어에서는 얼마나 일했는지.

"1년 11개월 근무했다. 초반 빼고는 영상만 했다. 배운 게 많았다. 영상 지식보다는 기자의 삶을 배웠다. 수많은 사회 지식을 얻은 게 크다."

예를 들면 뭔가.

"더기어에서는 '정도'가 중요하다고 배웠다. 선을 넘으면 안 된다는 거다. 리뷰어라고 생각한다면 깐다고 해서 멋있는 게 아니라는 걸 배웠다. 오래 전 게임리뷰를 할 때 '앵그리조'라는 유명 해외 게임 유튜버를 따라했다. 앵그리조는 욕설을 내뱉으며 깐다. 그 미국 감성이 되게 멋있어 보였다. 더기어에서 일할 때 VR리뷰를 했는데 결과를 보고 '리뷰를 누가 그렇게 했냐'고 욕설을 했다. 그 VR업체 측이 상처를 받았다면서 '네가 개발자 앞에 가서 이거 쓰레기다 말할 수 있냐'고 했다. 당시에는 '할 수 있다'고 했는데 나이가 들고 보니 내가 억지를 부렸다고 느꼈다. 말 한마디가 어떤 결과를 만드는지 모르기 때문이다. 그렇게 배우면서 리뷰의 톤앤매너Tone&Manner (색감이나 색상의 분위기, 방향, 표현법에 대한 전반적인 방법론이나 전체적인 하나의 콘셉트), 영상 스타일을 완전히 바꾸기 시작했다. 그러면서 재미가 없다는 분들도 있다. 인기는 과거에 더 많았다. 근데 어쩔 수 없다. 누군가는 부담 없이 남녀노소가 볼 수 있는 영상을 만들어야 하지 않을까 생각하게 했다. 더기어는 그렇게 내가 앞으로 살아가야 할 방향, 철학에 많은 영향을 줬다."

더기어는 왜 나왔나.

"방향이 안 맞았다. '여기는 언론매체기 때문에 광고, 영화 같은 예술 할 필요가 없다. 그냥 가장 빠르고 정확하게 뉴스에 맞는 영상만 찍으면 된다. 왜 자꾸 예술을 하려고 하냐'고 했다. 그 말이 너무 화가 났다. 나를 도구로밖에 생각하지 않는다는 그 생각. 여기 있기보다는 차라리 나가서 내가 틀리지 않았다는 것을 증명해야겠다는 마음에 나갔다."

회사를 나와서 유튜브로 성공할 수 있겠다는 자신감은 있었나.

"리뷰 그 자체였다. 영상 퀄리티에 대한 자부심도 있다. 영상 퀄리티에 대한 집착이 강하다. '멈추면 안 된다, 멈추면 트렌드를 잃고 트렌드를 잃으면, 돈을 못 번다'는 강박관념도 있다. 자신감도 있었다. 항상 최고 영상 품질로 시청자를 만족시킬 수 있다는 자신감이다. 유튜브라는 판이 워낙 커서 나만의 스타일을 알아주는 사람도 있을 거로 생각했다."

나와 보니 어떤가.

"나왔더니 전혀 일해본 적 없는 곳에서 일이 들어오기 시작했다. 유튜브 광고 수익보다는 브랜디드 콘텐츠 수익이 더 크고, 정확한 액수는 말하기 힘들지만, 직장생활을 할 때보다는 훨씬 많이 벌고 있다. 고정급여가 그리울 때는 있으나, 다시 직장생활은 못 할 것 같다. 욕심부리지 않고 어느 정도 벌면 나머지 시간에는 내가 만들고 싶은 콘텐츠를 만들고 공부할 수 있다. 이 삶이 더 편안하고, 여유롭고 즐겁다."

구독자가 많다. 어떻게 모았나.

"2017년 8월 더기어에서 나올 때는 6만 명 정도 됐다. 4년 동안 했기 때문에 6만 명까지는 꾸역꾸역 모았다.(현재 약 1년간 2만 명이 더 늘어나 8만 명이 됐다)"

구독자가 어느 정도면 먹고 살 수 있다고 보나.

"기준선은 5만 명 정도로 본다. 브랜디드 콘텐츠 업계에서는 5만 명 이상이 되지 않으면 돈을 안 쓰려고 한다. MCN 회사도 5만 명 이상부터 어느 정도 대접을 해준다. 먹고 살 만한 정도가 되려면 10만 명이다. 10만 명 정도 되면 일반적인 회사 월급 이상은 번다고 보면 된다."

가장 성공적인 콘텐츠를 꼽아보자면.

"내 입으로 말하기는 좀 그런데 언박싱unboxing(미개봉인 신제품 박스를 처음으로 열어서 그 내용물을 보여주는 형태의 콘텐츠)이 아닐까. 나만의 언박싱 스타일을 만들었다고 생각한다. 내가 만든 스타일인 수술용 장갑을 끼고 냄새를 맡는 등의 행동을 많이들 따라 한다.

유튜버가 더 많아지는데 블루오션도 있어 보이나.

"반려동물 장난감은 어떨까 싶다. 고양이 장난감 하면 난리 날 것 같다. 먹방도 영상미로 하면 괜찮을 것 같다."

게임 리뷰 중에 가장 조회 수가 많은 〈젤다의 전설 리뷰〉에는 영상 말미에 사람들이 등장한다.

"열심히 잘하시는 분들인데 구독자가 늘지 않는 분들에게 적어도 내 채널 형편이 조금 나으니까 얼굴을 알릴 기회를 주고 싶었다. 나뿐만 아니라 다른 사람들의 의견도 넣는 '크로스 리뷰' 같은 느낌도 주고 싶었다."

댓글을 보니 '이렇게 재밌는데 구독자가 적다'는 글이 많다. 어떻게 생각하나.

"겸손함이 아니라 내가 못했기 때문이다. 쓸데없는 자존심이 발목을 잡은 적이 많다. 후킹(시선을 끄는) 콘텐츠를 내놔야 하는데 안 한다. 그게 하기 싫다. 진성 구독자들을 모으고 싶다. 구독자 10만 명인데 1만 뷰밖에 안 나오는 것보다는 조금 천천히 가더라도 완성도 있게, 차근차근 밟으면서 가자고 생각한다."

처음 유튜브를 시작하는 유튜버한테 조언한다면.

"꾸준함. 꾸준함이 제일 중요하다. 콘텐츠에 악플 달리면 상처받고 마음을 못 열고 쉽게 포기하는 분들이 많다. 연연하지 않고 꾸준히 취미로써 자기만의 특별한 채널을 개발해 꾸준히 하면 결국에는 빛을 보는 것 같다."

꾸준함이라면 어느 정도 자주 올려야 하나.

"매일같이 할 필요는 않지만, 책임감을 느끼고 1주일에 최소 1~2번은 무조건 올려야 된다고 본다. 보통은 점차 그 주기가 짧아지다 회사를 그만두고 전업으로 뛰어든다. 유명 유튜버들도 하는 이야기지만 본업을 버리면서까지 뛰어들 필요는 없다. 유튜버가 돈을 많이 번다는 것도 잘못된 생각이다. 돈이 되는 건 맞지만 본인이 그만큼 벌 수 있는지는 확실치 않기 때문이다."

유튜버의 일과는 어떤가.

“굉장히 단순하다. 일하고 자고, 일하고 잔다. 반복이다. 일어나면 기획을 에버노트에 쓰고 커피 한 잔 마시고 촬영을 시작한다. 조명 처리하고 3시간 촬영하면 보통 오후 2시다. 기지개 한 번 펴고 오후 5~6시부터 편집 시작하면 보통 새벽 1시에 끝난다. 품을 많이 들일수록 만들어지는 시간이 길어진다.

꾸준함 말고 또 뭐가 필요하나.

“그 사람만의 ‘전매특허’가 필요하다. 포인트가 하나씩은 있어야 한다. 코미디언들이 유행어 만들기 위해 노력했던 것처럼 제스처나 특징이나 자신만의 뭔가가 하나는 있어야 한다.”

유튜브에서 제공하는 광고 수익은 좋은지.

“채널, 영상, 조회 수에 따라 너무 달라서 모르겠다. 나는 1백만 원도 안 되는 달도 있다.”

IT 리뷰가 돈이 된다는 속설이 있다. 게임 리뷰보다 IT리뷰에 집중한 것도 그런 영향이 있나.

“그렇다. 모바일 게임 말고는 게임 업계는 돈을 안 쓴다. 정말 인기 있는 유튜버가 아니면 안 쓰려고 한다. IT기기는 구독자 수를 떠나 잘하면 기회를 주려고 하는 게 강했다. 잘하면 기회도 잘 준다."

게임 리뷰로 돈을 받아본 적이 있을 것 같다.

"유튜브 개설 초기에 이벤트성 캠페인 말고는 없다."

돈은 많이 모았나.

"많이 못 모았다. 번만큼 장비에 다 재투자를 했다. 그래서 모으지 못했다. 그나마 모은 돈도 오토바이 고장 난 거 불안하게 타고 다녔는데 고치니까 모은 돈이 없다."

불안함은 없나. 또 있다면 무엇인지 궁금하다.

"물론 불안함은 있다. 언제까지 지속하지 않을 수 있다는 것. 언젠가는 이게 끝날 거라는 느낌. 계속 내재적으로 불안감을 가지고 있다. 너무 행복하면서도, 즐겁고, 그러면서도 불안하고, 무섭다. 한국 나이로 서른둘인데. 이렇게 나이 먹다가 일이 없으면 어떡하지. 근데 이왕 이렇게 된 거, 일단 내가 하고 싶은 거 하자. 그러면서 하루하루 삶을 살고 있다."

리뷰왕 김리뷰

말장난 같은 이름의 리뷰왕 김리뷰는 페이스북에서 약 50만 팔로워를 보유한 영향력 있는 페이지다. 페이스북에 페이지 기능이 생긴 초기, 즉 1세대에 '미제사건갤러리'라는 페이지로 명성을 얻었다. 이제는 거의 모든 언론사에서 사용하는 카드뉴스 틀을 그가 최초로 만들었다고 알려져 있다.

영향력 있는 페이지인 만큼 비교적 큰돈을 벌었던 리뷰왕 김리뷰는 안정에서 모험으로 방향을 틀었다. 2015년 말부터 김리뷰는 페이스북 페이지 운영에 힘을 빼고 모든 사람이 리뷰를 쓰는 플랫폼 리뷰 리퍼블릭Review Republic을 시작했다. 리뷰 리퍼블릭은 수천억 원의 가치로 평가받는 스팀잇Steemit과 매우 유사하면서도 먼저 출시된 바 있다.

리뷰 리퍼블릭을 글 쓰는 사람들의 유튜브로 만들겠다는 꿈을 가진 김리뷰를 2017년 7일 리뷰 리퍼블릭 사무실에서 만났다. 그는 '망하면 페이지 운영으로

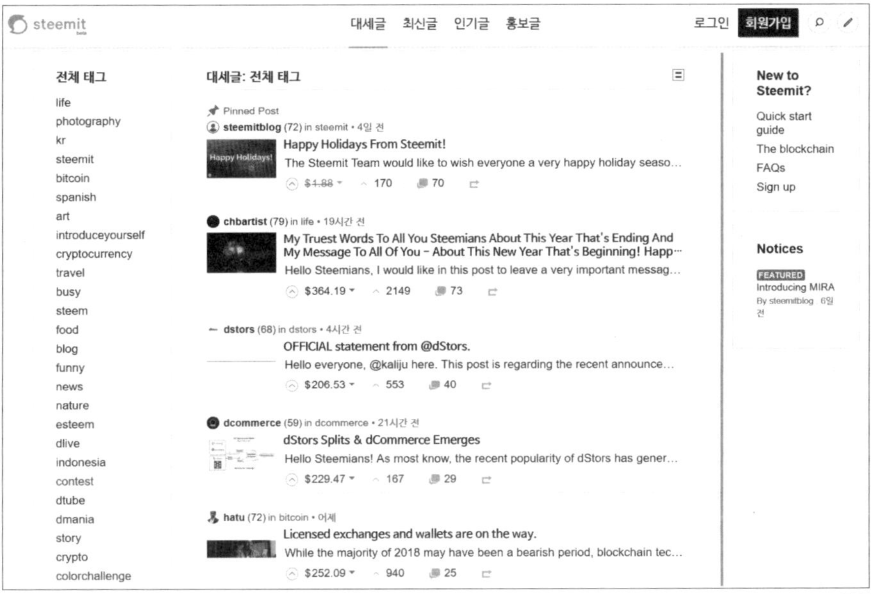

© 스팀잇

돌아간다는 생각은 없다. 무조건 성공하게 한다'라는 각오를 드러냈다. 안타깝게도 예상과 달리 커뮤니티 운영에 난항을 겪었다. 그가 꾸린 팀도 해체됐다. 리뷰리퍼블릭은 폐쇄됐다. 김리뷰는 현실적인 어려움에 부딪혔다. 그는 '미제사건 갤러리' 페이지도 팔았다. 개인적인 부침도 겪었다.

그럼에도 그는 다시 디 에디트THE EDIT 등 매체에 기고하며 활동을 이어가고 있다. 올해는 자신의 새로운 책도 낼 계획이라고 밝혔다. 비록 과거 인터뷰지만, 국내 페이스북의 역사에서 큰 획을 그은 그가 2017년에 어떤 생각을 했고 페이지 운영에서 탈피해 어떤 꿈을 꿨는지 엿볼 수 있는 인터뷰이기 때문에, 의미 있다고 생각해 여기에 수록했다.

얼굴을 공개하지 않는 이유는 뭔가.

“처음에는 이유가 딱히 없었는데 반대로 얼굴을 굳이 까야 할 이유도 없는 것 같다. 인제 와서 생각하면 사람들이 계속 궁금해 하는 편이 저한테도 좋을 것 같단 생각이 든다. 강연하더라도 ‘이 XX가 얼마나 XX같이 생겼을까’, 이 생각으로 오시는 분도 분명히 있다. 또한 내 글이 나라는 사람의 얼굴이나 정체성으로 판단되기보다 내 글로 판단이 되는 게 좋은 것 같다.”

김리뷰 이전에 ‘미제사건갤러리’가 있었다.

“시작은 내가 그 커뮤니티 사이트(김리뷰는 일베를 ‘그’ 혹은 ‘읍읍’으로 칭했다)에서 미해결 사건을 정리하는 시리즈에서 시작했다. 80편 정도 올렸는데 80편 모두 추천을 많이 받아 일베 게시판에 올라갔다. 그 커뮤니티 사이트에서 욕도 많이 먹고 재미도 없고 질려서, 페이스북으로 가기로 했다. 페이스북에 올리다 보니 비축분이 떨어져서 새롭게 쓰게 됐는데 그때 이미지와 글을 구분할 필요 없이 포토샵으로 조잡하게 만들어 올렸다. 어떻게 보면 1세대 카드 뉴스를 만든 셈이다. 좋아요가 자고 일어나니까 50개에서 6백개가 돼 있고 또 하룻밤 자다 일어나니까 1만 개가 돼 있더라. 1년이 지나니까 20만이 넘었다.”

리뷰왕 김리뷰 페이지는 어떻게 만들어졌나.

“페이지에 일상적인 것도 많이 올렸다. 페이지에서 내가 먹는 컵라면, 삼각김밥 인증해서 올리기도 했다. 재미있어하는 분들도 있지만 재미없어하는 분들은 ‘제목은 미제사건갤러리인데 미제사건은 안 올리고 쓸데없는 것만 올리냐. 소재 고갈이냐’고 했다. 그런데 진짜 소재가 고갈됐었다. 소재 스트레스를 많이 받아서 2014년 7월쯤 두 번 다시 소재 걱정 없는 페이지를 만들자고 생각해 세상 모든 것을 리뷰하는 콘셉트로 만들었다. 그런 의미로 만든 게 ‘리뷰왕 김리뷰’라는 페이지였다. ‘미제사건갤러리’가 1년 만에 20만 명 넘게 모았는데 ‘리뷰왕 김리뷰’는 거의 한 달 만에 20만 명 정도를 모았다.”

잘나가는 페이지 운영자에서 ‘리뷰 리퍼블릭’으로 방향을 틀었다.

“일베에서 안 좋은 언행을 저지른 일로 피키캐스트에서 나오게 됐다. 퇴사 후 조금 쉬다가 프리랜서 생활을 시작해서 내 콘셉트를 직접 기획하고 상품을 만들고 영업을 뛰었다. 그게 잘됐다. 그래서 돈을 벌었다. 책 작업도 틈틈이 해서 세 권을 더 냈다. 정말 많이 들어 올 때는 인세랑 겹쳐서 겸손하게 한 달에 3000만 원씩 벌었다. 그때 내가 행복의 역치 값이 낮다는 것을 깨달았다.”

“반지하에서 살다가 오피스텔로 이사 갔는데 그때 돈을 모아서 전세나 내 집 마련을 하겠다는 욕심보다는 밥 안 굶고, 월세 안 밀리고, 내가 하고 싶은 것들 하면서 행복했다. 어느 순간 그런 생각이 들었다. ‘내가 10년 후에도 김리뷰 활동을 하면서 이런 행복을 누릴 수 있을까?’ 내가 아무리 잘 나가도 어느 날 실리콘밸리에 운석이 떨어져서 페이스북 서버가 터지면 실업자가 될 수도 있다. 내 살길을 알아서 찾아 나가야겠다는 생각을 했다."

"그 실험으로 다음에 리뷰 공화국이라는 카페를 만들었다. 개인 돈 500만 원을 들여 매주 리뷰를 잘 쓰는 사람들한테 돈을 나눠줬다. 그 실험에서 '독립 플랫폼은 확장성을 추구해야 한다', '보상 체계가 훨씬 더 정교하고 구체적이어야 한다'는 점을 깨달았다. 우연히 새로운 개발자를 만나서 공동 창업을 하게 됐다. 얼떨결에 창업하게 된 케이스인데 그때부터 개발을 시작해 6월 6일 클로즈 베타를 500명 정도 규모로 시작했다. 지난해 9월 말에 공개 시험을 했고 지금까지 이어지고 있다. 지금도 베타 서비스 단계다."

정규서비스는 무엇이 달라지나.

"정규서비스와 베타서비스의 차이는 유저들로부터 수익을 창출 하느냐, 아니냐인 것 같다. 콘텐츠가 유저들을 만족시키면서 합리적인 보상도 갖추려면 결국 텍스트를 실제로 소비하는 주체들이 값을 지불해야 된다고 생각한다. 그래서 유료 커뮤니티 형태가 실험적으로 진행이 될 예정이다."

기존 커뮤니티, 블로그, 카페에서 활동하는 사람들을 리뷰 리퍼블릭으로 어떻게 오게 할 것인가.

"인터넷에 글을 쓰는 이유는 크게 두 가지다. 첫 번째는 관심 혹은 명예욕, 두 번째는 물욕이다. 그런데 경제적 보상에서는 커뮤니티가 버는 수익과 이용자가 구분돼 있다. '내가 동영상을 만들었는데 유튜브 아닌 다른 곳에 올릴 이유가 있느냐, 없느냐.' 유튜브에 올리면 돈을 벌 수 있다. 우리는 궁극적으로는 리뷰리퍼블릭이 텍스트 기반 콘텐츠를 만드는 사람들의 유튜브가 되기를 원한다. 우리는 사이트 내부에 '닷'이라는 가상 화폐로 물질적 보상이 돌아간다."

"구조 자체도 기존 커뮤니티와 아주 다르다. 굵직한 사이트의 UI(사용자 인터페이스)를 보면 20년 전에 쓰던 게시판 형태와 차이가 없다. 10~20개 글이 보이고 제목을 보고 들어가면 사진과 글 내용을 보고 코멘트를 달고 추천, 비추천을 누를 수 있는 PC통신 시절에서 발전이 없는 구조다. 서버 관리 외에는 혁신적인 기능이 없었다. 해외에서는 커뮤니티가 많은 시도를 하고 있다. 레딧Reddit은 '이더리움Ethereun'이라는 가상화폐를 정말 글 잘 쓴 사용자한테 나눠준다. 아직 본격적으로 마케팅을 못하고 있다. 본격적으로 마케팅에 노력을 쏟으면 유저를 폭발적으로 확보하리라 기대한다. '2018년 DC인사이드의 사용자를 반 토막 내는 것'이 목표다.

우리나라 커뮤니티를 보면 단순히 유저가 많다고 돈을 많이 버는 건 아니다. 사업 모델은 있는지.

"핵심은 사용자가 직접 돈을 내야 한다는 거다. 사용자가 직접 돈을 내는데 그게 불합리하거나 삥을 뜯는 게 아니라 구미가 당길 만해야 한다. 커뮤니티에서 콘텐츠를 생산하고 소비하는 과정에서 끌어낼 수 있으면 좋겠다. 유료 커뮤니티 모델이 황당무계한 것도 아니다. 레딧은 '레딧 골드'라는 유료 커뮤니티 서비스가 있다. 여러 측면에서 레딧을 벤치마킹했는데 리뷰 리퍼블릭도 월 1~2달러 정기결제를 제안하는 형태로 갈 것 같다. 그에 대한 보상은 다른 사용자들한테 줄 수 있는 훈장, 이 사람한테 줄 수 있는 콘셉트에 명예와 존중의 표시를 줄 수 있는 권한을 주는 방안을 생각 중이다."

"내부적으로 게이미피케이션Gamification(사이트에 게임 플레이 기법을 적용하는 시스템) 적용을 검토 중이다. 별개로 우리가 사용자의 콘텐츠 저작권을 양도받는다. 그 대가로 가상 화폐를 지원한다. 사용자가 과연 소중한 콘텐츠의 저작권을 양도할까 생각했는데, 생각보다 플랫폼에 기여하고자 하는 욕구도 크고 저작권에 대한 강박관념도 없다. 우리 사이트에 올라온 리뷰가 1만 건 정도 되는데 절반 이상의 저작권을 확보했다. 개별 사용자보다 회사 하나가 엄청난 양의 저작권을 갖고 있으면 그걸 수익화하는 것은 훨씬 수월하다. 더 높은 가치에 이 콘텐츠들을 팔수 있다. 콘텐츠 수익화와 사용자 커뮤니티를 지속해서 고민하고 있다.

리뷰 콘텐츠가 수익이 될 수 있을까.

"우리 핵심 가설 중 하나는 '좋은 리뷰가 좋은 광고가 될 수가 있다'는 거다. 예를 들어 좋은 일본 여행 리뷰를 읽으면 일본으로 떠나고 싶다. 리뷰는 광고와 다르다. 목이 마른 데 콜라 광고를 보고 콜라를 먹은 것과 같은, 이미 있던 욕구 80에서 나머지 20을 만드는 게 아니다. 일본 여행 욕구가 0인데도 리뷰를 보면 100이 될 수 있다. 구매 흐름을 만들어주는 것만으로도 새로운 가능성을 찾을 수 있지 않을까 기대한다. 리뷰를 보고 '일본에 가고 싶다'고 느낀 순간, 글 마지막에 바로 항공권, 호텔을 결제할 수 있게 해주면 큰 시장이 열릴 것으로 본다."

리뷰왕 김리뷰의 경쟁 페이지는 어딘가.

"경쟁 페이지가 있는지 모르겠다. 없다고 생각한다. 경쟁자는 어제의 나이기 때문에…. 사실 페이스북을 잘 안 한다. 중국집 아들도 중국 음식은 잘 안 먹지 않나. 그래서 다른 페이지를 잘 모르는 것도 있다. 다른 페이지 구독자가 몇 만인지 관심도 없다."

무슨 말인가.

"상징으로 남고 싶은 거지 숫자로 남고 싶지 않다. '걔는 김리뷰야. 걔는 리뷰를 써' 이렇게 설명이 되고 싶지, '걔 구독자가 몇 십만 명이야'라며 다른 페이지와 비교당하고 싶지 않다."

예전 일베를 했다는 이유로 '세탁왕 김리뷰'라는 별명도 있다.

"세탁이 빨려야 세탁기다. 지워지는 얼룩이 아니기 때문에 숨기려고 하지도 않고 이번 인터뷰에서도 마찬가지로 안 했다고 변명하지도 않는다. 반성한다고 없어지는 일이 아니니까 '반성했으니깐 끝이야'가 아니라 계속해서 책임을 지고 같은 잘못을 반복하지 않는 것이 중요한 것 같다. 흰 티셔츠에 페인트 묻었는데 빤다고 해서 없어지는 게 아닌 것처럼, 내가 했던 행동이 세탁될 수준은 아니니까 그런대로 입고 다녀야 한다. 다만 입고 다니면서 더 X같은 짓거리만, 더 많은 얼룩을 묻히지 말아야 겠다는 생각을 하고 있다. 나를 응원해주는 사람을 배신하지 않겠다는 생각이 가장 크다."

지금까지 오면서 가장 힘들었을 때는 언제인가.

"당연히 일베 때문에 욕먹고 퇴사했을 때가 가장 힘들었다. 그때 빼면 몇 달 전까지가 힘들었다. 그 이전 고생은 평생 그렇게 살았으니까 힘들지 않았는데 최근 리뷰 리퍼블릭에 투자받겠다고 돌아다니는데 팀원들 임금도 제대로 못 주고, 일할 장소 제공도 제대로 못 하면서 힘들었다. 책임져야 할 것들은 많은데 내가 할 수 있는 것들이 얼마 없을 때였다. 리뷰 리퍼블릭을 하면서 내가 여기서 다 잃고 나락으로 떨어지지 않겠냐는 공포감도 생겼다. 가진 게 클수록 잃었을 때의 두려움도 커지는 것 같다."

못하면 다시 페이지 운영으로 돌아갈 생각인가.

"아니다. 성공하게 해야 한다. '안 되면 말지' 이런 생각으로 한 적도 있다. 지금은 아니다. 나는 그렇다고 쳐도 팀원들은 그렇지 않다. 무조건 성공시킨다는 각오로 하는 게 맞는 것 같다. 플랜B는 생각하지 않고 있다."

마지막으로 하고 싶은 말이 있다면.

"운이 좋아서 페이지가 커졌다. 운이 다할 때까지 할 수 있는 일들을 하면 되지 않을까 생각한다. 페이스북 페이지에서 나도 '노잼(No+재미. '재미없다'는 뜻의 인터넷 신조어)'인건 잘 알고 있기 때문에 눈치 없이 맞는 말 하지 말라고 하고 싶다. 괜히 반박할 수 없는 사실을 가지고 얘기를 해봤자 듣는 사람 기분만 나쁘지 의미가 없다. 그런 얘기해봤자 갑자기 '예스잼'이 되는 것도 아니다. 강도 높은 자아비판을 하고 있다."

쥐픽쳐스

영조와 사도제자가 랩으로 배틀을 벌인다면? 어렵고 복잡한 뉴스를 친근한 10대, 20대의 언어로 설명해준다면? 〈역사인물 랩 배틀〉과 〈범근 뉴스〉를 만든 국범

© 쥐픽쳐스

근 쥐픽쳐스 대표는 일약 차세대 1인 미디어로 떠오른 소셜 미디어 유명인사다. 인터뷰가 끝난 뒤 대학생 신분으로 활발한 활동을 이어가던 국범근 대표는 얼마 전 어학연수를 떠났다. 재충전을 통해 다음 단계로의 진입을 준비하는 모양새다.

SNS에서 활발하게 활동하시는데요. 어떻게 활동을 하게 되었나요.

"고등학교 때 친구들과 같이 UCC를 만들었는데 되게 재밌었어요. 교내 방송으로 공개됐는데 친구나 선생님들이 잘 봤다고 얘기해줬어요. 많은 사람 앞에서 제 영상을 보여줄 때의 즐거움이 너무 좋아서, 그때부터 페이지를 만들고 시작을 하게 된 거죠."

초기에는 주로 어떤 영상을 만들었나요?

"주로 학교에서 일어난 일을 소재로 한 패러디 영상들. 웃긴 영상들을 주로 만들었어요. 베어그릴스나 영화를 패러디해서 재밌게 만들었어요."

〈역사 인물 랩 배틀〉은 어떻게 시작하게 된 건가요.

"당시 지원한 대학들에서 다 떨어진 뒤 가족들 눈치를 볼 때였습니다. 하루하루 격랑 속에서 지내던 시절이었는데, 마음이 힘들었어요. 구심점이 필요했습니다. 그때까지는 재밌는 영상만 만들어 왔는데, 갑자기 퀄리티 있는 영상을 만들고 싶었어요. 유튜브를 찾아보는데 〈에픽 랩 배틀 오브 히스토리Epic Rap Battles of History〉가 있는 거예요. 외국의 역사 속 인물들이 나와서 랩 배틀을 하는 건데, 재밌었어요. 그걸 보면서 '우리나라도 재밌는 역사 인물도 많은데, 이걸 가지고 와서 하면 재밌겠다'라고 생각을 하게 됐죠. 우리 역사라는 오래된 소재에 가장 현대적인 소재인 힙합을 접목해 콘텐츠를 만들면 좋지 않을까 해서 만들게 됐죠."

〈범근 뉴스〉는 어떻게 탄생했습니까.

"〈역사인물 랩 배틀〉 한 편을 만드는 데 시간과 노력이 너무 많이 들어가 힘들더라고요. 빨리빨리 만들어야 하는데 한 편 만들 때마다 그런 시간과 노력이 들어가니 한계가 느껴지더라고요. 저 혼자서 꾸준히 연재할 수 있는 콘텐츠가 뭐가 있을까 고민했는데요, 제가 시사 이슈나 사회 문제에 관심이 많아서 이런 것들을 접목해 풀어내면 좋지 않을까 해서 〈범근 뉴스〉를 만들었습니다."

〈역사인물 랩 배틀〉을 보면 비용도 많이 들 것 같아 보입니다.

"처음에는 자비로 만들었는데 점점 입소문을 타면서 3화부터 콘텐츠진흥원에서 지원금을 받게 됐습니다. 이렇게 해서 6화까지 만들었죠. 그런데 하필 콘텐츠진흥원에서 불미스러운 일(최순실 국정농단 사태 관련)이 생겼습니다. 원장님이 제 고등학교 친구 아빠의 친구인데 원장 되기 전 제가 고3 때 한 번 본 적이 있었습니다. 제가 만든 영상을 보여 드리자 '아저씨는 이걸 보면서 계속 스킵을 하고 싶었어. 공부나 해. 대학을 먼저 가'라고 충고를 해주셨던 분입니다. 마음이 아팠어요. 특검 포토라인 앞에 서셔서."

구글 뉴스 랩에서 만든 '젤리플(사랑과 성에 대한 솔직 담백한 이야기를 나누는 커뮤니티)' 영상이 500만 조회 수 이상의 초대박을 쳤습니다. 비결이 무엇입니까.

"구글 뉴스 랩은 구글이 국내 언론사 4개와 협의해 대학생을 대상으로 지원금을 주면, 3달 동안 4명이 한 팀이 돼서 콘텐츠를 만드는 과정이었어요. 저는 처음부터 10대들의 성(性)으로 가자고 생각했어요. 10대들도 성에 대해 솔직히 얘기할 수 있는 분위기를 만들어보자는 취지에서 젤리플이라는 콘텐츠를 만들기 시작한 거죠. 주제가 성에 관련되다 보니 제가 〈범근뉴스〉 몇백 편을 만들어도 안 나올 조회 수가 나오게 된 거 같아요."

〈범근 뉴스〉 하면서 욕도 많이 먹었습니다. 신경 쓰는 편인가요.

"아무래도 시사 이슈에 제 의견을 밝히다 보니 유머나 공감 영상을 만들 때는 안 들어도 될 욕 들을 많이 먹는 거죠. 성 평등 이슈를 영상으로 만들 때 가장 많은 욕을 먹는 거 같아요. 스트레스는 항상 받아요. 그런 것에 연연하지 않겠다고 해도 연연 안 할 수가 없어요. 들어가서 다 보게 돼요. 욕먹는 것도 어쩔 수 없다고 생각하는 게 마음이 편해요."

문재인 대통령 성대모사로 유명합니다. 직접 만난 적도 있나요.

"두 번 있어요. 2015년 제 생일날, 민주당이 당 대표를 뽑는 전당 대회 날이었어요. 약속도 없고 심심하던 차에 마침 우리 집 앞 올림픽공원에서 하기에 잠깐 구경 갔어요. 들어가자마자 문재인 대표가 악수하면서 돌고 있었어요. 직접 본 게 신기해서 악수를 청했어요. 두 번째는 지난 2016년 1월 더불어 민주당으로 당명 바꿀 때 당명 공모를 했습니다. 그때 제가 '희망민주당'이라는 이름으로 냈는데 그게 여론 선호도 조사 1위를 찍어서 당명이 될 뻔했습니다. 여론 선호도와는 별개로 더불어민주당으로 이름 정해지고, 저는 시상식 때 가서 상장받고 문 대통령과 악수를 했습니다."

욕먹으면서도 끊임없이 얘기하는 이유가 있나요.

"화제가 되기도 하고 필요하니까, 해야 하니까 하는 거겠죠. 욕먹는 것은 그만큼 첨예한 이슈라는 뜻이니까요. 아무나 할 수 있는 무난한 얘기를 하는 것보다 욕을 조금 먹더라도 필요하고 적절한 얘기를 하는 것이 중요하다고 생각해요."

어렸을 때부터 관심받는 것을 좋아했나요.

"관심이 없으면 사람은 죽습니다. 사람이 언제 죽는지 아십니까. 총에 맞았을 때, 칼에 맞았을 때가 아닙니다. 사람들 뇌리에서 잊혀졌을 때입니다. 관심을 주십쇼. 여러분, 관심이 필요합니다."

'1인 미디어'로서 목표가 있다면.

"부귀영화를 누리는 한 해가 됐으면 좋겠습니다. 재미있고 또 의미 있는 영상을 만들면서 꾸준히 활동했으면 좋겠습니다. 유튜브 구독자 10만 명 넘고 싶고요. 어디 가서 구독자 10만 명 넘기 전까지는 페이스북 스타 이런 말 입에도 올리지 말라는데, 제가 페이스북 스타라든지 소셜 미디어 스타와 같은 대접을 받으면 되게 거북해요. 방송 출연도 하고 싶어요. 제가 있는 위치에서 열심히 활동하면서 더 큰 영향력을 가지는 것, 그 영향력을 우리 사회가 더 좋은 방향으로 나아가게끔 하는 사람이 되고 싶어요."

하고 싶은 말이 있다면.

"서로 사랑하세요. 항상 하는 이야기는 '쥐픽쳐스 구독해 달라'는 거구요. 주변에 보면 젊은 시사 크리에이터 하기가 쉽지 않습니다. 젊은이들이 좋아할 만한 시사 콘텐츠를 만든다고 소개가 되기도 해요. 그런데 돌이켜 보면 그런 평가만큼 잘 했는가를 스스로 따져보면 아직은 부족한 것이 많습니다. '내가 약을 팔고 다니는 건가'라는 고민도 해요. 이제는 그런 고민을 씻어내는 좋은 콘텐츠를 만드는 사람이 됐으면 합니다."

음악 뉴미디어, 윤종신

2017년 8월, 이변이 일어났다. 윤종신의 발라드 〈좋니〉가 음원순위 1위를 차지했다. 특별한 홍보가 없던, 50을 바라보는 중견 가수의 발라드 곡이 역주행을 통해 차트 정상에 올랐다. 힙합 경연 프로그램과 아이돌 그룹의 홍수 속에서 일어난 일이다. 대체 어떻게 이런 일이 가능했을까?

윤종신은 기민하게 달라진 시장 환경에 반응했다. 음악은 본인의 본질을 유지하되 음악을 전달하는 방식을 바꾸었다. 시장 환경에 맞춰 음악 유통경로를 영민하게 바꾼 윤종신의 방식은 지극히 '뉴미디어적'이다. 뉴미디어로서 가수 윤종신에 관해 이야기해보려 한다.

시작은 '정규 앨범 11집의 실패'였다. 비평적으로 윤종신의 전성기를 뽑자면 초기에 등장한 작가주의 앨범 5집을 제외한다면 9~10집을 뽑을 수 있다. 어쿠스틱한 여름 앨범 9집과, 어반한 느낌이 나는 앨범 10집은 대조를 이루면서도 윤종신이라는 발라드 가수가 보여줄 수 있는 완성도의 극한을 보여주었다. 11집은 윤종신이 예능에 활발하게 출연하기 시작하던 시기에 나왔다. 지금 생각하면 11집도 좋은 앨범이었다. 〈야경〉 등의 명곡이 있었고, 앨범 전체의 흐름도 탄탄했다. 하지만 예능인 윤종신과 가수 윤종신의 괴리, 타이틀곡 〈내일 할 일〉의 예상보다 못한 흥행 등으로 묻힌 앨범이 되었다.

실패를 맛본 윤종신은 '새로운 방식이 필요하다'는 사실을 절감했다고 인터뷰에서 밝혔다. 오랜 기간 준비해서 나온 앨범이 타이틀곡 한 곡의 실시간 차트 흥행 하루 이틀로 성공 실패 여부가 나오는 현재 한국 음악 시장에 의문이 들었던 거

© 월간 윤종신

다. 그에게는 새로운 음원 발표 방식이 필요했다. 그렇게 시작한 방식이 '월간 윤종신'이다. 매월 본인이 느꼈던 감정을 즉각 음원으로 발표하는 방식이다. 특별한 홍보는 없다. 그렇게 쌓인 음악을 묶어 음반으로 매년 발표한다.

처음엔 큰 반향이 없었다. 케이블 프로 〈디렉터스 컷〉에서 1회 분량의 방송 분량 동안 곡을 만드는 홍보 활동을 했다. 미디어의 도움을 받았건만 반응은 떨떠름했다. 실패로 보였다.

방송 미디어가 월간 윤종신을 알렸다. 오디션 프로 〈슈퍼스타 K〉에서 〈본능적으로〉가 등장하며 큰 주목을 받은 거다. 이를 계기로 윤종신이 매월 음원을 발표하는 플랫폼, 월간 윤종신이 세상에 알려지기 시작했다. 이후 히트곡이 쌓일 때마다 과거 윤종신의 음악까지 찾아 듣는 팬층이 생겨났다. 조금씩 결실을 얻기 시작한 셈이다.

월간 윤종신은 여타 음악들처럼 홍보로 승부하기보다는 본인만의 정체성을 만들기에 주력했다. '월간 음원'이라는 방식이 잡지와 비슷하다는 사실에 창안, 마치 잡지처럼 음원과 뮤직비디오, 메이킹 필름을 조합하기 시작한 거다. 월간 윤종신은 아이폰과 구글 플레이의 '뉴스 가판대'에 제공되고 있다. 마치 잡지를 구독하듯 월간 윤종신의 음원 플랫폼을 구독할 수 있도록 말이다. 잡지라는 개념은 월간 윤종신 운영 전반에 깔려있다. 잡지처럼 1년에 한 번 나오는 CD 앨범에는 다양한 부록 곡들이 들어있다. 2015년 앨범에는 윤종신이 작사했던 곡을 부른 라이브 음원들이 들어있다.

월간 윤종신은 한정판 모델도 시도했다. 'Monthly Drip'이라는 이름으로 한

정판 LP를 제작해 팔았다. LP는 1시간 만에 매진되었다. 마치 잡지처럼, 미국의 성장하는 LP 산업처럼 영리하게 타겟을 잡은 덕분이다. 이후 월간 윤종신은 회사 단위로 커져 '리슨listen'이라는 새로운 플랫폼이 만들어졌다. 리슨은 윤종신의 회사 미스틱이 비정기적으로 발표하는 음원 플랫폼이다. 최소한의 자본과 마케팅으로 다른 방식으로는 발표하기 어려운 음원을 유통한다. 뮤직비디오는 LISTEN by MYSTIC Entertainment라는 타이틀의 유튜브 채널에 올라가는 방식으로 발표한다. 최소한의 자본으로 제작된 통일성 있는 형식의, 하지만 각 음원의 특징을 잘 표현된 형식으로 제작된 영상이다. 그 외에 특별한 홍보는 없다.

리슨을 통해 중견 뮤지션 하림부터 신인 퍼센트PERC%NT까지 다양한 뮤지션이 음악을 발표했다. 최소한의 홍보를 통해 음원을 꾸준히 만든다. 그리고 이들이 쌓인다. 〈좋니〉와 같은 성공작이 나온다. 이 성공작이 리슨이라는 플랫폼 전체를 홍보하는 역할을 한다. 이렇게 쌓이고 쌓이면서 하나의 음원 유통 플랫폼이 되는 게 리슨의 목표로 보인다. 마치 영화관에서 '믿고 보는 마블'의 영화가 나오면 보는 팬들이 있듯 말이다.

윤종신의 음원 발표는 영상으로까지 이어지고 있다. SM은 2017년 3월, 미스틱에 주식 28%를 매입하며 최대 주주로 등극했다. 이후 SM은 미스틱과 함께 협업을 시작했다. '눈덩이 프로젝트'가 대표적이다. SM 엔터테인먼트의 소속 가수와 미스틱의 소속 가수가 협업해서 음악을 만든다. 음악을 만드는 과정은 네이버와 MNET을 통해 공개한다. 월간 윤종신의 방식을 두 회사의 협업 방식으로 바꾼 셈이다.

SM은 단독으로도 월간 윤종신 포맷의 프로젝트를 진행한다. 'SM Station'이다. 이 프로젝트를 통해 SM 소속 아티스트는 물론 외부의 아티스트까지 자유롭게 다양한 뮤직비디오와 음악, 콘텐츠를 만든다. 해외 팝 아티스트 존 레전드부터, 인디 가수 십센치, SM 내부 프로듀서 히치하이커까지 다양한 아티스트들이 SM 아이돌과 함께 음악을 제작한다.

미스틱은 영상 제작을 늘릴 계획이다. JTBC의 여운혁 PD를 영입한 사실이 이를 알려준다. 언론 인터뷰에서 윤종신은 '단편 영화를 제작하려 한다. 넷플릭스와도 논의 중이다.'라고 거침없이 본인의 계획을 알렸다. 본인이 직접 음악은 물론, 영상까지 제작하는 '미디어 회사'가 되어가고 있는 셈이다.

그렇다면 왜 굳이 가수 윤종신은 이런 일을 하고 있는 걸까? 월간 윤종신은 흑자가 아니다. 음원으로 돈을 버는 사람은 없다고 봐도 무방하다. 윤종신은 방송활동으로 버는 돈을 여기에 투자하고 있는 셈이다. 왜 돈을 쓰면서 미디어가 되려 할까?

플랫폼에 종속되고 싶지 않아서 이런 투자를 하고 있다고 본다. 현재 실시간 차트는 음원 플랫폼에 좌지우지되는 구조다. 속도가 우선 지나치게 빠르다. 하루만에 음원의 성과가 판별난다. 이를 이기기 위해 마케팅 비용이 점차 커진다. 성공해야만 하는 구조가 된다. 이미 팬덤이 쌓인 대형 기획사에게 점차 유리한 구조가 된다.

플랫폼에서 자유롭고 싶은 마음을 가진 가수는 많았다. 플랫폼에 자유로운 대표적인 존재는 스타다. 스타라는 이유만으로 음악을 구매하니 말이다. 21세기 한국 음악 최고의 스타 지드래곤이 대표적이다. 그는 음반을 USB로 팔아도 성공한다. 협회가 'USB는 음반이 아니다'라고 규정해도 상관없다.

해외 가수들도 음원 플랫폼에서 탈피하기 위한 다양한 시도를 했다. 알앤비 가수 프랭크 오션Frank Ocean은 큰돈을 받고 앨범을 애플 뮤직에만 단독 공개했다. 래퍼 제이지는 한발 더 나아갔다. 유럽의 음원 스트리밍 서비스를 구매해서 '타이달TIDAL'을 설립했다. 본인의 앨범과, 본인과 친한 팝스타의 음악을 타이달에 독점 공개하는 방식으로 경쟁력을 갖추려 하고 있다. 음악 종사자에게 정당한 대가를 돌려주겠다는 취지다.

플랫폼과 1:1 거래를 할 수 없는 신인 가수들도 전략을 세웠다. 무료 공개다. 어차피 돈이 되지 않을 바에는 더욱 많이 퍼트려 명성을 얻고, 명성을 통해 공연으로 수입을 벌겠다는 작전이다. 지금도 수많은 뮤지션들이 사운드 클라우드와 유튜브에 음원을 무료 공개한다. 래퍼들은 '믹스 테이프'라는 이름으로 무료 앨범을 공개한다. 홍보 효과를 위해서다.

윤종신이라는 뉴미디어는 이런 새로운 시장에 대한 한 가지 대답이다. 자신만의 정체성을 가진 콘텐츠 형식을 만든다. 이 정체성을 지키면서 꾸준히 콘텐츠를 발표한다. 성공작이 나온다. 이 성공작이 계기가 되어 더 많은 사람이 플랫폼에 팬이 된다. 팬덤은 플랫폼 없이도 꾸준히 음악을 소비하기 시작한다. 그렇게 뮤지션은 플랫폼에서 벗어나게 될 수 있다.

월간 윤종신은 그 자체로 돈을 벌지는 못하고 있다. 하지만 가수가 지나치게 큰 투자를 하지 않고도 가수로 꾸준히 생존할 수 있는 역할은 하고 있다. 거대한 홍보비가 들지 않으니 지속적인 음악 활동이 가능하다. 음원으로 수익을 벌지 못하더라도 가수로서의 명성이 쌓인다면 다른 방식의 수익 창출은 가능하다. 공연이다. 히트곡이 쌓이면서 팬덤도 함께 쌓인다. 이들을 타깃으로 한 공연과 굿즈라면 수익화가 가능하다. 실제로 윤종신 뿐만 아니라 한국, 해외의 대형 아티스트도 음원으로 수익을 내지는 못한다. 공연과 굿즈 수익이다.

윤종신은 자신만의 전략으로 플랫폼의 규모 경제에서 탈출했다. 새로운 탈출구를 만들었다. 윤종신은 거대 자본 없이도, 예능을 하면서도, 또 음악 산업에 소구하는 연령대의 가수가 아님에도 활발하게 활동하는 가수 이미지를 심어주는 데 성공했다. 심지어 생존을 넘어 승리의 역사까지 장식했다. 별다른 홍보 없이 1위 곡 〈좋니〉를 탄생시켰으니 말이다.

시장을 이해하는, 그러면서도 본인의 음악적 정체성은 지키는 전략을 통해 음악 시장 생존을 넘어 정복까지 성공한 윤종신. 그는 희망이 없어 보이는 뉴미디어 시장에 우리가 잊고 있었던 평범한 가르침을 알려준다. 아무리 고달픈 플랫폼 내 치킨 게임 속에서도 해답은 있다는 사실 말이다. 그리고 그 해답은 노력이 아니다. 노력만으로는 부족하다. 진정 필요한 것은 시장에 대한 깊은 이해, 그리고 자신만의 전략이다.

음악 전문 소셜미디어 스타, 제이엠

음악은 힘이 세다. 이 점은 유튜브에서도 명확히 나타난다. 국내 유튜브 순위 상위 20위는 2~3개 육아 관련 채널을 제외하고 모두 음악 관련 채널이다. 100개로 넓혀 봐도 절반 이상 음악의 범주 안에 넣을 수 있는 기획사나 유튜버들이다. 이 중에서는 케이팝 열풍을 타고 대형기획사, 방송 채널도 있지만 커버곡(가수가 자신의 곡이 아닌 타인의 곡을 자신에 맞게 내지는 리메이크식으로 다시 부르는 것)을 전문으로 내세워 1천만 이상 구독자를 확보한 제이플라JFla, 역시 커버곡 전문 빅 마블Big Marvel, 기타 연주를 전문으로 한 정성하Sungha Jung도 5백만 이상 구독자를 확보했다.

유튜브에서 음악이 절대적으로 유리한 지점이 있다. 바로 '반복'이다. 조회수는 상대적으로 음악이 유리할 수밖에 없다. 예능이나 영화 소개, 시사 등 대부분의 영상을 한 번 봤던 사람이 다시 보는 일은 극히 드물다. 하지만 음악은 특이하게도 마음에 들면 한 번 봤던 사람이 5번, 10번 볼 수도 있다. 또 시대도 상관없고 언어가 문제 되지도 않는다. 유튜브 크리에이터가 본인 채널명을 영어로 바꾸고 자막을 영어로 달아야 하는데 음악은 그냥 올리면 된다.

이들을 거슬러 올라가면 음악 크리에이터로 제이엠Pianist JayM이 있다. 2014년 유튜브가 아직 완전히 대세를 굳히지 못했을 때 페이스북에서는 제이엠이 선풍적인 인기를 끌었다. '항공샷'이라 불리는 그만의 독특한 카메라 각도는 많은 유튜버들이 따라 하기 시작했다. 그의 자작곡 〈장난감숲〉, 〈아리랑 뉴에이지〉은 1백만 조회수를 훨씬 넘겼고 TV 예능에서 그의 음악이 쓰일 때가 많았다. 제이엠은 이미 2년 전 페이스북과 유튜브를 합쳐 30만 구독자를 확보했지만, 홀연히 사라졌다.

사라진 2년간 그는 공익근무로 병역의 의무를 수행했다. 당연히 이 기간 활동

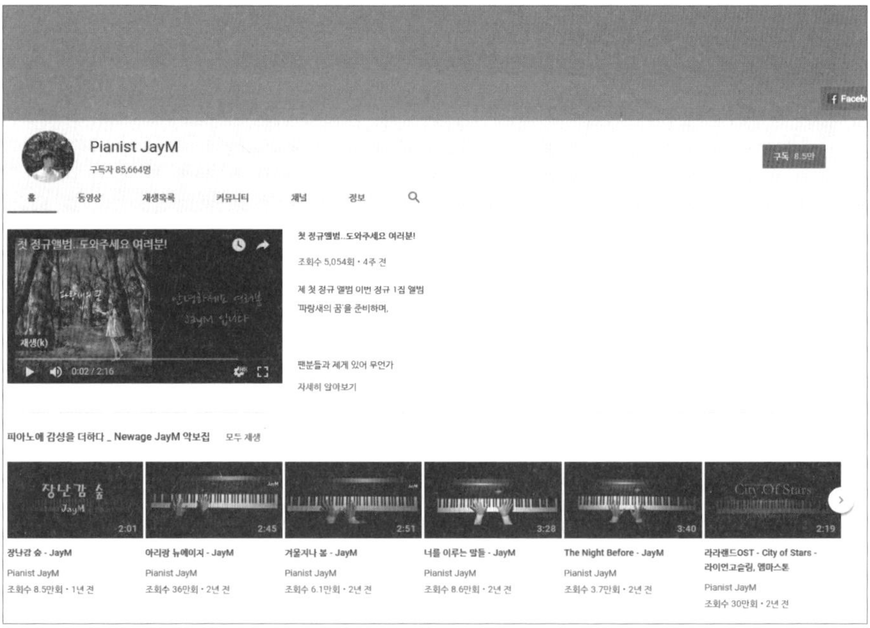

© 제이엠

할 수 없었다. 연예인도 2년간의 공백은 치명타인데 그보다 속도가 빠른 소셜미디어 스타는 어떤 상황을 맞이하게 될까. 또 어떻게 이를 극복할 수 있을까. 제이엠에게 앞으로 어떻게 왕년의 명성을 다시 회복하고 또 다른 목표로 무엇으로 삼고 있을지, 2년간 '잊혀지는 건 아닐까'했다는 그의 이야기를 들어봤다.

처음 피아노 영상은 어떻게 소셜미디어에 올리게 됐나.

"피아노는 그냥 남들과 비슷하게 피아노 학원 다니다 중학교 2학년쯤 그만둔 케이스였다. 그런데 ROTC에서 2014년 훈련을 하다 행군이 끝나고 허리디스크가 터지는 부상을 겪어 1년 휴학을 하고 집에서 허리치료를 하고 있었다. 공대생인데 집에서 할 수 있는 게 피아노하고 〈리그 오브 레전드〉라는 게임 밖에 없었다. 치료하면서 피아노를 치는데 내 음악을 많은 사람이 들어줬으면 좋겠다는 마음으로 '뉴에이지 피아노'라는 페이지를 만들고 올리기 시작했다. 페이스북 페이지가 처음 나와서 활성화되기 시작한 시기다. 괜찮다는 반응이 나오니까 힘이 됐고 '이것도 해보세요'하는 요청이 들어오면 신청곡 같은 느낌으로 찍어 올렸더니 또 반응이 좋은 선순환이 만들어졌다. 점점 커지다 보니 페이스북 구독자만 20만이 넘었다."

당시 20만이면 숫자가 엄청난데, 그 이유가 뭐라고 생각하나.

"페이스북 성장기와 맞물려서 운이 좋게 같이 성장을 했다. 시기가 중요했다고 생각한다. 처음 친숙한 커버곡으로 다가가서 자연스럽게 그 느낌 그대로 자작곡으로 연결했던 것도 잘했다고 생각한다. 그 '연결'은 지금 기획사에서 많이 도움을 줬다. 물론 스타일도 중요하다. 어떻게 하면 대중들이 좋아하는지 까지는 잘 모르겠지만 가수들도 발성의 기술보다 독특한 음색으로 대중의 마음을 사로잡는 경우가 있다. 이렇게 자신만의 색깔이 있어야 한다. 3~4년 계속 피아노를 치다보니까 '곡이 이런 식으로 흘러가는 걸 좋아하는구나'라는 것을 알게 됐다. 그렇게 나만의 색깔을 만들기 위해 노력했다."

유튜브 구독자도 약 9만 명이다. 유튜브는 어떻게 시작하게 됐나.

"유튜브는 플랫폼이 이렇게까지 커질 줄 몰랐다. 페이스북 영상은 많이 묻히는데 그게 싫어서 영상 저장 용도로 한둘씩 올려놨는데 어느새 구독자가 8만 5000명이 됐다."

자신만의 스타일이었던 피아노를 위에서 찍는 항공샷을 유행시켰다고 알려져 있다.

"사람들이 볼 때 편해야 한다. 대부분 피아노를 치는 걸 찍을 때 흔히 방송국에서처럼 옆에서 찍는 생각을 한다. 나는 카메라를 위에서 매달아두고 찍었다. 이게 '항공샷'이라고 불렸다. 이렇게 찍으면 보는 사람들도 역동감이 넘친다. 흔히 찍는 오른쪽에서 찍게 되면 왼쪽 손이 잘 안 보이는 데 이 문제도 해결할 수 있다."

소셜미디어에서는 어떤 곡이 큰 인기를 끌었나.

"자작곡으로는 〈장난감 숲〉, 〈아리랑 뉴에이지〉가 조회 수 100만은 훌쩍 넘는다. 방송에서 특히 예능에서도 꽤 자주 쓰인다."

다른 커버를 주로 하는 크리에이터와 달리 자작곡도 유명하다.

"커버곡만 올리다 밤에 맥주 한잔하면서 한 번씩 피아노 치면서 녹음했다. 나중에 들어보니까 괜찮아서 페이지에다 올렸는데 팬들이 좋아해 주고 제목도 지어줬다. 〈장난감 숲〉이란 곡도 이렇게 올렸더니 내가 생각했던 이미지와 너무 잘 맞는 제목을 지어주셔서 작은 선물 드리고 채택을 하기도 했다."

저작권 수입도 꽤 될 것 같다.

"저작권 등록을 안 해 놨다. 그전에는 커버곡 위주로 활동해서 저작권 등록 필요성을 크게 못 느꼈다. 또 팬분들이 '어느 방송에 제이엠님 곡이 나왔다'고 메시지가 오면 재방송으로 보곤 하는데, 그게 좋아서 그냥 놔뒀다. 이제 정규 앨범 나오니까 앞으로는 저작권 등록을 할 생각이다."

갑작스레 최근 2년간 영상이 올라오는 공백이 길어졌다. 이유가 있나?

“2년간 장애인 복지관에서 공익으로 병역의무를 수행했다. ROTC 때 한 번 갔다 왔는데 공익으로 훈련소를 또 가게 돼 2번 가게 됐다. 장교 훈련소와에 비해 공익 훈련소가 좋지 않다는 걸 알았다. 군대를 간 동안 잊히는 게 싫어서 2018년부터 JWS JayM's Weekly Story 라는 것을 기획해서 1분 내외의 짧은 음악편지를 매주 올렸다.”

굳이 공개 안 한 이유는 무엇이었나.

“군대에 간다는 사실 자체를 밝혀야 할지 안 밝혀야 할지도 몰랐고 공익 요원에 대한 인식이 안 좋아서 공개하기가 조금 꺼려졌다. 최근에 영상을 올렸는데 댓글로 저를 잊지 않아 주시고 계속 응원해주셔서 무척 감사하고 감동했다.”

한창 잘 나갈 때 병역의 의무가 다가오고 있었던 셈이다. 부담은 없었나.

“모든 일에 시한부가 걸려 있었다. 막판 페이지가 가장 빠르게 커나갈 때도 ‘아무리 길어도 1년 이내에 군대에 가야 된다’는 압박이 있었다. 당연히 부담이 많았다. 활동을 절정으로 하다가 첫 공연을 하고 군대에 가야 했고, 군대 갔을 때 점점 잊혀간다는 생각이 드는 게 제일 힘들었다. 이게 심적으로 부담이 많이 됐다. 원래는 아무것도 아니었던 사람이 갑자기 사랑을 받았기 때문인지 그게 사라지니까 힘들더라.”

군대 때문에 놓친 기회도 있었나.

“〈라라랜드LA LA LAND〉가 한창 인기일 때 커버 영상을 찍고 올렸더니 2~3일 만에 50만 조회 수 이상이 나왔다. 해외에서도 엄청나게 유입이 돼 증가 폭이 기존에 1백배가 될 정도로 폭발적으로 채널이 커나갔다. 그때 바로 입대를 했는데 훈련소 가 있는 사이에 누군가가 자기가 찍은 영상이라는 사유를 대며 영상을 신고했다. 그 영상을 내가 찍어 올린 건데 유튜브에서는 일단 신고가 들어오면 내리는 정책이 있었다. 훈련소에서 영상이 내려갔다는 편지를 받아서 로그인해서 해명해야 하는데 인터넷을 한 번만 사용하게 해달라고 했는데 '나가서 인터넷을 사용하고 재입대하라'고 얘기하셨다. 그때가 훈련소 퇴소 4일 전쯤이었다. 남은 4일 때문에 이곳을 다시 올 수는 없으니 어쩔 수 없이 영상이 내려간 채로 아쉬워할 수밖에 없었다. 아쉽지만 그때 큰 기회를 놓친 셈이다.”

해외에서도 인기를 끈 〈라라랜드〉처럼 외국 크리에이터 중에서도 피아노를 쳐서 구독자가 많은 경우가 있나.

“많다. 기본적으로 글로벌은 구독자 단위가 다르다. 나는 해외 유튜버, 국내 유튜버 할 것 없이 피아노 치는 영상은 거의 다 본다. 전 세계적으로 인기를 끄는 유튜버가 부럽기도 하다. 〈라라랜드〉 영상이 외국에서도 엄청난 인기를 끌었던 것처럼 해외 팬분들도 내 영상을 좋아해 주셨으면 좋겠다.”

우리나라에서 음악 관련 유튜브 채널이 큰 인기를 끈다. 이유가 있다고 생각하나.

"한국 사람들은 음악을 참 좋아한다. 이번에 〈보헤미안 랩소디BOHEMIAN RHAPSODY〉 열풍이나 〈라라랜드〉 열풍을 봐도 음악 영화의 인기가 얼마나 큰지 알 수 있다. 〈라라랜드〉, 〈비긴 어게인BEGIN AGAIN〉, 〈위플래쉬WHIPLASH〉 등은 국내 실적이 없으면 적자였다는 이야기를 들었다. 특히 기획사인 마피아 컴퍼니에서 시장 조사를 했는데 2000년대 이전 전 세계 피아노 매출의 50% 이상을 한국이 차지했다고 한다. 플룻은 아직까지도 전 세계 1등이다. 실용음악과 지원율도 600 : 1이 넘는다. 음악을 사랑한다고 본다."

최근 다시 활동을 재개하면서 어려운 점도 있나.

"오랜만에 피아노를 치니까 손이 약간 굳었다. 그래도 공익근무 끝나고 집에 오면 피아노 연습 정도는 하면서 손이 굳지 않게 할 수는 있을 줄 알았다. 그런데 허리가 안 좋아서 공익으로 갔기 때문에 업무 수행하다 보면 허리에 무리가 와서 하루가 끝나서 연습은 많이 못 했다. 손이 조금 굳은 거 같기는 하지만 연습으로 풀어보겠다."

좋을 때는 언제인가.

"댓글은 전부 본다. '기다렸어요', '드디어 오셨네요'하는 그 한 마디에 힘이 된다. 댓글 한 마디, 한 마디가 다 고맙다. 최근에 올린 영상도 2년 전보다는 아니지만 그래도 어느 정도는 기다려주신 분들이 있다고 느낄 정도다."

목표가 있다면.

"악플에 약하다. 그래서 악플 없는 누구나 다 좋아하는 그런 음악을 하고 싶다. 그런데 요즘 한 명 생긴 것 같다. 모든 영상에 싫어요를 누구보다 빨리 누르는 사람이 있다. '첫 싫어요가 되어 드리겠습니다'라고 하는 분도 나에게는 상처가 된다. 그분이 좋아요를 눌렀으면 한다. 그래서 사실 '구독자 몇만' 이런 목표는 아직 생각해보지 않았다."

앞으로의 계획은 뭔가.

"먼저 크라우드 펀딩 사이트 텀블벅에서 첫 개인 악보집을 판매하고 있다. 첫 정규앨범 출시도 묶어서 활동을 제대로 시작해보려고 한다. 크리스마스에는 공연이 예정돼 있고 내년 1월에는 팬 미팅을 할 계획이다. 2년 동안 쉬었으니 새 활동 전 열심히 몸을 풀고 다시 본격적으로 나를 잊지 않고 기억해주신 팬들과 만나고 싶다."

대담
3

한국 뉴미디어
시장의 미래

지금까지 뉴미디어 참여자들의 성공과 좌절, 실패와 희망을 찾아봤다. 어디서나 뉴미디어를 화두로 제시하는 분위기와 달리 최근 2년은 기성 언론의 강력함을 재증명한 시간이었다. 이전까지 무서운 상승세를 보여주며 기성 언론을 위협하던 뉴미디어 매체들은 최순실 사태를 맞이하며 기성 매체의 화력 앞에 주도권을 넘기는 모습을 보였다.

분명 2016년 초까지 경향신문의 '향이', 노컷뉴스의 페이스북 페이지, '푹' 등 각 언론사는 연성 기사를 내놓는 창구를 만들고 강화하던 흐름이 있었다. 조선일보가 '조선이보'를 내놓을 정도로 경계를 허물기도 했다. 하지만 최순실 사태를 계기로 올드 미디어의 위기를 끝없이 외치던 목소리는 잦아들고, 새로운 사실을 발굴하고 취재하는 탐사보도의 중요성, 즉 언론의 기본 소양의 중요성이 다시금 주목받았다.

© 조선이보

한동안 뉴미디어 팀을 구성하기 바빴던 언론사들은 최순실 사태를 기점으로 탐사보도 팀을 꾸리기 바빴다. 매일 쏟아지는 국정농단 뉴스의 홍수 속에서 속도보다 시각을 중시하는 뉴미디어 매체들은 설 자리를 잃을 수밖에 없었다. 이런 추세로 흐름이 바뀐 이후에는 눈에 띌만한 신생 뉴미디어의 출현도 찾아보기 어렵게 됐다. 국정농단과 박근혜 전 대통령 탄핵이라는 역사적 사건이 국내 뉴미디어의 취약점은 부각하고, 레거시 미디어의 강점을 호출한 셈이다.

한국 뉴미디어는 몇몇 인기 유튜버, 인기 페이지 운영자, 아프리카 혹은 트위치 BJ 등 소수의 셀렙이 먹고 살 수 있는 판은 되지만 안정적인 시장을 형성하기에는 정말 너무 작은 규모일까. 뉴미디어는 결국 레거시 미디어에게 먹히고 소화돼서 자양분 역할만 하게 되는 것일까. 국내 뉴미디어 시장의 플레이어들은 어떻게 해야 생존 이상의 목표를 도모할 수 있을까. 뉴미디어로 출발해 성공하는 가장 유효한 방법은 무엇일까.

김은우

뉴미디어가 개인 크리에이터 모음이 아니라 회사가 되려면 개인에 의지하지 않고 성공한다는 걸 제도적으로 보여줘야 해요. 한국은 아무래도 시장이 작다 보니 이 부분을 뛰어넘는 성공을 아직 못 보여준 게 아닌가 싶어요. 짐작하건대 해외에서도 '슈퍼 플랫폼'과 '슈퍼 개인' 외에는 딱히 돈을 못 벌 거 같긴 해요. 한국은 워낙 시장은 작은데 정보력은 빠르다 보니 개인과 플랫폼 외의 중소 조직이 사업적으로 힘들어지는 트렌드가 더욱 극단적으로 나오는 게 아닐까 싶기도 하네요.

김태현

시스템으로 성공한 사례가 있을까요? 아웃스탠딩정도면 성공했다고 해도 될까요.

김은우

아웃스탠딩은 시스템은 맞지만 '기자 기획사'처럼 극단적으로 성공한 개개인을 많이 만들겠다는 기획이죠. 쿼츠나 버즈피드, 바이스보다는 확실히 개인 기자의 스타성에 기대는 느낌이에요. 그래도 한국에서 그 정도까지 간 경우도 쉽게 떠오르지는 않네요.

장예찬

한국에서 뉴미디어 시장의 가능성, 미래는 어떨까요.

김은우

개인 스타는 잘 먹고 살 수 있을 거 같고요. 회사가 문제인데…

김태현

한국에서 뉴미디어 시장은 뭔가 '빵'터질 거 같은데 참 터질 듯 터지지 않네요. 한국 뉴미디어 시장은 아직 이르지 않을까 싶기도 합니다. 한국에서 미국 스타일의 뉴미디어 페이지들이 막 나오기 시작한 게 한 3년쯤 되지 않았나요. 그러니까 한국의 뉴미디어도 한 10년 해야 보이는 건가 싶기도 하네요.

김은우

오마이뉴스가 더 빠르긴 했네요. 사실 지금은 많이 어려워졌지만, 한때 세계 언론계에서 상당한 주목을 받았던 시도였으니까요.

장예찬

미디어 시장 크기 자체가 워낙 작아서 미국과 비교하기엔 여러모로 무리다, 한국에서도 기성 언론이 뉴미디어 부분까지 잠식할 거라는 전망도 있죠. 실제로 뉴미디어 분야의 젊은 인재들이 스브스뉴스나

장예찬

JTBC, 한국일보에 합류하고 있는데요. 어떻게 생각하세요.

김은우

저는 뉴미디어의 강점이 저널리즘에 있는지 잘 모르겠습니다. 최순실 보도를 선도한건 TV조선, 한겨레의 취재팀이나, 손석희라는 올드미디어의 아이콘이었어요. 뉴미디어가 이런 부분에서 기성 언론을 이기기는 무리라고 봅니다. 뉴미디어는 오히려 마케팅적인 콘텐츠, 그러니까 레드불, 코카콜라처럼 자체 채널을 만들고 있는 브랜드 등 크리에이팅 영역에 강한 게 아닐까요?

김은우

태현님이 잘 아시겠지만, 독종같이 물어뜯는 취재력이나, 검찰 등의 소스, 네트워킹, 신뢰감 등이 아무래도 취재 영역에서의 경쟁력이 아닐까 싶은데요. 이건 기성 언론보다 뉴미디어 영역이 가지는 장점이 없다시피 하죠.

김태현

좋은 지적이네요

장예찬

현재 상업적으로 성공한 국내 뉴미디어들은 인벤(게임), 여행에 미치다(여행,관광) 등 마케팅 타깃이 명확한 콘텐츠 크리에이터들이죠. 저도 국내 뉴미디어들이 저널리즘 위주로 쏠림 현상이 일어나는 게 시장이 못 크는 이유 같기도 해요. 똑똑한 대학생들의 스펙 쌓기용 놀이터가 된 느낌이랄까요. 독자 입장이건, 미디어 자립에 꼭 필요한 광고주 입장이건 기존 미디어를 제치고 몰입할 요소가 거의 없는 분야인데 말이죠.

김태현

근데 뉴미디어가 클 수 없는 게 우리나라가 유독 네이버 의존이 심한 것도 한가지 원인이 아닌가 싶네요. 제휴가 안 돼 있으면 보이지 않으니까요. 특히 구글 등 외국 포털사이트와는 달리 네이버 뉴스제휴는 매우 험난한 관문을 통과해야 하는데 그게 가능하지 않으니까요.

김은우

네이버 의존이라, 확실히 유통도 중요하죠. 아이러니하게도 네이버나 다음이 페북, 구글이 곤욕을 치르고 있는 가짜뉴스 논란에서 비교적 자유로운 이유기도 하고요.

장예찬

네이버 의존도가 높아서 뉴미디어가 못 큰다는 게 사실이라 할지라도 네이버 포털이 결국 기성 미디어의 모음인데, 새로운 플랫폼에서 출발한 뉴미디어가 기성 미디어 모음 판에 못 들어서 힘들다고 말하는 건 외부인들에겐 투정으로밖에 안 느껴질 듯해요.

김태현

네 결국 인벤은 네이버 기사 제휴를 해낸 거 보면 역시 해당 회사의 능력 없음을 탓해야 하는 걸까요.

김은우

제가 요즘 보고 있는 책 《히트메이커스HIT MAKERS》에서 이런 이야기가 나오는데요. "콘텐츠가 왕이다"라는 빌 게이츠의 말에서 '콘텐츠가 왕이라면 전파(유통 Spread)는 왕국이다'라는데, 뉴미디어가 성공하려면 내용도 내용이지만 유통 전략에 좀 더 집중해야 하지 않을까 하는 생각은 드네요.

장예찬

좋은 포인트네요.

김태현

뉴미디어의 유통 전략은 결국 페이스북이 알파요 오메가 아닐까요. 대체제가 아예 없어요.

김은우

뭐 결국 인터넷 세상에서 유통은 플랫폼이 왕일 수밖에 없기도 하죠.

장예찬

콘텐츠 만들기뿐 아니라 유통 전략에 더 신경 써야 한다. 그런데 현재 한국 기업들, 즉 광고주들은 페이스북 영향력은 크게 개의치 않아 합니다. 그들의 뒤처진 시각을 탓하면 간단하지만 어쨌든 유료 구독이 아닌 다음에야 광고로로 미디어가 자생해야 하는데 그렇다면 유통구조에서도 돌파구를 찾는 시도, 즉 네이버나 다음과의 제휴 등을 시도해봐야 하는 건 맞는 거 같아요.

김은우

피키캐스트가 아무리 흔들거린다고 해도 자체 플랫폼이 있어서 딩고 등 제작만 하는 업체보다는 더 안정감이 있어 보이는 거 같기도 하네요. 예찬님께서 기성 미디어가 뉴미디어 업계를 먹을 수 있다고 말씀 주셨는데 저는 거꾸로 브랜드가 뉴미디어 시장을 먹을 수 있을 것 같습니다.

장예찬

어떤 의미일까요?

김은우

BMW 미니의 도미닉, 신세계의 하우디처럼 브랜드가 아예 자체 미디어 채널을 만들어 버리는 건 가능성이 있을 거 같네요. 물론 뉴미디어 시장을 인수, 합병할 정도로 마케팅 능력을 인정받은 뉴미디어가 많을까는 또 다른 문제지만요. 요즘 출판사는 팟캐스트 하나씩은 다 하거든요.

김태현

일리 있네요. 하우디 등 새로운 브랜드 미디어가 하이프비스트 같이 매거진으로 발전할 생각은 또 없는 거 같은데 그런 식으로 발전하면 좋을 거 같긴 해요.

장예찬

아직 기업이나 출판 사 등 브랜드에서 만든 뉴미디어 채널은 홍보수단으로 머물고 있지만, 어쨌든 자금력을 배후에 두고 있기에 당분간 계속 증가할 것으로 보이네요.

김은우

네 콘텐츠 마케팅 부분이 미래라고 보듯이 브랜드가 직접 채널을 만들거나 인수하는 일도 성사 가능성이 높다고 봅니다.

장예찬

보면 신생 브랜드일수록 홍보 수단을 소셜 미디어용 영상을 포함한 뉴미디어에 집중하고 있는 거 같아요. 역시 기성 미디어 광고보다 단가가 적게 들고 직접적인 소비자의 피드백을 받을 수 있기에 이러한 분위기가 바텀 업bottom-up처럼 위로 올라가면 거대 기업도 뉴미디어 활용이나 뉴미디어의 가치에 대해 진지하게 고민하면서 시장도 계속 성장하겠죠. 언론으로서 뉴미디어의 성장 가능성에 대해서는 여러 제약이 따를 수 있지만, 콘텐츠 채널, 마케팅 수단으로서 뉴미디어는 무조건 성장할 수밖에 없는 흐름을 탄 거 같아요. 그렇다면 뉴미디어 시장에 도전하려는 사람들이 저널리즘 아닌 영역에 대해서 더 고민하고, 기성 언론도 뉴미디어라고 하면 저널리즘 뉴미디어만 다룰 게 아니라 실제 시장에서 더 빠르게 성장하는 마케팅, 콘텐츠 영역을 조명해야 현실성 있는 진단이 가능할 것 같네요

김태현

저는 예전부터 우리나라에서 뉴미디어 성공 최적화 테크는 뉴미디어를 만들기보다 차라리 하이프비스트처럼 쇼핑몰 차려서 캐시카우 만들고 거기서 브랜드 콘텐츠를 만드는 게 최적화 테크로 보고 있어요. 자금이 많지 않은 소규모 뉴미디어 팀에서 저널리즘 뉴미디어는 최종 끝, 즉 목적으로 두어야합니다. 제가 생각한 최적화 테크는 쇼핑몰 → 약빤 콘텐츠 → 마지막 저널리즘입니다 버즈피드와 하이프비스트의 조합으로 볼 수 있을 것 같아요.

김은우

심지어 뉴욕 타임스도 와이어커터를 샀잖아요. 꼭 마케팅 콘텐츠가 진지한 저널리즘과 상극이라는 생각을 할 필요 없다고 생각합니다. 저널리즘과 마케팅이 크게 달라 보여도 신뢰받지 않으면 구매로 이어지지 않는다는 공통점이 있죠. 종류가 무엇이든 각 채널이 받는 신뢰가 중요한 셈입니다.

© BMW 미니 · 도미닉

김은우

매체의 야마나 주제도 중요한 거 같아요. 인벤은 '게임'이라는, 기성 매체가 절대 따라올 수 없지만 유의미한 규모의 사업을 미친듯이 팠으니까요. 정치, 경제 같은 주제에서 뉴미디어가 기성 언론을 이기기는 녹록지는 않아 보입니다. 물론 그게 된다면 정말 대단하겠습니다만.

장예찬

한 분야에 집중해야 하는 거 같아요. 규모가 작은 뉴미디어의 한계상, 특정분야에 집중하지 않고 너무 넓은 주제를 다루면 이도 저도 못 하고 망하는 느낌이에요.

김태현

성공한 미디어를 뭐로 정의하느냐는 다르겠지만 딱 한국식 시각으로 봤을 때 네이버에 진입했냐 안 했느냐로 보면 네이버 안에서 서비스되는 기사 제휴되는 매체 수는 2010년쯤 100개를 채우고서는 거의 늘어나지 않았거든요. 이후 추가된 매체 보면 딱 두 가지로 분류할 수 있습니다. 압도적인 고퀄高quality('품질이 좋다'는 뜻의 인터넷 조어)이나 블루오션이죠. 블루오션의 대표 주자가 인벤이죠. 압도적인 고퀄의 대표주자는 디스패치dispatch이고요. 둘 다 각자의 영역에서 압도적 퍼포먼스를 보여줬다는 점에서 저도 주제선택이 중요하다고 봐요. 니즈는 있는데 아직 압도적 강자가 없는 주제를 찾아서 파고들면 네이버 진출도 하고 매출도 만들어낼 수 있다고 생각합니다.

김은우

예찬님이 말씀 주신 '집중'이 정말 중요한 거 같아요. 태현님께서 알려주신 성공 예시를 보니 더욱 그런 것 같고요. 기업운영에서도 집중해서 한 영역을 독점에 가깝게 잡아먹는 게 스타트업 경영론의 핵심 중 하나니까요.

뉴미디어의 범주를 어디까지 잡느냐에 따라 다르겠지만, 폭넓은 시각으로 바라볼 때 인벤과 디스패치도 성공한 뉴미디어다. 아직까지 존재하지 않던 '게임'과 '파파라치'라는 주제를 잡아 압도적인 고퀄리티를 통해 시장을 장악했다. 물론 그들도 기존 업계 종사자들을 채용했고, 전통적인 문법을 사용하지만 새로운 주제를 자신들만의 방식으로 풀어냈다. 이들은 네이버라는 기성 언론들의 전쟁터에서 찾아볼 수 없는 독특한 뉴스를 제공하며 당당히 서비스 제휴에도 성공했다.

물론 지금까지 국내에서 소멸한 뉴미디어의 숫자가 성공해서 이름을 남긴 숫자보다 훨씬 더 많다. 대학생들의 취미 수준을 벗어나지 못했던 매체도 다수였고, 괜찮은 퍼포먼스를 보여줬더라도 자본의 한계를 넘지 못하며 동력을 잃은 매체가 허다하다.

우리 세 사람의 필자들은 각자가 생각하는 뉴미디어 성공 방정식을 꺼냈다. 무엇보다 주제 선정이 중요하다는 의견도 있었고, 브랜드 콘텐츠의 흥행을 전망하기도 했다. 하이프비스트처럼 처음부터 캐시 카우를 만들고 시작해야 한다는 이야기도 있었다.

앞으로도 수많은 뉴미디어 매체가 탄생하고 소멸할 것이다. 치킨집 차리는 심정으로 '할 게 없어서' 만드는 사람도 있고, 언론사 취업을 위한 '포트폴리오 쌓기'로 뉴미디어 경력을 수집하려는 취준생 모임도 줄어들지 않을 것 같다. 물론 깊은 고민 끝에 기성 언론이 조명하지 못하는 세상의 구석구석을 밝히겠다며 출사표를 던지는 사람들도 있을 것이다. 동기가 무엇이건, 뉴미디어라는 망망대해에 뛰어든 플레이어 모두에게 조금이나마 도움이 되고 싶어 이 책을 집필하게 됐다. 꽤 오랫동안 뉴미디어 업계를 관찰하고, 또 직접 뛰어들어 몸으로 부딪치며 경험해온 필자들의 고민과 결론이 비록 정답은 아닐지라도 후발주자들의 시행착오를 줄여주는 유용한 참고서가 된다면 더 바랄 나위 없겠다.

CHAPTER 3

뉴미디어 현장백서

'1만 좋아요' 대박 콘텐츠 제작기

300만 구독자를 확보한 독일의 르플로이드LeFloid라는 유튜버가 있다. 유튜브에서 직접 뉴스를 골라 설명하는 '브리핑 뉴스'가 메인 코너다. 독일에서는 메르켈 총리와 직접 인터뷰한다. 유튜버가 하나의 매체로 인정받는다.

미국 뉴미디어 선두업체인 복스에도 비슷한 코너가 있다. 복스에서는 취재한 기자가 직접 3~5분가량 사건의 전후 상황과 더 자세한 설명 등을 넣어 이야기를 풀어 놓는다. 원고지 10매 분량의 텍스트보다 해당 사건을 몰랐던 독자들의 이해가 더 빠르고 전달이 잘 된다는 장점이 있다.

영상에서는 기사에선 미처 전달하지 못한 내용, 텍스트에는 드러나지 않는 뉘앙스를 전달할 수 있다는 장점이 있다. 반면 5초 안에 승부를 봐야 하는 냉혹한 SNS 세계에서 재미가 없으면 아무리 좋은 내용도 묻히기 마련이다. 재미가 최우선, 그다음이 내용이다.

꾸준함도 중요한 덕목이다. 사람이 하는 일인 만큼 오랫동안 꾸준히 해야 해당 기자의 얼굴이 익숙해지고 친밀함의 표시인 댓글을 달기 시작한다.

2016년 말부터 '비즈한국'에서 브리핑 뉴스를 시작했다. 만들기 전부터 SNS를 겨냥한 브리핑 뉴스는 기존의 공중파나 종편의 뉴스 리포트와는 확연히 달라야 한다는 지향점이 있었다. 앞서 말했듯 충격적 내용이 아니고서야 SNS에서는 절대 뉴스 리포트를 공유하지 않는다.

정장을 입은 기자가 스트레이트로 오늘의 사건을 읊는다. 중간중간 취재했던 영상이 나오면서 기자의 멘트는 계속된다. "OO뉴우스~ 누구입니다"로 끝나는 리포트를 방송사에서 유튜브와 페이스북에 올리지만 이를 SNS 사용자가 공유하는 경우는 단 한 번도 보지 못했다.

앞서 말했듯 재미가 중요하기 때문이다. 5초 안에 승부 봐야 하지만 5초는커녕 썸네일에서 꺼버리라 생각된다. 따라서 언론사라고 하기에는 다소 파격적인 어투, 복장, 내용 구성을 들고나왔다. 기존 재미 위주의 콘텐츠 문법에다 뉴스를 올린 셈이다. 즉, 나만이 할 수 있는 영상을 만들기 위해 노력했다.

이런 틀 안에서 취재한 기사 중 설명이 더 필요한 기사, 알릴만한 기사, SNS에서 먹힐만한 아이템을 추려내 브리핑 뉴스로 만들었다.

반응은 기대치를 훨씬 웃돌았다. 작년 초 만들었던 영상에 지금도 댓글이 달릴 정도로 꾸준히 조회 수가 올라가고 있다. 가장 큰 성과를 거둔 영상은 〈청담동 주식부자 이희진의 창조경제〉 좋아요 1만 3천 개, 조회 수 85만 회로 기존 레거시 미디어에서 보기 힘든 수치를 달성했다.

지난해 꽤 큰 화제를 만들었던 〈세비 반납 약속 지킬지 자유한국당에 직접 물어봤다〉는 영상도 브리핑 영상의 연장선상에서 나왔다. 이 뉴스도 이세윤 PD가 세비반납으로 영상을 만들어보자고 해서 나오게 됐다. 영상을 예상대로 출고하자마자 폭발적 반응이었다. 페이스북에서 공감, 댓글이 엄청나게 빠른 속도로 올라갔다. 결국 조회 수 70만, 공감 1.2만 개를 받았다. 만든 영상은 많은 중앙일간지에서도 인용했고, 해당 이슈가 확대 재생산되는 계기가 됐다.

가장 인상 깊게 남았던 작업은 〈3천억이 1천억이 되는 제2롯데월드〉 브리핑 영상이었다. 기사로 즉 텍스트로만 출고됐을 때는 별다른 호응을 받지 못했다. 조회 수도 몇천 단위에서 생명을 다했다. 내용 자체가 복잡했고, 관심 없이 대강 기사를 보면 '그래서 뭐?'라는 반응이 나올 만했다.

하지만 영상으로 변환해 브리핑 뉴스로 만들자 전혀 다른 결과를 얻게 됐다. 어려운 내용을 쉽게 풀어 설명하기 위해 자료 화면도 들어가고 인물들의 대화도 서로 간의 대화처럼 구성해 직관적으로 알 수 있었다. 기사에서 '김 아무개 씨는 이렇게 말했다.', '이에 박 씨는 저렇게 반박했다.', '하지만 김 씨는 이렇게 답했다'와 같은 대화는 기사체에 익숙하지 않은 독자에겐 다소 파편화됐다고 느낄만하다. 하지만 영상에서 서로가 대화를 나누는 모습으로 구성하면 복잡한 사건도 흥미로운 드라마로 변하게 된다.

기성 언론에서도 소위 메이저 언론은 자본과 고급 인력의 힘으로 뉴미디어와의 싸움에서 우위를 점하고 있다. 뉴미디어가 소규모의 자본력과 적은 인력으로 최고의 효율을 뽑아내는 게릴라군이라면, 메이저 언론은 잘 짜인 시스템, 많은 자원, 기존의 경험치로 싸우는 정규군이라고 부를 수 있다.

게릴라군과 정규군의 싸움에서 정규군은 화력에 집중하는 경향이 있다. 언론계의 정규군인 메이저 언론도 수십 명이 달려들어 퀄리티 있는 영상을 뽑아낸다. 오랜 기간이 걸려 멋진 인터렉티브 기사를 만들기도 한다. 페이스북 광고 수십만 원에서 수백만 원을 영상이나 기사에 태워 많은 사람에게 전달한다. 그렇다고 해도 모든 결과물이 성과를 얻지는 않는다. 때로는 본전도 못 찾는다.

2016년 비즈한국의 브리핑 실험은 꼭 '기성 언론의 법칙'의 정답이 여기에만 있지 않다는 것을 보여줬다는 점에서 의미 있다고 믿는다. 게릴라군과 정규군 사이의 블루오션 혹은 게릴라군과 정규군의 장점을 조합한 혼종의 힘이다. 기자와 PD 혹은 디자이너로 꾸려진 작은 팀 단위의 협업으로도 잘 나가는 뉴미디어 혹은 메이저 언론에서 기록하기 힘든 좋아요, 뷰의 성과를 올렸다.

아주 작은 성과를 거둔 입장에서 기성 언론에서 콘텐츠를 기획하고 있는 '상대적으로 젊은' 기자들에게 콘텐츠를 기획할 때 조언을 할 수 있다면, 뉴미디어의 장점을 뽑아내 레거시 미디어의 자원을 활용하라고 말하고 싶다. 당시 비즈한국 페이스북 페이지의 좋아요 수는 1만 정도밖에 안 됐었다. 인력도 고작 한 명의 기자, 한 명의 PD가 모여 최고의 효율을 만들어 냈다. 만약 이보다 더 큰 조직에서 일한다면, 당신도 충분히 가능하다고 말해주고 싶다.

떠 먹여주는 콘텐츠가 대박을 친다

지난 해 사람들에게 알려진 〈조윤선의 맛집 지도〉는 우연한 계기로 만들어졌다. 가끔 국회의원의 후원회비 사용 내역을 선거관리위원회에 요청해 받곤 한다. 몇 년간의 사용 내역이기에 처음에는 엄청난 분량에 압도를 당하기 쉽다. 하지만 천천히, 그리고 샅샅이 살피다 보면 어떤 콘텐츠를 만들지 방향성이 보인다. 처음 후원회비 사용 내역을 봤을 때는 몰랐지만, 조윤선 전 장관의 기록을 보면 볼수록 일반적인 의원들과 다른 독특함을 느꼈다. 그것은 바로 음식 취향이었다.

프랑스의 요리사 브리야 사바랭Jean Anthelme Brillat-Savarin은 《미식예찬Physiologie du goût》에서 유명한 문장을 사용한다. "당신이 무엇을 먹는지 말해 달라. 그러면 당신이 어떤 사람인지 말해주겠다." 무엇을 먹고, 어떤 음식점을 가는지, 한식과 중식, 일식 중에서 무엇을 선호하는지 보면 그 사람을 알 수 있다는 이야기다.

나는 조윤선 전 장관의 사용 내역에서 그 사람이 어떤 사람인지를 깨달았다. 그래서 정리해 볼 가치가 있겠다 싶어 프로젝트를 시작했다. 조윤선 전 장관의 단골 식당 중에는 회사 바로 근처에 있지만, 미처 알지 못했던 보석 같은 맛집도 있었고, 너무 유명해 설명이 필요하지 않은 곳도 있었다. 그렇게 조윤선 전 장관이 어디를 자주 갔는지, 밥 한 끼에 쓰는 돈은 얼마인지, 특이한 곳은 없는지 등을 파악해 기사를 썼다.

기대가 컸기 때문일까. 기사 반응은 생각보다 저조했다. 그러다 얼마 뒤 지인이 구글 지도에 맛집을 표시해 지도로 정리해 둔 것을 발견했다. 구글 지도에서 처음 보는 기능이었는데 보기에 편리하고 직관적인 데다 재밌었다. 휴일을 앞두

© 비즈한국

고 나도 조윤선 전 장관이 방문한 식당을 하나하나 구글 지도에 기록하기 시작했다. 꽤 오래 걸렸지만 결과물이 완성되니 보람 있었다. 그때는 몰랐다. 그게 그렇게 큰 반향을 일으킬 줄은 진심 몰랐다.

조윤선 전 장관의 맛집 지도를 페이스북에 공유한 뒤 몇몇 매체에서 연락이 오기 시작했다. 페이스북 친구가 이를 다시 공유하면서 확산이 됐기 때문이다. 타사 기자들은 내가 온라인 커뮤니티 사용자인 줄 알았는데 '나도 기자'라고 소개하자 당황했다. 그들은 매체 이름을 인용해 기사로 만들었다. TV, 다양한 신문 매체, 온라인 커뮤니티 등에 내가 만든 구글 지도가 일명 '조슐랭 가이드'라고 퍼지기 시작했다.

그때 생각했다. 과연 최초 내 기사는 무엇이 문제였을까. 내가 기사를 작성해 올린 뒤의 초라한 반응과 약 3~4시간 작업을 통해 지도로 만들어 공유한 뒤의 반응은 너무나 달라 이해할 수 없는 수준이었기 때문이다.

기존 기자들은 대개 기사를 작성한 뒤 지면에 올리거나 온라인에 기사를 송고하면 역할이 끝난다. 하지만 기자의 역할이 거기서 끝나면, 기자가 속한 매체가 그 지점에서 끝나게 하면 지금 시대와는 맞지 않는 무책임한 일이다.

시대는 변했다. 기사를 생산하는 매체는 기하급수적으로 늘었다. 종이 신문은 휴대전화로 옮겨갔다. 신문을 1면부터 32면까지 읽던 과거는 벗어난 지 오래다. 네이버나 다음, 혹은 페이스북 등에 공유된 기사를 선택적으로 읽는다. 9시 TV 뉴스는 가끔 영상 뉴스로 보거나 그마저도 보지 않는다. SBS 〈비디오머그〉를 보는 사람들은 9시 뉴스의 특정 클립을 보지는 않을 것이다.

낡은 표현이지만 말 그대로 정보 홍수의 시대다. 기자가 타깃으로 삼는 독자는 모든 기사를 다 클릭할 생각도 없고, 클릭하더라도 끝까지 볼 생각은 더더욱 없다. 언젠가는 신문 매체도 변화해야 한다. 텍스트를 버리라는 이야기는 아니다. 다만 텍스트를 어떻게 떠 먹여줄지를 고민해야 한다.

과연 변화의 그 날이 언제 올 것인지 장담을 할 수는 없다. 처음 기자가 됐을 때부터 주변에서 온다온다 했지만, 아직도 급격한 변화의 날은 오지 않았다. 모든 기자는 각자의 역할을 10년, 20년 전과 크게 다를 바 없이, 오히려 쓰는 기사량이 늘어난 채로 계속 수행하고 있다. 각 언론사에서는 전통적 기사 생산을 꾸준히, 더 많이, 더 잘하는 기자가 높은 평가를 받으리라 생각한다.

이제는 달라져야 한다. 독자에게 떠 먹여주는 매체가 돼야 한다. 모든 기사가 그래야 한다는 것은 아니다. 텍스트 완결성을 갖추는 것으로 충분한 기사도 있다. 어떤 기사를 가공할지 해당 매체가 각자의 시각으로 판단해 선택하고, 이를 모바일 시대의 언어로 가공해야 한다.

〈조슐랭 가이드〉는 약 3시간의 품을 들여 지도를 만드는 형태로 가공했다. 이 최소한의 품을 통해 조회 수만 최소 1백배, 인용 보도를 통해 알려진 숫자를 카운팅하면 최초 텍스트로 본 독자와 비교해 최소 1천배 이상의 사람들에게 도달했다고 본다.

물론 가공의 방법은 기사마다 다르게 가져가야 한다. 텍스트로 보기에 어려운 기사는 브리핑 영상으로 가공할 수도 있다. 지난해 썼던 재벌 그룹 비리 혐의 기사는 텍스트로만 보기엔 지나치게 복잡했다. 이를 브리핑 영상으로 제작해 페이스북을 통해 공유했다. 텍스트 조회수와 페북 영상 조회 수를 동일하게 비교하기 어렵지만, 역시 기존 대비 1백배 이상의 조회수를 기록할 수 있었다.

수많은 인물이 등장하는 정치 기사는 어떨까. 인물 사전 형식의 페이지를 만들어 쉽게 검색해볼 수 있게 한다거나 정치인들의 연결고리를 마인드맵 형식으로 표현해 볼 수도 있다. 이런 보조도구는 기사를 더욱 흥미진진하게 만들어주고, 결과적으로 우리 정치에 더 깊은 관심을 가지게 만든다. 흔히 말하는 기사의 연성화와는 다르게 봐야 한다. 독자에게 떠 먹여주는 기사의 2차 가공이 오히려 저널리즘의 본질에 더 다가가게 하는 행위가 될 수 있다.

모든 기자가 기사를 작성할 때 2차 가공 여부를 고민해야 하는 시대다. 이제 매체도 이런 분위기를 장려해야 한다.

이미 미국은 변하고 있다. 뉴욕 타임스는 2016년 지면 편집 인력을 대폭 구조조정을 했다. 또 새로운 인력을 채용할 때 디자이너, 비디오 저널리스트, 개발자 등 비기자 직군의 비율을 50% 가까이 맞춘다. 4년 만에 10배 매출을 달성해 미국 뉴미디어 혁신 사례로 꼽히는 디지털 뉴스 발행 서비스인 쿼츠도 마찬가지다. 쿼츠는 비디오 저널리스트, 디자이너, 개발자 등을 영입해 쿼츠만의 콘텐츠로 가공해 내놓는다.

최근 흔히 들을 수 있는 '기레기 논란'은 일시적 현상이 아닌, 수십 년 동안 큰 발전이 없던 언론산업 근간이 흔들리는 근본적 문제가 아닌지 고민해 봐야 할 때이다. 이제 한국 언론도 독자에게 기사를, 콘텐츠를 떠 먹여주는 방식을 고민해야 한다. 그리고 분명한 변화의 결과를 내놓을 차례다.

김 기자의 유튜브 도전기

유튜브를 10개월 전에 시작했다. 별 뜻이 있진 않았다. 일하는 언론사에서 자신의 기사를 영상으로 제작해 꽤 인기를 끌었다. 아마도 그 인기는 운 때문이었겠지만 '그게 혹시 재능이 아닐까'하는 잘못된 생각을 했나 보다. 어쩌면 '답답하면 너희가 뛰던가'란 말처럼 유튜브에 내 맘에 꼭 맞는 콘텐츠가 없었던 이유도 있다.

그때부터 회사에 같이 근무하는 PD에게 밥을 사주며 편집 프로그램을 조금씩 배우기 시작했다. 기본적인 편집은 프리미어로 했고 자막은 애프터이펙트 툴로 입혔다. 미숙했기 때문인지 한 개 영상을 만드는데 스크립트 쓰는 것을 빼고도 3시간은 걸렸다. 그렇게 첫 영상이 만들어졌다. 지금 찾아보니 〈혼수성태를 알아보자〉였다.

그렇게 한 달에 1개나 2개씩 올렸다. 시간이 지날수록 의욕은 사라져갔다. 댓글이나 조회수라도 나와야 할 맛이 날 텐데 아무도 보지 않는 영상을 만드는데 3시간씩 쓴다는 게 무의미한 짓처럼 느껴졌다. 사실상 손을 놓은 시기도 있었다. 직접 해보니 이런 점이 좋았다. 단지 책에서 '조회 수가 안 나오면 힘들다'가 아니라 정말 의욕이 없어지는 과정을 체험해볼 수 있었다.

그러다 유튜브 관련 책을 보면서 전략적으로 분석해보고 유튜브 크리에이티브 서밋YouTube Creative Summit 등을 접하고 생각이 달라졌다. 좀 더 본격적으로 접근하기로 했다. 대도서관이 누차 말했듯 '1주일에 2개 이상 올리는 일정을 유지해보자'는 생각이 들었다. 그러면서 혼자 찍던 영상에 변화를 줬다. 패널을 모시기 시작했다. 같이 책을 쓴 김은우 님과 '미국 이야기', 같은 회사 김상래 스포츠 담당 기자와 함께 '스포츠 이야기' 등을 다루고 있다. 둘이 찍는 걸 편집하는 게 내 경우에는 최소 2.5배 이상 힘들고 시간이 더 걸린다. 그래도 같이 하면서 덜 외로웠다고 생각한다. 패널과 같이하면서 계속해나갈 힘을 얻었다. 혼자 너무 힘들 때 주위에 같이 찍을 사람을 찾아보는 것도 좋은 방법이다.

다른 유명 유튜버에 비하면 대단한 흥행이 절대 아니다. 하지만 본격적으로 마음먹고 시작한 지 3개월 정도 지나면서 구독자가 꾸준하게 늘어났다. 구독자 0명에서 1백 명까지, 1백 명에서 2백 명까지, 2백 명에서 3백 명까지 구독자가 느는 속도도 점점 빨라지고 있다.

사실 많지 않은 구독자이기 때문에 '네가 뭘 알아!'라고 해도 맞는 말이다. 그럼에도 불구하고 0에서 시작하는 사람에게 꼭 필요한 조언을 남기고 싶다. 초기 구독자가 5백 명이하일 때, 조회수도 미미할 때 그 시기를 잘 넘겨야 한다. 한 통계에 의하면 주업이든 부업이든 혹은 취미든 유튜브를 시작한 크리에이터 90%가

6개월 이상 채널을 유지하지 못하고 떠난다. 다른 소셜미디어에 팬이 있거나 유명세를 지닌 셀럽이 아니라면 인내를 갖고 자신이 생각한 방향으로 꾸준히 계속 올려야 한다.

흔히 방향과 노력의 양 중에서 뭐가 더 중요하냐는 말을 한다. 어느 정도 퀄리티가 담보됐을 때를 전제로 굳이 따지자면 유튜브 특성상 량이 더 중요할 수도 있다는 생각이 든다. 지금까지 든 생각은 둘 다 중요하지만, 유튜브는 어떤 콘텐츠가 뜰지 예측하기 매우 어렵다는 점을 고려할 때 양이 더 중요하다. 야구에 비유하자면 퀄리티를 높이는 건 타율을 올리는 노력이라면 콘텐츠를 많이 올리는 건 타석에 들어서는 횟수다. 타석에 많이 들어서다 보면 조회 수 높은 영상을 만들어낼 가능성이 커진다.

물론 압도적인 퀄리티를 내면 지금 같은 레드오션에서도 영상 3~4개로 수천 명 구독자를 확보하는 경우도 봤다. 다만 대부분 시작하는 사람은 그런 영상 화질, 전문가 수준의 퀄리티를 뽑아내기 힘들다. 그러므로 인내하고 계속 만들어라. 시작하는 동기가 '이걸로 돈을 벌어야지', '인기를 얻어야지' 보다는 '건전한 취미생활'이나, '한 명이라도 본다면 족하다'라는 등 좀 더 다른 차원에서 접근하면 인내를 유지하기 더 쉬워진다. 그냥 '무조건 특정 요일에는 영상을 찍고 편집한다'고 일상생활의 루틴으로 받아들이면 더 편할 수 있다.

타율을 높이는 방법도 계속 고민해야 한다. 주제를 시의적절하게 가져갈지, 아니면 꾸준하게 인기 있는 테마로 할지, 어떻게 구글 검색에 상위에 잡히게 할 수 있을지 등은 기본적으로 머리 속에 있어야 한다. 최소한의 영상 퀄리티도 담보되어야 한다. 최신형 폰이 아니라면 카메라에 돈을 투자할 생각도 해봐야 한다.

물론 유튜브에서 돈을 벌 가능성도 작은데 카메라부터 사는 게 '합리적인 소비'라고 볼 수는 없다. 대부분의 유명 유튜버들도 "처음부터 카메라에 투자하지 말고 폰으로 찍어도 충분하다"라고들 한다. 하지만 내 생각은 다르다. 이미 유튜브 초기 팬층을 확보해 놓은 크리에이터와 신규 진입하는 콘텐츠가 압도적으로 좋은 사람이라면 다르겠지만 일반적인 사람이 유튜브를 시작할 때 화질조차 조악하다면 클릭조차 하기 힘들고 듣기도 전에 나가기에 십상이다. 그 사람과 어떤 교감도 없기 때문에 참고 봐줄 수가 없다.

타율이 급강하하는 요인이다. 소셜미디어에 이미 팬층을 거느리고 있는 사람, 조회 수가 없어도 정말 꾸준히 올릴 수 있는 의지의 인간이 아니면 차라리 시작할 때 최소한의 투자라고 생각하는 게 낫다고 본다. 카메라를 샀다면 조명은 필수다. 10만 원 선에서 조명에 투자하는 게 10만원 비싼 카메라를 사는 것보다 중요하다.

처음이나 지금이나 영상 퀄리티는 크게 변한 게 없다. 초기에 배운 게 전부고 앞으로도 크게 나아질까 싶기도 하다. 그런 점에서 프리미어나 애프터이펙트보다 더 중요한 게 어쩌면 썸네일일 수 있다. 포토샵을 조금만 배우면 유튜브에 흔히 쓰이는 '대세 썸네일' 스타일은 만들 수 있다. 유튜브 초기에는 썸네일에 도저히 감을 못 잡다가 그냥 잘해 보이는 채널 스타일을 거의 따라서 만들고 있다. '이건 어떻게 하지'싶은 걸 유튜브에서 찾아보면서 따라서 만들려고 하다보면 포토샵 스킬도 덩달아 올라간다.

이렇게 타율을 올려놓고 영상을 올리다 보니까 1만, 2만 조회 수 이상 나오는 콘텐츠가 나오기 시작했다. 그때 예상치 못했던 게 '악플'이었다. 악플은 콘텐츠 주제에 따라 비율이 천차만별이다. 다만 내가 운영하는 채널은 기본적으로 시사였기 때문인지 악플 비율이 엄청나게 높다.

만나본 유명 유튜버 중에서도 악플을 너무나 싫어하는 사람이 많았다. 어떤 유튜버는 아예 댓글 창을 막아 놓는 경향도 있었다. 내 경우에는 악플이 달렸을 때는 '잘 알지도 못하면서' 욕부터 하는지 답답하기도 했다. 내용도 '네 얼굴이면 XX클럽 입구컷', '부러워서 저런다' 등이 많았다. 그래도 나중에는 '무플보단 악플'이라고 즐기게 됐다. 이건 기자로서 워낙 '기레기'라고 욕먹으며 단련된 게 크다고 본다. 만약 마음이 약하신 분이라면 애초에 댓글 창을 막아 놓는 게 좋을 수 있다고도 생각한다.

악플까지 달리고 나면 당신도 유튜브에 본격적인 플레이어로서 경기장에 선 것이다. 나도 관중석에서 '왜 저거밖에 못해'하던 관객의 마음이었다가 직접 경기장에 서보니 전혀 다른 풍경이 보였다. 뉴미디어에 관심 있고 유튜브를 이해하기 위해서는 직접 해보는 게 사실 가장 빠르긴 하다. 시간이 꽤나 많이 들지만 경험하는 것도 많다. 당신이 어떤 마음으로든 유튜브를 시작하겠다고 마음먹었다면 무작정 뛰어들기에 앞서 이야기했던 것처럼 방향 설정과 타율에 대해 고민하는 시간을 충분히 가지자. 이렇게까지 고민했는데도 직접 유튜브를 해야겠다고 마음먹었다면 한 번 해보자. 이제 구독자 1천 명도 채우지 못한 같은 '새싹 유튜버'로서 경기장에 뛰어든 당신에게 진심으로 건투를 빈다.

※ 이 글을 쓴 이후 약 3개월 만에 '기자왕 김기자' 구독자는 6천 명을 넘어섰다. 언제 터질지 모르는 유튜브 세계에서는 '꾸준함'이 답이다.

영어 유튜브,
1년간 해보니

누구나 새해 계획이 있다. 누군가에게는 다이어트일 수도 있고, 누군가에게는 해외여행일 수도 있다. 내게는 '영어 유튜브'였다. 시작은 이랬다. 2017년에 뉴미디어관련 된 책을 준비하면서 자연스럽게 앞으로는 영상이 대세가 될 거라는 생각을 했다. 여지까지는 글 위주로 일을 했고, 협업도 기껏해야 이미지 정도였다. 영상에 대해서는 전혀 지식이 없었다. 교육 플랫폼 회사에서 콘텐츠 일을 하는 사람으로서, 또 취미로 틈틈이 콘텐츠를 만드는 사람으로서 영상을 무시할 수는 없겠다는 생각을 했다.

배우는 가장 빠른 방법은 직접 해보는 거다. 배우기 위해서 유튜브를 해봐야겠다고 마음먹었다. 유튜브 주제는 '영어로 케이팝 채널 하기'였다. 원래 음악을 좋아했다. 록부터 아이돌 음악, 최근에는 힙합 등의 흑인음악까지. 그중에서도 아이돌 음악은 최근에 가장 유행하는 흑인음악의 경향을 세련되게 한국적으로 변형한다는 점에서 오히려 인디 장면보다 나은 점도 있다고 생각한다. 개인적으로 좋아하고, 나만의 생각이 있던 주제였다.

또한, 플랫폼에도 필요한 콘텐츠라 봤다. 유튜브에서 케이팝 뮤직비디오는 엄청나게 인기였지만 그에 비해 정보는 부족했다. 방탄소년단은 인기가 있지만, 그의 프로듀서, 방시혁이 어떤 존재인지는 당연히 알지 못했다. 이 지식의 빈틈을 채워주면 재미있을 듯했다.

그렇게 1년간 유튜브를 준비하고 운영했다. 이름은 케이팝에 대해 배우자는 의미로 '아우어 케이팝Our k-pop'으로 지었다. 적어도 주 1회, 될 수 있는 대로 주 2회씩 영어로 콘텐츠를 올렸다. 협업해본 적도 있지만 여러 시행착오 끝에 최대한 가볍게, 혼자 영상을 개인 핸드폰을 통해 집에서 촬영해, 간단하게 편집해서 올렸다. 그렇게 30개 넘는 영상이 금방 쌓였다.

유튜브를 운영하다 보니 자연스럽게 영상에 대해서 많은 걸 배울 수 있었다. 직접 영상을 만들다 보니 자연스럽게 프리미어에 다양한 기능을 배울 수 있었다. 음향을 넣는 법, 음향을 조절하는 법, 무료 음원을 사용하는 법. 소리 하나만 해도 수많은 고려가 필요했다. 그렇다고 전문 편집자 수준의 능력을 갖춘 건 물론 아니지만, 유튜브 영상을 만들기 전과는 달리 모든 부분을 대강이나마 확인할 수 있었다.

영상으로 말하는 글과 전혀 다르다는 점도 배웠다. 영상의 리듬, 영상의 정보를 담는 방식은 글과는 전혀 달랐다. 처음에는 칼럼을 입으로 읽는 수준의 영상이었는데 시가니 지날수록 유튜브 문법에 맞게 짧게 말할 수 있게 되었다. 부족하게나마 영상의 매력은 글과 다르다는 걸 조금씩 느끼기 시작한 셈이다.

유튜브를 시작하다 보니 뉴미디어에 대한 연구를 해도 시야가 달라졌다. 유튜브 크리에이티브 서밋이라는, 유튜버들의 콘퍼런스를 김태현 기자와 함께 갔다. 초라하게나마 유튜브를 하다 보니, 유튜버들의 충고가 와닿을 수 있었다. '컷 편집은 반드시 직접 해보면서 시작하라'라는 보겸의 말. '편집하면서 자기 말버릇을 고쳐라'라는 대도서관의 팁. 이런 말들은 유튜브를 해보지 않았다면 별 감흥이 없었겠지만, 유튜브를 하면서부터는 뼈까지 사무치는 현장감이 느껴졌다. 실제로 유튜브를 시작할 때 하던 고민을 정확하게 풀어주기 답변이었다.

책이나 기사를 읽을 때도 유튜브를 진행하면서는 전혀 다른 느낌의 배움을 얻을 수 있었다. 《유튜브 레볼루션YouTube Revolution》이라는 책은 유튜브의 CBOChief Business Officer가 직접 유튜브가 자랑하고 싶은 다양한 사례를 소개한 책이다. 이 책의 사례는 대부분 해외 사례이다 보니 쉽게 이해하기가 어려웠을지 모른다. 해외 사용자를 대상으로 유튜브를 운영하다 보니 그렇지 않았다. 특히 '우선 네 주변 사람을 만족시키는 콘텐츠를 만들어라. 그들이 네 유튜브를 소비해야 다른 사람도 소비할 수 있다.'라는 말이 와닿았다.

결과적으로 내 유튜브는 이 원고를 쓰고 있는 지금까지도 별 성과가 없는 상태다. 영상에 대해서 아직 심각하게 부족한, 더 배워야 하는 단계다. 장비 투자는 물론 실력 부족으로 영상 퀄리티, 썸네일 퀄리티가 부족하다. 또한 유학 생활을 접고, 한국에서 생활한 이후로 벌써 4년이 지나 영어권 사람이 주변에 거의 없다. 내 주변 사람들이 즐기지 못하는 콘텐츠다 보니, 아무도 보지 않고 자연스럽게 사라졌다.

40 명의 구독자. 1백 개을 넘기 힘든 조회 수. 이 초라한 성적표와, 1년간의 배

움을 통해 앞으로는 어떻게 유튜브를 해야 할까? 우선 앞으로도 유튜브는 꾸준히 이어갈 생각이다. 영상을 배우는게 직장인으로서의 나와, 콘텐츠 제작자로서의 나 모두에게 도움이 된다고 본다.

다만, 이제는 한글로, 한국 독자 대상으로 영상을 만들 예정이다. 우선 주변인을 만족시키고, 주변 사람들에게 피드백을 받아보려 한다. 지금껏 가장 어려운건 '피드백이 없다'는 사실이었다. 백종원 대표의 말처럼, '손님이 없는 장사'가 가장 어렵다.

또한, 한글로 하는 만큼, 이제는 주변 모든 사람에게 틈나는 대로 홍보해볼 생각이다. 세계적인 유튜버도 좋지만, 우선은 주변인과 재미있게 내 취미와 관심을 나눌 수 있는 창구가 되었으면 한다. 그런 의미에서 이 책의 독자 분들도 '아우어 케이팝' 잘 부탁드립니다!

마법처럼 이 원고를 쓰고 한글로 유튜브를 시작한 후 몇 주도 지나지 않아, 아우어 케이팝 채널에서 60만 뷰를 돌파한 영상이 나왔다. 1만~10만이 넘는 영상도 계속 나오며 순항 중이다. 주변 사람이 보고 피드백을 줄 수 있다는 게 이렇게 중요하다.

뉴미디어와 정치

미디어는 태초부터 정치와 큰 관계를 맺고 있었다. 기자보다 먼저 등장한 미디어 전문가는 사관이다. 왕과 군신들, 즉 정치인들의 행태를 낱낱이 기록하는 사관은 절대 권력을 견제하는 존재였다. 마틴 루터Martin Luther는 신의 뜻을 모두가 알 수 있는 글로 기록함으로서 성직자의 막강한 권위를 깨트렸다. 산업화 시대에도 미디어의 영향력은 지속하였다. 레닌Vladimir Lenin은 신문사를 운영하면서 체제 전복을 준비했다. 케네디John Fitzgerald "Jack" Kennedy는 TV 토론을 잘한 덕분에 닉슨Richard Milhous Nixon을 이기고 대통령이 되었다.

전근대 정치인들이 신문과 라디오, TV 등 미디어를 정치에 활용한 사례는 헤아리기 힘들다. 언론이 정치로부터의 독립을 그토록 강조하는 것은 역설적으로 그 속성이 정치와 뗄 수 없을 만큼 가깝기 때문이다.

뉴미디어 또한 정치 선전의 도구로 적극적으로 활용하고 있다. 기성 언론의 영향력이 약화하고, 그 빈자리를 다양한 뉴미디어 플랫폼과 매체가 채우는 시대다. 미디어를 통한 노출을 무엇보다 중요하게 여기는 정치인들이 뉴미디어를 좌시할 리 없다. 새로운 트렌드를 한발 앞서 흡수한 것은 미국 정치인들이다.

미국을 넘어 전 세계적인 인기를 누린 오바마는 힙hip한 뉴미디어를 활용했다. 버즈피드와 단독 대형 인터뷰를 통해 교육 정책을 알린 게 대표적인 사건이었다. 예전 같으면 뉴욕 타임스나 워싱턴 포스트, 또는 TV 뉴스에서 맡는 게 당연한 역할을 고작 2006년에 설립된 버즈피드가 차지했다. 오바마는 선거 이메일도 단순하게 보내지 않았다. 모두 똑같은 내용의 이메일을 보내는 것은 길거리에서 전단을 나눠주는 것과 다를 바 없는 행위다. 오바마 선거 팀은 뉴미디어 시대에 걸맞

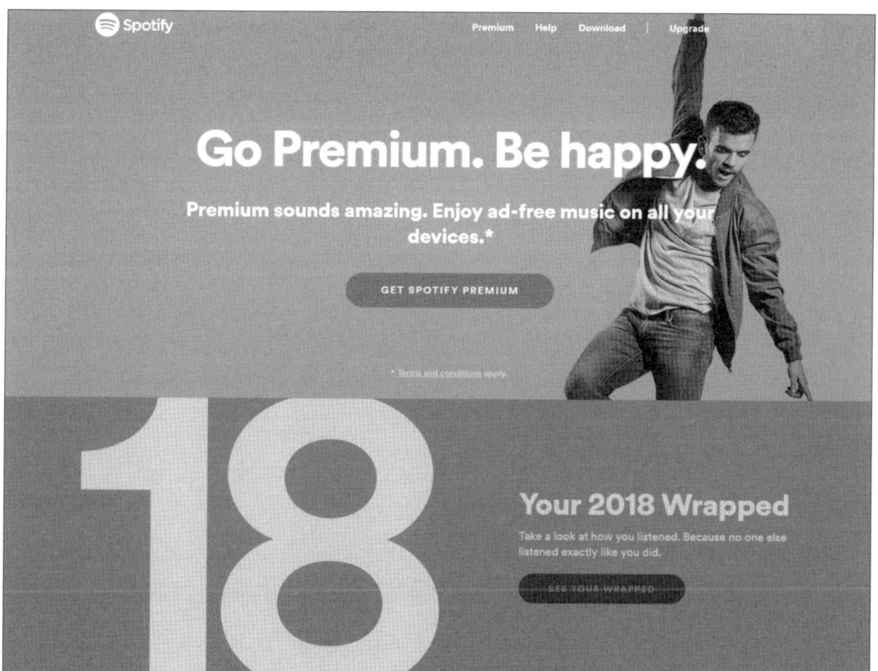

© 스포티파이

게 개인이 소셜 미디어 등에 남긴 데이터를 활용했다. 따라서 그 사람의 관심사와 딱 맞는 내용의 이메일을 보낼 수 있었다. 우리가 페이스북, 인스타그램 같은 뉴미디어 플랫폼에 남긴 포스팅과 좋아요는 데이터가 되어 개인의 특성을 규정짓는다. 뉴미디어를 통해 추출된 데이터는 상업적으로도 유효하지만, 유권자 개개인을 설득하길 원하는 정치인들에게도 더 없이 매력적인 재료다.

오바마는 음원 스트리밍 사이트 스포티파이와 함께 독특한 방식으로 PR을 하는 등 뉴미디어 활용 전략에 있어 개척자다운 면모를 보여줬다. 스포티파이는 오바마가 직접 선곡한 플레이리스트를 소개했고, 매일 스트리밍으로 음악을 듣는 사람들은 유력 정치인과 플레이리스트를 공유하며 동질감을 느낄 수 있었다. 대부분 사람들, 특히 젊은 층은 음악에 관심이 깊다. 현대 사회에서 음악은 단순한 취미가 아니다. 힙합, 댄스, 록, 일렉 등 어떤 음악을 좋아하느냐에 따라 패션과 라이프스타일까지 맞춰진다. 그렇기에 음악을 통한 공감대 형성은 탁월한 전략이었고, CD 시대를 지나 스트리밍이라는 뉴미디어 플랫폼이 음악계를 장악한 시대에 걸맞은 홍보는 오바마의 열광적인 팬덤이 만들어지는 데 크게 기여했다.

오바마 이후 대통령이 된 트럼프는 트위터를 적극적으로 활용해 '트위터 대통령'이라고도 불린다. 대부분 언론이 반(反)트럼프 기조의 메시지를 내보내던 상황에서 직접 유권자에게 메시지를 전달한 것이다. 결국 트럼프는 언론의 거부에도 불구하고 대통령이 되었다. 대통령이 된 후에도 트럼프는 언론을 거치기보다는 트위터를 통해 직접 메시지를 전달하는 방식을 즐겨 사용하고 있다.

전임 대통령 오바마에 비하면 단조로운 형태로 뉴미디어를 사용하고 있지만, 트럼프의 트위터 정치가 시사하는 바는 절대 적지 않다. 기성 언론이 마치 담합이라도 한 듯 트럼프를 공격해도 그는 크게 개의치 않았다. 언론을 통하지 않고도 메시지를 전 세계에 전달할 수 있는 새로운 수단이 있기 때문이다.

어느새 미국과 한국을 막론하고 유명인들은 별도의 보도 자료를 내는 일이 드물어졌다. 정치인과 연예인, 운동선수 모두 트위터, 페이스북 그리고 인스타그램으로 자기 생각을 이야기한다. 사건이 터졌을 때 심경을 밝히고 해명을 하는 창구도 언론 인터뷰가 아닌 개인의 소셜 미디어다. 언론의 역할은 유명인들의 소셜 미디어를 복사해서 배포하는 것으로 축소되고 있다. 뉴미디어가 직접적인 소통의 창구가 되고, 기성 언론은 메시지를 공론화시키는 중간 유통상 역할로 트래픽을 끄는 데 그친다고 해도 과언이 아니다.

이렇듯 뉴미디어의 영향력이 확대되면서 외국에서는 정치인들의 온라인 홍보만을 전문적으로 보좌하는 직책이 생겨나고 있다. 반면 국내 정치인들이 뉴미디어를 활용하는 방식은 여전히 1차원적 초기 단계에서 벗어나지 못한다. 그나마 뉴미디어 비서관을 따로 두고, 전담 직원들을 배치한 청와대의 경우 다양한 시도를 할 수 있는 여건이 조성돼 있는 편이다.

하지만 방대한 조직을 갖춘 청와대와 달리 국회의원실에서 인턴 2명을 포함한 9명의 보좌진 중 뉴미디어 전문가를 선발하는 케이스는 매우 드물다. 외부 전문가에게 일시적 자문을 받거나 홍보를 담당하는 직원에게 뉴미디어 업무까지 일임하는 게 우리나라 국회의 현실이다. 그동안 여러 국회의원실의 자문을 담당하고, 보좌진 강의 등을 진행했지만 개선은 매우 더디게 이뤄지고 있다. 현장에서 만나본 국회의원과 보좌진은 뉴미디어의 중요성을 비교적 높게 인식하고 있었다. 하지만 여전히 전문 직원을 선발할 만큼의 필요를 느끼지 못하거나, 혹은 과

중한 국회 및 지역 업무를 위해서 9명의 보좌진도 부족하기에 별도의 자리를 마련할 여유가 없는 것 같다. 그 결과 국내 정치인의 뉴미디어 활용은 대부분 트럼프처럼 트위터나 페이스북을 통해 본인들의 메시지를 직접 전달하는 수준에만 머물러 있다. 조금 앞서가는 국회의원과 지자체장은 카드 뉴스나 동영상 뉴스를 주기적으로 만들고, 인스타그램 계정을 운영하는 정도다.

물론 2018년 들어 유튜브 붐이 정치권으로도 퍼져나가며 적지 않은 국회의원이 채널을 개설하고, 정당의 공식 유튜브 채널의 중요성도 한층 높아지게 됐다. 그러나 정치인들의 유튜브 활용 역시 트렌드를 뒤쫓기 급급하다. 종편 출신의 방송인들이 유튜브에 먼저 진출했고, 그들의 문법과 편집 방식을 그대로 차용해 모방하는 수준이다.

한편 뉴미디어를 완전히 잘못 이해하고 있는 정치인도 적지 않다. 선거철이 되면 정치인들에게 달라붙어 이권을 노리는 소위 '업자'들이 뉴미디어에 대한 개념을 흐리기도 한다. 이들에게 뉴미디어는 곧 댓글 부대다. 이전 정권에서 사설 댓글 부대를 운영할 뿐 아니라 공직자들을 댓글 요원으로 활용한 사실이 드러나며 많은 문제를 일으켰다. 그런데도 불구하고 지방선거와 총선, 대선 시즌에는 수많은 업자가 사설 댓글 부대를 운영하겠다며 선거 캠프의 문을 두드린다. 뉴미디어에 대한 이해도가 낮은 정치인의 경우, 특히 악플 세례를 당해본 정치인의 경우 인위적인 댓글 여론 조성 효과를 실제보다 더 크게 받아들일 수 있다.

대선 캠프의 SNS 본부에서 일하며 가장 많이, 또 가장 중요하게 처리했던 업무는 댓글 부대 창설을 주장하는 업자들로부터 후보와 캠프 고위 관계자들을 차단하는 일이었다. 정치인들은 하루에도 수십, 수백 통의 전화를 받는다. 측근들이 받는 전화를 합치면 참견의 정도는 상상하는 것 이상으로 무시무시하다. 뉴스 기사 댓글이나 페이스북, 트위터의 악플을 거론하며 하루빨리 댓글 부대를 만들어 대응해야 한다는 참견이 SNS 본부를 지겹게 괴롭힌다. 심지어 중견 언론사의 부장급 간부가 사설 댓글 부대를 운영하며 선거 캠프로 들어오기 위해 온갖 수를 쓴 적도 있었다. 수단과 방법을 가리지 않는 선거판에서 가짜 업자들을 골라내다 보면 정작 뉴미디어를 제대로 활용하는 홍보 전략 수립은 뒷전이 되기 쉽다. 결국 전문가들을 모아놓고도 공식 페이스북과 인스타그램, 블로그를 운영하는 천편일률적 뉴미디어 대응밖에 못 하게 되는 것이다.

지지자들의 자발적인 온라인 여론 조성 운동을 독려하고, 외부 팬클럽의 활동을 돕는 허브 페이지 운영으로 우호적인 정보를 확대 생산하는 것은 당연히 해야 할 업무다. 하지만 단순히 댓글 부대 창설이나 정치인 찬양 일색의 카드 뉴스 남발, 무의미한 가짜 블로그 복사 등으로 보여주기식 성과를 내는 풍토가 이어지는 한 국내 정치권에서 다양한 뉴미디어적 시도가 꽃 피우기는 어렵다.

정치권의 뉴미디어 인식 개선을 위해서는 전문가들이 꾸준히 목소리를 내며 댓글 부대 창설과 같은 부작용을 걸러내야 한다. 또한 뉴미디어 비서관실을 갖춘 청와대를 비롯해 보좌 인력 풀이 넓은 광역지자체에서 먼저 다양한 시도를 통해 문화를 선도할 필요가 있다.

문재인 대통령은 후보 시절부터 취임 이후에도 지속해서 새로운 방식의 뉴미디어 접근법을 제시하고 있는 편이다. 후보 시절에는 치매 국가책임제 등 굵직한 대선 공약을 동영상으로 만들어 뉴미디어 채널을 통해 배포했다. 소셜 커머스 형식을 차용한 〈정책 1번가〉도 색다른 뉴미디어적 시도였다. 정치인의 콘텐츠를 일방적으로 홍보하는 여타의 홈페이지와 달리 〈정책 1번가〉에서는 마치 커머스에서 물건을 사듯 정책에 투표할 수 있었고, 이는 인터렉티브interactive(사용자와의 상호작용)라는 뉴미디어의 원칙을 반영한 것이다. 뉴미디어 플랫폼만 차용한다고 해서 모두 뉴미디어적 시도가 되는 것은 아니다. 생산자와 소비자가 실시간으로 상호 작용을 할 수 있는 것이 뉴미디어의 주요한 특징이다. 결국 정책 1번가는 다른 정치인의 뉴미디어 페이지와 차별화 되는 큰 성공을 거두었고, 대통령 당선 후에도 광화문 1번가로 이어지게 됐다.

그러나 정치인들, 특히 대통령이 뉴미디어를 적극적으로 활용할수록 기성 언론과 충돌 할 지점도 생기기 마련이다. 2017년 11월 3일부터 뉴미디어비서관실에서 〈11시 50분 청와대입니다〉라는 제목의 페이스북 라이브 프로그램을 만들어

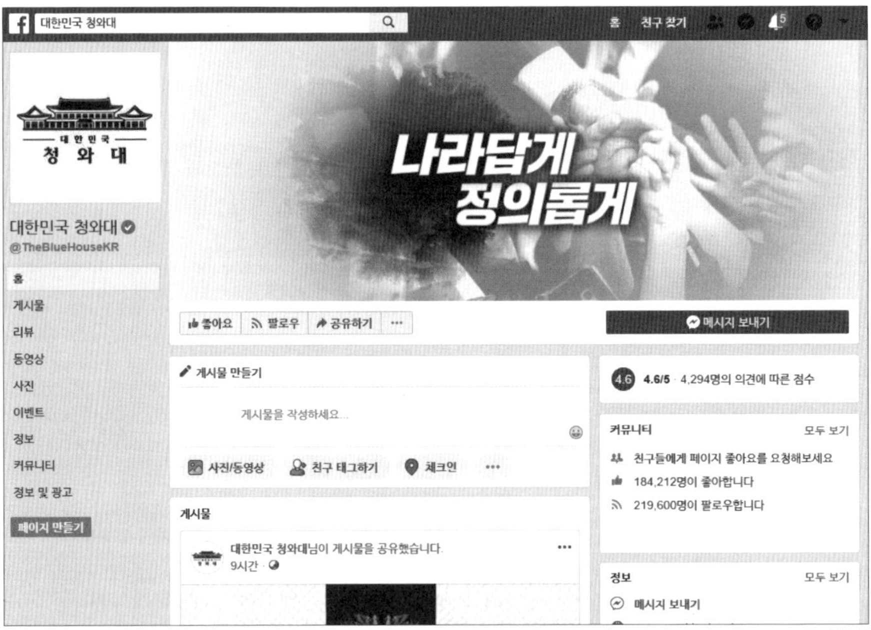

© 청와대

청와대 소식을 전하기 시작했고, 곧장 기성 언론들의 반발을 샀다. 청와대의 페이스북 라이브가 기성 언론사의 보도 영역을 침해하게 된다는 이유였다. 청와대 풀 기자단과 정부 고위 관계자의 합의로 사태는 일단락됐지만, 뉴미디어 시대에서 이러한 갈등은 더 많이 표출될 수밖에 없다. 당장은 정치권과 기업 모두 영향력이 남아있는 레거시 미디어와 기성 언론의 눈치를 볼 것이다. 하지만 청와대가 페이스북 라이브를 포기하지 않은 것처럼 시간이 지날수록 독자적인 뉴미디어 채널을 확보하고 기성 언론을 패싱하는 흐름이 강해지지 않을까.

정치 영역에서, 또한 기업 홍보 영역에서 국내 뉴미디어는 태동 초기의 기대에 비해 느릿느릿 성장하고 있다. 그런데도 불구하고 뉴미디어 무용론을 설파하긴 이르다. 새로운 현상이 자리를 잡기까지는 충격적인 등장 이후 훨씬 긴 시간이 걸려왔다.

현재 세계의 문화산업을 지배하는 영화를 예로 들 수도 있다. 세계 최초의 영화는 〈기차의 도착L'Arrivée d'un train en gare de La Ciotat(더 정확히는 '라 시오타 역에서의 열차의 도착')〉이다. 1895년에 공개된 영상으로 50초 동안 기차가 도착하는 장면을 담았다. 지금 생각하면 우스운 영상이지만, 움직이는 사진이 없던 시절 사람들은 큰 충격을 받았다.

그렇지만 뤼미에르 형제는 5년 뒤인 1900년, 영화를 포기했다. 그들은 영화 산업에 미래가 없다는 판단을 내렸다. 당시의 영화 기술로는 가치 있는 콘텐츠를 만들 수 없었다. 그러나 '기차의 도착' 이후 오랜 과도기를 거쳐 영화 기술은 발전했고, 이제 영화는 20세기 미디어와 문화 산업을 지배하는 매체 형식이 되었다.

어떤 기술이든 처음에는 화려한 스포트라이트를 받는다. 금방 세상을 바꿀 수 있을 것처럼 여겨진다. 하지만 생각보다 느린 패러다임 체인지 과정에서 실망을 주고, 거품이라는 이야기를 듣기도 한다. 그렇게 험난한 과도기를 겪은 다음에야 진짜 세상을 바꾸는 주역으로 인정받으며 안정기를 맞이하게 되는 것이다.

국내의 다양한 뉴미디어도 매체도 마찬가지다. 1인 미디어와 대안 언론 시장이 폭발하며 우리나라 정치 풍토까지 바꿀 것으로 기대를 모았지만, 지금은 자조적인 환멸기에 접어들고 있다. 뉴미디어로는 아무것도 할 수 없고, 정치권에서도 기성 언론에 밀려 미미한 역할을 맡을 뿐이라는 분석이 넘쳐난다. 그러나 아직 때가 무르익지 않은 것은 아닐까. 기술의 발전은 지난 10년보다 앞으로 10년이 더 빠를 것이고, 자라나는 미래 세대는 TV와 신문 뉴스 대신 뉴미디어 플랫폼을 통해 세상 돌아가는 소식을 접하고 있다. 머리가 굳은 정치인들도 조금씩 조금씩 뉴미디어 활용에 눈을 뜨고 있다. 젊은 보좌진의 변화는 그보다 더욱더 빠를 것이다. 머지않아 우리는 선거판을 뒤흔드는 인터넷 뉴미디어를 보게 될지 모른다. 적어도 다음 총선과 대선에서 뉴미디어의 역할이 예전과 비교 할 수 없이 막중하리란 것은 확실하다.

뉴미디어는 정치를, 정치는 뉴미디어를 공부하지 않으면 도태되는 것은 시간문제다.

방탄소년단의 미국 정복, 그 비결은 유튜브?

미국의 방탄소년단 열풍은 시간이 지나 2017년 겨울이 되어서야 한국에 알려졌다. 원색으로 염색한 머리와 한국 특유의 반짝거리는 의상을 입고 춤추는 늘씬한 보이밴드가 미국에서 인기를 끌 거라고 예상했던 사람은 없다. 그 어려운 일을 방탄소년단은 해냈다.

대체 무엇 때문인지 많은 사람이 분석 중이다. 사후 분석은 한계가 있을 수밖에 없다. 하지만 한 가지는 확실하다. 이 열풍이 인터넷, 그중에서도 특히 유튜브가 없었다면 불가능했을 거라는 사실이다.

유튜브를 만든 3인은 핀테크 서비스 '페이팔' 출신이다. 페이팔 멤버들은 이후 따로 또 같이 일하면서 실리콘 밸리에서 다양한 사업을 했다. 이들의 끈끈한 조직력을 두고 '페이팔 마피아'라는 별칭이 생기기도 했다. 페이팔 마피아 중에서도 스티븐 첸Steve Chen, 채드 헐리Chad Meredith Hurley, 그리고 자베드 카림Jawed Karim이 유튜브를 시작했다. 2005년 2월의 일이다.

유튜브를 시작한 이유는 간단했다. 본인이 불편했기 때문이다. 2004년 팝스타 저스틴 팀버레이크Justin Randall Timberlake와 재닛 잭슨Janet Damita Jo Jackson이 미국 최대 이벤트인 슈퍼볼 공연에서 공연하는 도중 재닛 잭슨의 가슴이 노출된 방송사고가 있었다. 호기심이 생긴 이들은 개인적인 관심으로 이 영상을 찾아보고 싶었다. 그러나 영상을 찾는 데 실패했다.

당시만 해도 인터넷으로 영상을 찾기란 어려웠다. 이제는 유튜브나 유사 서비스가 많아서 영상 공유가 편리해졌지만, 유튜브 등장 전까지만 해도 영상은 인터넷으로 공유하기 어려운 형식이었다. 리얼 플레이어RealPlayer(리얼 네크워크社의 동영상플레이어) 등을 사용하고, 수많은 코덱codec(음성 또는 영상 신호를 디지털로 변환하거나 역변환시키는 프로그램)을 받아야만 영상을 올릴 수 있었다.

유튜브는 이 문제를 기술로 해결했다. 어도비 플래시 드라이버Adobe Flash Driver를 사용한 거다. 지금은 유튜브조차 어도비보다 더 가벼운 HTML5 등을 사용하는 추세지만 당시에 어도비 플래시 드라이버를 사용한 빠르고 간편한 영상 업로드는 혁명이었다.

추가로 유튜브는 영상을 자신의 사이트에만 올릴 수 있고, 영상 파일 자체를 가져가기는 어렵게 만드는 기술을 고안했다. 영상 재생은 쉽지만 퍼 나르기는 어려운 사이트를 만든 셈이다. 일종에 '영상 포털'이 목적이었다.

2007년 구글이 유튜브를 인수한다. 16억 5천만 달러의 가치였다. 당시만 해도 수익이 없다시피 하고, 서버 비 등 비용이 엄청나게 드는 서비스였기 때문에 많은 사람이 구글의 유튜브 인수 이유에 의문을 가졌다. 구글은 '구글 플러스'와 유튜브를 연계해보는 등 다양한 시도를 하며 구글 세력 안에 유튜브를 개편했지만 쉽지 않았다.

지금 생각하면 구글의 유튜브 합병은 기막힌 묘수였다. 유튜브는 점차 세계 영상 시장을 뒤바꾸기 시작했다. 무엇보다 사용자가 간편하게 스마트폰 등을 통해 영상을 올릴 수 있어, 어디서도 볼 수 없는 다양한 영상을 볼 수 있다. 전 세계에 자신의 영상을 홍보할 수도 있게 되었다.

유튜브와 사용자가 함께 돈을 벌 수도 있다. 구글의 힘을 빌려 치밀하게 광고

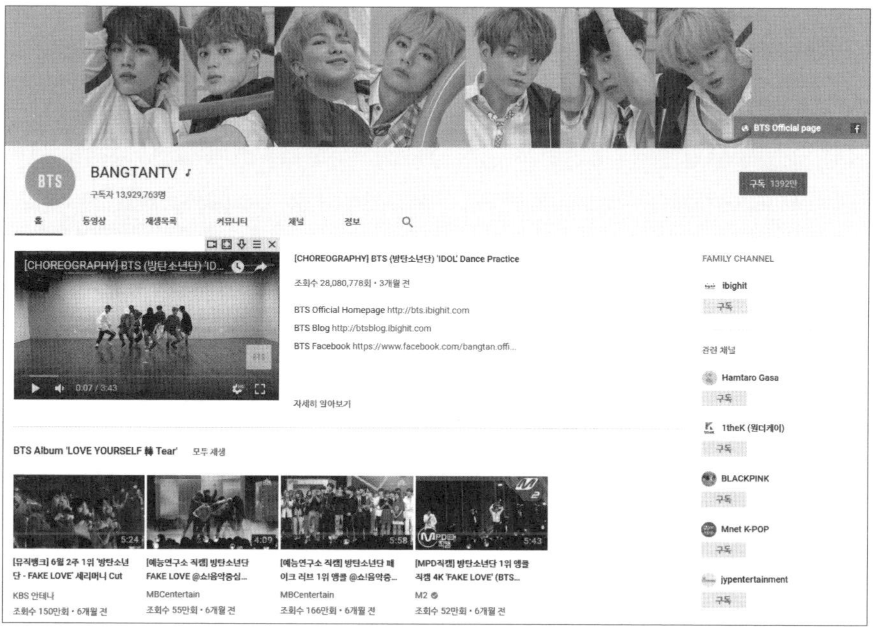

© 방탄TV

데이터를 쌓은 덕분이다. 사용자에게 맞는 광고를 앞뒤에 붙이는 방식으로 유튜브는 큰돈을 벌기 시작했다. 모바일 영상이 점차 광고에 대세가 되면서 유튜브의 영향력은 점차 커지고 있다.

방탄TV 영상에서 그들은 AMA American Music Award 데뷔에 대해 직접 이야기한다. 굳이 이제 TV에 출연할 필요가 없다. 직접 영상을 유튜브에 올려서 팬과 소통하면 된다.

유튜브는 모바일 영상의 대명사가 되었다. 이 영향력으로 모든 업계를 바꾸고 있다. 원래 음악 시장의 절대 권력자는 미국의 경우 라디오 DJ, 한국의 경우 TV PD로 알려졌다. 이들이 음악을 고르고, 음악을 대중에게 알리는 역할을 했다. 이들의 지지를 받지 못하면 음악 시장에 나오기 어려웠다.

이제는 어떨까? 저스틴 비버, 위켄드 The Weeknd (케나다의 싱어송라이터인 에이블 테스페이 Abel Tesfaye의 예명) 등 현재 팝스타 중에는 유튜브로 주목받은 이들이 많다. 싸이, 빅뱅, 방탄소년단 등이 특별한 북미 활동이나 북미 기획사의 도움 없이도 세계적인 관심을 얻게 된 이유도 유튜브다. 사용자 스스로 SNS를 통해 유튜브에 영상을 공유하고, 여기서 관심을 끌면 제도권의 허가 없이도 선택받을 수 있게 되었다.

유튜브는 현재 전 세계 콘텐츠 산업을 송두리째 뒤흔드는 중이다. 미국에서 가장 큰 콘텐츠 분야인 스포츠 중계 분야만 봐도 그렇다. 유튜브가 스포츠 중계를 시작한다면 어떨까? 음악도 마찬가지다. '유튜브 프리미엄 YouTube Premium'은 광고 없이 자유롭게 음악을 들을 수 있다고 광고한다. 세상에 그 어떤 음원 회사도 유튜브만큼 음원이 많지는 않다. 한국처럼 클래식 등 특정 카테고리 음원이 부족한 나라라면 그 차이는 더 벌어진다.

유튜브야말로 인터넷 산업의 속성을 실로 잘 보여주는 회사다. '왜 인터넷은 영상 공유가 안 되지?'라는 단순한 욕구를 해결하기 위해 시작했다. 동기는 간단했지만, 문제를 해결하기 위해 고도의 기술력과 자원, 데이터를 동원했다. 그렇게 작아 보이던 분야를 잡은 후에는, 세상의 모든 콘텐츠 사업을 블랙홀처럼 빨아들이고 있다.

유튜브는 어디까지 성장할까? TV를 대체해버릴 수도 있지 않을까. 수십 년 뒤 '20세기에는 TV가 꼭 지금 유튜브 같은 역할을 했었어'라고 말하게 될지도 모른다.

평범한 주부의 유튜브 성공기, 미주리 스타 퀼트 컴퍼니

'유튜브가 대세다', '크리에이터가 선망의 직업이다' 이런 말이 이제는 익숙하다. 하지만 유튜브가 사업 수단이 될까? 쉽게 동의하기 어렵다. 크리에이터 개인은 큰돈을 벌지만, 개인 단위의 이야기일 뿐, 규모 있는 사업은 상상하기 쉽지 않기 때문이다.

이번에는 유튜브가 만든 사업 성공 사례를 이야기해보려 한다. 퀼트 유튜버에서 퀼트의 디즈니랜드, 퀼트 전문 커머스 회사로 성장한 '미주리 스타 퀼트 컴퍼니MISSOURI STAR QUILT CO'가 그 주인공이다.

제니 도운Jenny Doan은 평범한 주부였다. 아니, 위기의 주부였다고 보는 게 정확할지 모른다. 아들이 암 가능성이 있는 양성 종양이라고 진단받았지만, 제니의 가족은 미국의 비싼 의료비를 감당하지 못했다. 결국 캘리포니아를 떠나 아무것도 없는 미주리주의 시골인 해밀턴시로 이주했다.

처음 제니는 취미로 퀼트를 시작했다. 아들과 딸이 어머니 선물로 큰마음을 먹고 퀼트 기계를 선물했다. 가정 경제에 도움이 될 수 있겠다는 기대도 있었다. 아들이 제니에게 홍보할 겸 유튜브로 영상을 찍어보면 어떻겠냐고 제안했다. 당시 제니는 유튜브는 물론 '튜토리얼 비디오'가 무엇인지 개념도 없던 상태였다. 퀼트가 잘 팔리지 않았기에 계기가 필요한 상황이긴 했다.

제니는 과감하게 유튜브에 영상을 올리기 시작했다. 영상 뒤편에는 손자, 손녀들이 뛰놀고 있었다. 제니 또한 퀼팅을 초보자에게 설명하는 단순한 콘텐츠를 올렸다. 2009년의 일이다.

제니의 영상은 유튜브를 잘 보지 않는 것으로 알려진 40~50대 여성들을 상대로 조금씩 인기를 얻기 시작했다. 2년 만에 2만 5천 명의 구독자가 생겼다. 4년이 지난 2013년에는 유튜브 슈퍼스타로 떠올랐다.

제니의 유튜브는 점점 유튜브 이상이 되기 시작했다. 유튜브를 통해 제니의 퀼트를 접한 시청자들이 제니에게 원단을 사고 싶다고 말했다. 이에 제니의 자녀들이 '퀼트 커머스' 홈페이지를 차렸다. 어디서든 제니의 퀼트를 따라 하고 싶은 사람을 위해서였다.

사람들은 점차 제니의 유튜브에 빠져들었다. 급기야 가게를 찾아가는 성지 순례를 하기에 이르렀다. 미주리주 해밀턴시는 흔한 미국 시골 도시답게 죽어가고 있었다. 2011년에는 마을에 골동품 상점 둘, 주유소 둘, 슈퍼마켓 하나, 샌드위치 가게 하나 정도밖에 없었다. 제니의 가족들은 빈 가게를 모으기 시작했다.

제니의 회사 '미주리 스타 퀼트 컴퍼니'는 폭발적으로 성장했다. 가게마다 서로 다른 테마의 퀼트를 다룬다. 도시 전체가 퀼트를 좋아하는 여성을 위한 테마파크가 된 셈이다. 남자를 위해 스포츠를 볼 수 있는 공간도 마련했다. 퀼트를 좋아하는 중년 여성이 남편과 함께 방문해서 가족들이 부담 없이 시간을 보낼 수 있게 하기 위해서였다.

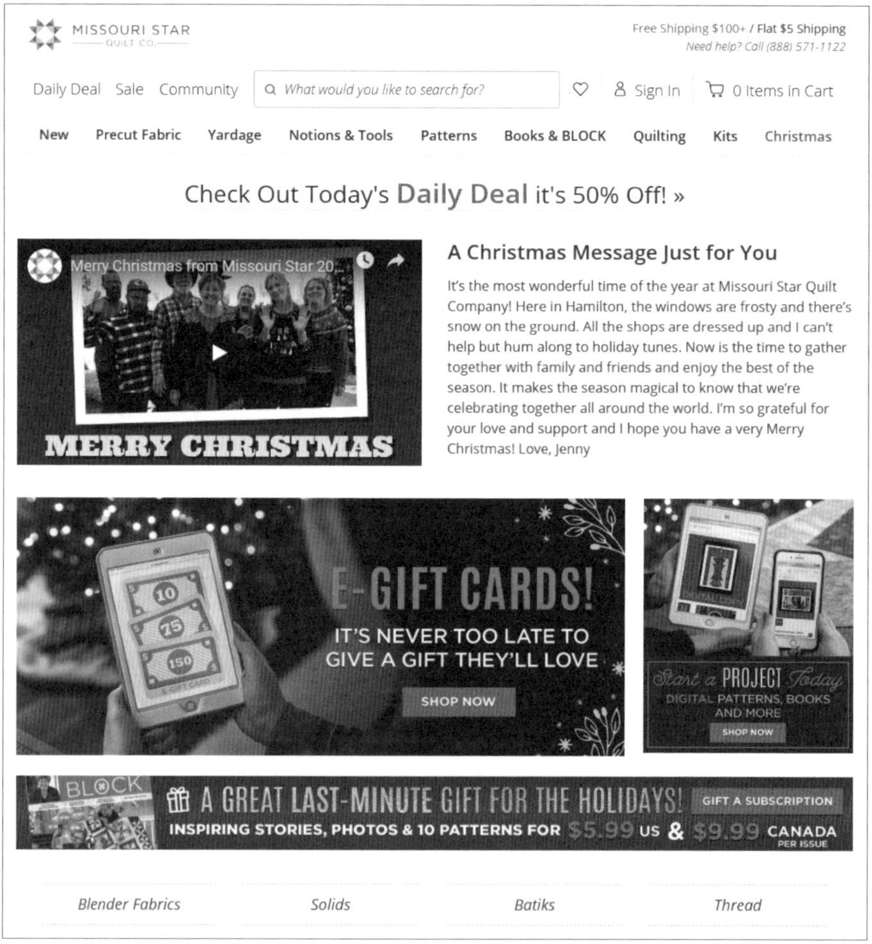

미주리 스타 퀼트 컴퍼니에는 매주 8천여 명의 손님이 찾아온다. 30명의 가족이 이 회사 소속으로 일을 하고 있다. 미주리 스타 퀼트 컴퍼니의 연 매출은 무려 4천만 달러(약 460억 원)에 달한다.

회사가 성장한 이유는 여러 가지가 있다. 그중에서도 스타트업의 방법론을 지켰다는 게 중요하다. 시골에 있고 중년층 여성을 위한 콘텐츠라고 해도 말이다. 이 회사는 차근차근 커머스, 오프라인 매장 등의 비즈니스모델을 만들었다.

외부 인재도 과감하게 영입했다. 회사가 커지면서 주 6일을 일해도 일이 줄지 않자 새로운 경영진을 영입한다. 아들의 친구인 데이비드 미프서드David Mifsud는 초창기인 2008년 말부터 재무 일을 돕기 시작해 현재 CFOChief Financial Officer(최고 재무 책임자)로 일하고 있고, 데이비드의 동생이자 골드만삭스 출신인 마이클 미프서드Michael Mifsud는 2017년 1월 CEO로 합류했다. 적절한 시점에 적절한 인재를 배치해 성장 과정에서의 고통을 최소화한 셈이다.

퀼트라는 전혀 힙하지 않은 소재. 파산한 집안의 미국 시골 주부. 자극적이지 않을 것만 같은 소재가 유튜브를 만나 엄청난 사업이 되었다. 유튜브의 유통의 힘, 그리고 이를 잘 활용하기 위해 적절한 전략과 인재를 찾은 운영의 힘이다. 유튜브가 보여주는 새로운 사업 기회를 보여주는 회사라 볼 수 있겠다.

시대가 바꾼 영화배우의 모습, 말런 웨이언스

잘나가는 개그맨이 유튜브 채널을 만드는 시대다. 지상파 출연은 가문의 영광이고, 인터넷은 인디 방송인이 출연하는 무대라는 생각이 바뀌고 있는 셈이다. 지상파 방송에 자주 나오지는 못했지만, 유튜브로 꾸준히 전 세계 팬들과 소통했던 방탄소년단의 성공이 대표적인 예다. 미국도 마찬가지다. 〈라라랜드〉로 유명한 영화감독 데이미언 셔젤Damien Chazelle은 유튜브로 영화 〈위플래쉬〉의 일부를 미리 공개해 투자를 받았다. 〈서치Searching〉의 감독 아니쉬 차간티Aneesh Chaganty 또한 유튜브 광고를 만들며 경력을 쌓아 데뷔했다. 방송, 콘텐츠 제작 경로에 유튜브가 필수가 된 셈이다.

새로운 시대에는 배우 또한 역할이 달라진다. 가장 혁신과 거리가 멀어 보이는 배우라는 직업조차 말이다. 이번에는 새 시대에 전혀 다른 종류의 배우 커리어를 보여주는 말런 웨이언스Marlon Wayans에 대해 이야기해보려 한다.

말런 웨이언스는 '웨이언스 클랜'의 일원이다. 10명의 형제자매 대다수가 연예계에 종사하는데, 말런은 그중 막내다. 형제들과 함께한 시트콤 〈웨이언스 브로스Wayans Bros〉가 대표작이다. 말런 웨이언스는 배우 경력 초기에 큰 기회가 있었다. 〈배트맨 리턴즈BATMAN RETURNS〉의 '로빈' 역할이었다. 불운하게도 지나치게 등장인물이 많다는 이유로 로빈은 영화에서 삭제됐다. 팀 버튼Timothy Walter Burton 감독이 '배트맨3'에서 말런을 부르려 했으나 감독이 조엘 슈마허Joel Schumacher로 바뀌는 바람에 말런의 기회 또한 없던 게 됐다.

말런에게는 남다른 재능이 있었다. 기획력과 그 기획을 실행에 옮길 수 있는 각본, 그리고 제작 능력이었다. 이 능력을 살리면서 점차 그는 스타덤에 오르게 된다. 할리우드에서 말런 웨이언스의 재능을 처음으로 제대로 보여준 프로젝트는 2000년에 공개된 〈무서운 영화SCARY MOVIE〉다. 호러 영화의 형식을 빌려와서 화장실 유머와 패러디로 새롭게 만들었다. 이 영화는 1편에서 기대 이상의 성공을 거두었고, 5편까지 제작될 정도의 영향력을 보여줬다.

2004년에는 〈화이트 칙스WHiTE CHiCKS〉라는 영화가 나왔다. 웨이언스 형제가 백인 여성으로 분장해 벌어지는 소동을 다룬 코미디 영화다. 키넌 웨이언스Keenen Ivory Wayans가 감독을 맡고 션Shawn Wayans과 말런 웨이언스가 주연을 맡은 이 영화 또한 컬트적 인기를 얻었다. 이런 영화는 일반적인 방식이 아니다. 할리우드의 전문가가 모여서 만드는 대형 프로젝트에는 부적합하다. 무엇보다 말런 웨이언스의 영화는 독특했지만 지나치게 특정 팬층에게만 먹히는 유머로 가득했다. 이후 말런 웨이언스의 영화는 몇 개 나오지 못해 '한물간 희극 배우' 정도로 남을 수 있었다.

넷플릭스에서 방영했던 〈말런〉의 광고 화면

말런 웨이언스는 뛰어난 코미디 배우다. 기획은 물론 각본, 제작까지 직접 할 수 있다. 이 능력은 거대 자본과 각 분야의 전문가가 모여 협업하는 대형 할리우드 영화나 특출한 예술가의 비전을 실현하는 예술영화와는 잘 맞지 않는다. 하지만 지금 시대에는 어떨까?

말런 웨이언스는 요즘 누구보다 바쁘게 활동하고 있다. 콘텐츠 시장이 바뀌면서 거대한 시장이 아닌 니치 마켓niche market(여기서 니치는 '틈새'란 뜻으로 니치마켓이란 '틈새시장'을 말한다. 즉 수요가 비어있는 시장을 말하며, 참고로 치밀한 시장 조사 후에 이 시장에 경영자원을 집중적으로 투입하는 전략을 니치 전략(niche strategy)이라고 한다.)이 열린 덕분이다. 이제는 고품질의 대형 상업영화나 예술영화가 아니어도 얼마든지 시장이 있다. 요즘 말런 웨이언스가 활약하는 모습을 보자. 우선 넷플릭스에서 자전적인 이야기를 시트콤화한 시트콤 〈말런marlon〉에서 주연 겸 각본, 제작을 맡고 있다. 최근에는 시즌 2가 제작됐다. 영화 시장도 넷플릭스 위주로 커졌다. 영화〈누드 리플레이NAKED〉를 직접 제작해 주연으로 출연했다. 북유럽 영화를 리메이크한 작품으로 기존 영화처럼 재기발랄한 흑인 코미디로 가득하다.

수준이 높다거나 대중을 만족시키기는 어려울지 모른다. 하지만 자신만의 팬덤fandom(팬(fan)과 접미사'-dom'의 합성어로, 이것은 공통적인 관심사를 공유하는 사람들과 함께 공감과 우정의 감정을 특징으로 하는, 팬들로 구성된 하위문화)과 색깔이 확실한 매력의 코미디다. 명작은 아니지만, 넷플릭스의 콘텐츠 폭을 늘리기는 적합했다. 그래서일까? 넷플릭스는 6명의 말론이 함께 등장한다는 내용의 코미디 〈6쌍둥이〉도 제작 중이다.

공연도 활발하다. 말런 웨이언스는 틈날 때마다 미국 전역을 돌며 스탠드업 코미디(코미디언이 관객을 마주하는 실시간 희극 형식의 하나) 공연을 한다. 그 공연을 녹화해 넷플릭스에 올리기도 한다. 원 소스 멀티 유즈One source-multiuse(일명 OSMU. 이것은 대한민국 매체 산업에서 사용되는 용어로, 하나의 매체를 여러 매체의 유형으로 전개하는 것을 의미)이다.

유튜브도 시작했다. 코미디 배우들과 연합해 자신만의 유튜브 채널을 만들었다. 말런 웨이언스는 아이디어가 떠오르면 스킷skit(가벼운 풍자극, 짧은 연극을 뜻하는 연극 용어)을 쓴다. 극단 배우들과 함께 이를 찍어서 유튜브로 올린다.

이후 말런 웨이언스는 자신의 일상을 자연스럽게 보여주는 브이로그vlog(비디오 video + 블로그 Blog의 합성어) 방식으로 유튜브를 바꿔 운영 중이다.

대중을 상대로 콘텐츠를 만들어야 했던 과거에는 큰 조직에서 특출하게 한 가지를 잘하는 사람이 최고였다. 선량한 영웅 연기의 최고봉인 톰 크루즈, 최고의 감독 스티븐 스필버그, 감초 조연의 달인인 모건 프리먼 등이 떠오른다.

말런 웨이언스는 과거의 패러다임에는 맞지 않는 사람일지 모른다. 다양한 재주가 있지만,최고의 각본가는 아니었다. 유머는 뛰어났지만 마니아적이었다.

흑인 문화에 깊게 관련돼 있기에 모든 사람을 만족시키지도 못한다.

시대가 바뀌면 재능의 종류도 바뀐다. 영화 〈아티스트The ARTIST〉를 보면 영화의 주류가 무성영화에서 유성영화로 바뀌면서 잘나가던 스타가 몰락하는 과정이 나온다. 절대다수의 취향이 사라진 지금, 어쩌면 모두에게 인정받는 고품질의 재능보다 좁은 취향의 대중이 원하는 콘텐츠를 자기 주도적으로 뽑는 말런 웨이언스의 재능이 더욱 중요해질지 모른다.

지상파 혁신의 최전선,
SBS 라디오

솔직하게 말하겠다. 지상파 콘텐츠가 시대에 뒤쳐진지 제법 오래되었다. 지상파 방송은 유튜브로 대변되는 영상 콘텐츠의 트렌드와는 너무도 상반되는 느린 편집, 혹은 뻔한 기획이 다수다. 앞으로 지상파 콘텐츠가 트렌드를 선도하기는 어렵지 않을까?

SBS의 라디오를 듣기 전까지는 그렇게 생각했다.

시작은 우연이었다. 이 책을 쓴 계기이기도 한 뉴미디어 독서 모임에서 만난 지인이, 라디오 일을 시작했다는 소식에 오랜만에 아침 라디오를 켰다. '의리 청취'였다고 할까.

듣고 보니 달랐다. 완전히 빠져들었다. 심지어 김영철의 아침 라디오 뿐만 아니라, 조정식 아나운서의 새벽 라디오, 오후 컬투쇼 라디오, 저녁 배성재 아나운서의 라디오까지, 출퇴근길, 또 주말마다 때 아닌 '라디오 삼매경'에 빠졌다. TV도 아니고. 올드 미디어의 대명사라는 라디오에 말이다! 뉴미디어를 좋아하다 못해 '뉴미디어'라는 책까지 쓰고 있는 내가 대체 왜 이렇게 된 걸까?

시청자와의 유기적인 소통이 인터넷 세대와 잘 어울렸다. 과거에 엽서로 보낸 사연을 읽던 라디오가 이제는 유료 문자, 라디오 앱 채팅창을 읽는 매체로 바뀌었다. 그 중에도 '채팅창'이 중요하다. 실시간으로 채팅창을 읽으며 소통하는 방송. 그렇다, 인터넷 생방송의 모습이다. 사실 라디오는 소통 이라는 측면에서는 궁극적으로 인터넷 방송과 크게 다른 점이 없다. 라디오 방송을 보면서 최신 인터넷 방송의 떠오른 이유다.

비주얼도 있었다. 라디오에 무슨 비주얼이냐고 말할지 모른다. 영상 세대는 라디오를 본다. 이른바 '보이는 라디오' 덕분이다. 이것을 하는 경우에는, 정말 라디오는 '지상파의 인터넷 방송'으로 변한다. 지상파 TV처럼 좋은 장비, 좋은 편집 같은 건 없다. 거칠게, 대신 자유롭게 보여준다. 오히려 그게 인터넷 방송의 감성과 잘 맞는다. 아이돌 가수가 나오면, 스타의 멋진 모습을 보여주기 위해 보이는 라디오를 꼭 보여준다.

심지어 보이는 라디오 영상은 인터넷을 통해 재생산, 재편집 되기도 한다. 인터넷 남성 세대에 절대적인 지지를 받고 있는 〈배성재의 텐TEN〉의 경우, 보이는 라디오 뿐 아니라 카카오 플랫폼을 통해 녹화 방송을 생중계한다. 이들 영상은 전체, 혹은 편집되어 유튜브에 올라간다.

물론 저작권 위반이다. 그럼에도 방송사 입장에서, 더욱 큰 영향력을 보여주는 반증이기도 하다. 〈무한도전〉이 전설적인 방송인 이유는 여러 가지가 있지만,

방송이 없어진 이후에도 지금까지 끊임없이 재편집, 재생산되어 인터넷 플랫폼을 통해 영향력을 보여주기 때문이 컸다. 현재의 보이는 라디오 콘텐츠도 마찬가지다. 압도적인 영향력을 유지하고, 재생산된다면 불법 영상 유출은 오히려 큰 문제가 아닐 수도 있다.

재생산 콘텐츠를 역으로 이용할 수도 있다. 광고를 콘텐츠에 녹여내면 된다. 보이는 라디오 영상에 협찬 상품을 노출하면 어떨까? 코너의 핵심 내용에 협찬 받은 광고를 넣는다면? 이렇게 되면 오히려 영상을 퍼트리면 퍼트릴수록 회사 매출에도 도움이 될 가능성마저 있다.

보이는 라디오와 채팅창. 이 두 가지는 어떤 라디오 채널이든 하고 있다. 그렇다면 왜 SBS인가? SBS의 라디오는 내가 알고 있던 기존의 라디오와 전혀 달랐다.

우선 속도가 빨랐다. 아침 라디오 〈김영철의 파워 FM〉의 경우, 한 코너가 15분이 넘지 않는다. 팟캐스트에서 큰 성공을 거두고 있는 영어 학습 코너 〈김영철의 진짜 미국식 영어〉의 경우, 길이는 고작 5분 남짓이다. 유튜브 영상과 비슷한 정도의 길이다. 그 외에도 매일 아침 뉴스 정리, 퀴즈쇼, 영화 리뷰, 사연 읽는 코너 등이 쉴새없이 계속 된다. 어느새 '유튜브 세대'가 되어버린 내게도 지루할 틈이 없는 정도의 속도라는 이야기이다.

기획 또한 달랐다. 정확하게 타깃을 잡고, 그 타깃에 과감하게 집중한 콘텐츠가 일품이다. 〈김영철의 파워 FM〉은 출근길 직장인의 모든 관심사를 전방위에서 빠른 템포로 모두 제공한다.반면 〈배성재의 텐〉은 카카오 TV를 통해 중계하는 만큼, 배성재를 통해 유입된 해외 축구팬들과 인터넷 세대를 중심으로 '연애하지

© 배성재의 텐

못하는 자신의 처지에 대한 넋누리'등의 인터넷 서브컬처를 적극적으로 받아들여 방송한다.

SBS 라디오의 영향력은 인터넷 세계에서도 굉장하다. 〈도시탈출 컬투쇼〉는 포털 검색어를 쥐락펴락 한다. 이말년 작가는 배성재의 라디오 프로그램에서의 오랜 게스트 활동 경험을 그대로 게임 트위치 방송에 접목하여 인터넷 방송 스타덤에 올랐다. TV도 배출하기 어려워하는 유튜브 스타를 라디오에서 배출한 셈이다.

어떻게 라디오에서 이런 혁신이 가능했을까? 무엇보다 부담이 없어서가 아닐까? 라디오는 이미 영향력이 상당히 줄어들었던 매체였기에, 상대적으로 부담이 없다. 그래서 〈배성재의 텐〉이나 〈조정식의 펀펀투데이Fun Fun Today〉같은 도전적인 시도가 나올 수 있었던 것이다.

라디오의 형식 자체가 인터넷 방송과 잘 어울리는 면도 있다. 매일 정해진 시간에 꾸준히 시청자와 소통한다는 개념은 라디오나 인터넷 생방송이나 비슷하다. 고품질 콘텐츠보다는 거칠지만 자연스러운 모습을 보여주는 방식 또한 인터넷 방송이나 라디오나 비슷하다. 어쩌면 라이브 인터넷 방송이야말로 라디오의 후계자일지 모른다.

앞으로도 SBS 라디오의 미래는 밝다고 본다. 개인이 진행하는 인터넷 방송에는 분명 명확한 강점이 있지만 그만큼 약점도 많다. 자극적이고 부담스러운 내용이 포함되어 있는 경우가 대다수기 때문이다. 기획과 템포는 인터넷 세대에 맞추되, 정제된 톤으로 전달하고, 연예인섭외에도 유리한 라디오 방송이 인터넷 방송보다 상대적으로 유리할 수 있다. 인터넷 시대에 콘텐츠가 빠르게 변화하는 와중에도 SBS 라디오에 집중해 봄직한 이유다.

중국의 콘텐츠가 세계를 지배하기 시작했다? 틱톡

미국 시장 1위를 거머쥐기도 한 애니메이션 〈주먹왕 랄프 2〉의 주 무대는 인터넷 세상이다. 초반에 주인공 일행은 돈을 벌기 위해 콘텐츠를 만든다. 일종에 '유튜버'가 되는 셈이다. 주인공이 만드는 콘텐츠는 유튜브 콘텐츠라 보기 어렵다.

© 장이밍

5~10초 내외에, 다른 사람이 이미 만든 짤방을 조금 바꿔서 만든 가벼운 스낵 영상이다

이 영상은 유튜브보다는 영상 서비스 틱톡Tik Tok의 영상을 패러디한 콘텐츠에 가깝다. 특히 20대 이하 젊은 층을 위주로큰 인기를 끌고 있는 앱이다. 중국 콘텐츠의 자존심이기도 하다. 틱톡은어떤 서비스고, 어떻게 지금의 위치에 오르게 되었을까?

틱톡의 대표적인 콘텐츠. 수많은 유저들의 댄스 영상을 이어 붙였다.

틱톡의 개발사 바이트 댄스ByteDance의 창업자 장이밍張一鳴은 실패한 창업가였다. 개발자로 일하던 그는 2009년 부동산 거래 플랫폼 서비스인 '99팡닷컴99fang.com'을 공동 창업했으나 3년만에 물러났다. 이후 그는 AI를 통해 편집자나 에디터 없이 보는 뉴스 사이트 '진르 터우탸오今日頭條(영어로는 TODAY HEADLINE)를 만들며 중국 콘텐츠 사업에 중심축이 된다.

바이트 댄스가 200일의 개발기간을 거쳐 만든 서비스가 바로 '틱톡'이다. 중국어로는 抖音이라 한다. 이 서비스는 기본적으로 영상 편집 프로그램이다. 모바일로 누구나 쉽게 영상을 편집하고, 스티커 효과, 이펙트 보정 등을 한 뒤, 음악까지 넣어서 가볍게 영상을 만들 수 있는 서비스라고 할 수 있다.

이 서비스에 핵심은 다른 유저가 만든 영상을 마음대로 편집하고, 이어붙이고, 자신의 영상이나 다른 영상과 조합해서 자신만의 짧은 영상을 만들 수 있다는 거다. 유튜브만 해도 어느 정도 영상 기술이 있는 유저만이 참여가 가능하다. 틱톡

© 틱톡

은 앱 하나면 가볍게 모바일로 누구나 영상 편집이 가능해 순식간에 많은 유저가 참여할 수 있었다.

틱톡은 무섭게 전세계에 그 영향력을 넓혔다. 2016년에는 라이벌 앱이라 불리는 '뮤지컬리musical.ly'를 8억 달러를 들여 인수했다. 2018년 연말에는 드디어 페이스북, 인스타그램 등을 제치고 월말 다운로드 기준 세계에서 가장 많이 다운받은 앱에 등극했다. 기업 가치는 750억 달러로 책정되어 우버를 능가했다.

우버를 능가하는 중국산 콘텐츠 서비스가 등장하자 세계가 충격에 휩싸였다. 혹자는 이를 중국과 미국의 경쟁에서 중국이 앞서가기 시작한 셈이라고 해석하기도 했다. 심지어 틱톡은 50% 이상의 유저가 24세 이하인, 젊은 서비스이기도 하다. 미래의 서비스라는 뜻이다.

이 즈음부터 틱톡 서비스에 대한 근본적인 문제가 등장하기 시작했다. 우선 '깊이가 없고, 얄팍한 콘텐츠이다''지나치게 많이 광고해서 싫다' 등 감정적 거부 반응이 보였다. 〈주먹왕 랄프2〉에서 나오는 우스꽝스러운 모습 또한 그런 비판의 연장선상에 있었다. 이는 어쩌면 새로운 콘텐츠에 대한 기성 세대의 거부반응이라 볼 수도 있다.

하지만 그게 전부는 아니었다. 인도네시아에서는 틱톡의 성적인 내용, 혐오를 조장하는 영상 등을 걱정한 시민들이 무려 17만명의 청원을 받아냈다. 결국 정부는 틱톡을 1주일간 폐쇄시켰고, 본사에서 직접 인도네시아를 방문해 콘텐츠 관리를 약속한 뒤에야 서비스를 재개할 수 있었다.

서양에서도 이런 우려는 마찬가지다. 프랑스 또한 틱톡의 주 사용층인 10대 여성 대상으로 성적인 요구를 하는 경우가 늘고 있다며 경찰에서 틱톡 사용에 주의를 당부했다. 미국의 인터넷 감시 단체 커먼센스 또한 틱톡의 콘텐츠가16세 이하에게는 금지해야 한다고 권고했다.

또 다른 큰 문제가 최근에 터졌다. 사용자 개인정보 유출 문제다. 미국의 싱크탱크 피터슨 국제경제정책연구소Peterson Institute for International Economics(PIIE)에 따르면, 중국 정부는 틱톡이 수집한 개인 정보를 '안보상 당국의 정보 수집 활동'라는 이유로 볼 수 있다. 정보의 종류는 개인 식별 정보, GPSGlobal Positioning System(세계 어느 곳에서든지 인공위성을 이용하여 자신의 위치를 정확히 알 수 있는 시스템), IP 주소Internet Protocol address(컴퓨터 네트워크에서 장치들이 서로를 인식하고 통신을 하기 위해서 사용하는 특수한 번호), SIM 카드Subscriber Identity Module(가입자 인증 모듈. 휴대전화에 끼워서 쓰는 일종의 스마트 카드/IC카드) 기반 위치 정보, 단말기 정보, 주소록, 문자 메시지등이다. 피터슨 국제 연구소는 이들 정보가 서양인의 얼굴 인식 성능을 향상은 물론 여론 조작, 스파이 활동 등에 쓰일 수 있다고 우려를 표시했다.

중국 언론은 일제히 이를 비판했다. 서구가 자신들의 헤게모니를 위협하자 히스테리를 부리는 거라고 표현한 것이다. 다만 실제 군인 등이 틱톡을 사용해서 문제가 되었던 걸 생각하면 그럴 '가능성'은 언제든 존재한다고 볼 수도 있다. 화웨이 때와 마찬가지로 국가에 대한 낮은 신뢰가 사업에 발목을 잡기 시작한 셈이다.

틱톡은 중국 콘텐츠 플랫폼의 희망과 절망을 모두 보여준다. 빠르게 기술력을 따라잡았다. 기획력도 뛰어나다. 같은 짧은 영상 공유 앱인 바인Vine이 무너지는 동안 틱톡은 더욱 뛰어난 방식으로 영상 콘텐츠를 기획해 세계를 주름잡았다. 단순히 짧고 가벼운 콘텐츠를 만들었다는 이유만으로 만든 성공은 절대 아닌 셈이다.

또한 틱톡은 중국 콘텐츠 플랫폼의 위기도 보여준다. 운영에 대한 신뢰가 없다. 그게 저품질 콘텐츠의 삭제건, 중국 정부의 활동이던 말이다. 앞으로 틱톡의 발전을 위해서는 이런 중국 콘텐츠 플랫폼의 한계를 뛰어넘어야 할 것이다.

아직도 유튜브에 빈공간은 많다

'시미켄 TV'가 한국을 상륙한 건 2월 5일이었다. 일본 유명 AVAdult Video 배우 시미켄しみけん이 한국인 대상 유튜브를 만든 날이다. 시미켄의 채널 반응은 뜨겁다 못해 경이로울 수준이다. 최근 유튜브는 경쟁이 치열해지면서 연예인들도 구독자 모으는데 어려움을 겪고 있는 상황에 비하면 놀라지 않을 수 없다.

반면 시미켄은 오픈 하루 만에 구독자 5만 명을 돌파했다. 4일 만에 16만 명이 됐고, 일주일 만에 20만 명을 넘었다. 캡쳐를 하기가 무섭게 만 단위로 구독자가 늘고 있다. 20일이 지난 지금 30만 명을 돌파했다.

물론 시미켄과 별개로 혹은 시미켄까지 포함해 AV 시장의 문제점, 범죄적인 요소 등은 비판해야 한다. 여성을 일종의 가학적 대상으로 여기는 구도 또한 비판받아 마땅하다. 당연히 시미켄TV도 논란이 따라 왔다. AV 배우라는 특성상 여성들의 반감도 심했고 악플도 달렸다. 한 때는 댓글 달기 기능을 제한할 정도

© 시미켄TV

로 악플이 올라오기도 했다.

그럼에도 시미켄의 인기는 엄청나다. 포르노 영상은 우리나라에서 불법이다. 불법 영상에 출연하는 남성 배우의 인기는 어디서 오고 무엇을 배울 수 있을까.

그는 대부분의 성인 남성이 알고 있지만 어디서도 그의 이야기를 들을 수 없는 사람이었다. 일본 성인물을 몇 번 본적이 있다면 시미켄을 알 수 밖에 없다. 시미켄이 출연한 영상은 공식적으로 집계된 숫자만 1만 개에 가깝다.

그럼에도 그의 이야기를 어디서도 들을 수 없었다. 공중파는 커녕 케이블에서도 그를 출연시킬 수는 없는 노릇이다. 유튜브라면 가능하다. 유튜브는 그가 활동할 수 있는 최적의 플랫폼이다.

유튜브가 기존 남성들이 포르노를 보던 기기와 거의 완벽하게 일치한다는 점도 엄청난 구독자 증가 속도의 요인으로 보인다. 유튜브는 대체로 혼자만이 보는 경우가 많고, PC나 모바일로 본다. 거실 TV로 그를 보기에는 부담스럽지만 방에서 혼자 볼 때는 무척 친숙하지 않을까.

AV 배우라는 비밀스러운 직업 자체도 흥미를 유발한다. 그 업계에서도 최고의 자리를 유지하는 사람이 직접 나와 자신의 이야기를 풀어내는 영상은 흥미가 갈 수 밖에 없다. 그는 〈시미켄의 아내 이야기〉라는 영상을 통해 'AV 배우의 아내는 배우를 어떻게 생각할까'라는 궁금증을 해결해준다. 생각지도 못했던, 그러나 한 번쯤 생각해봤을 만한 요소를 건드린다.

아이러니한 점은 정작 주 무대인 일본에서 인기는 한국과 비교해 초라한 수준이라는 점이다. 일본 유튜브에 올라 있는 시미켄 채널은 구독자 2천여 명 정도로 한국과 비교하기 민망한 숫자다.

기본적으로 채널 영상 퀄리티부터 차이가 있다. 일본 유튜브에 올라와 있는 영상은 아마추어가 만든 영상으로 보인다. 반면 한국 유튜브는 전문가와 처음부터 같이 작업한 결과물처럼 보인다.

채널 이름도 다르다. 일본 유튜브는 성적인 '드립(애드립의 줄임말에서 유래한 대한민국 인터넷 은어. 주로 부정적인 반응의 즉흥성 발언을 뜻함)'을 쓴 다소 노골적인 채널 명이지만, 한국 채널명은 시미켄TV로 단순화했다. 한국 유튜브에서는 의도적인지는 모르겠지만 최소한 썸네일, 채널명에서 외설적인 색채를 지워 겉으로 보기에는 AV 배우의 채널인지 알 수 없다. 구독 버튼을 누르는데 심리적 저항선을 낮춰주는 효과를 줬을 수 있다.

한국 유튜브에서 더 잘될 수 있는 강점들도 있다. 먼저 AV가 엄연히 한국에서는 불법이라는 점이다. 많은 사람들이 보고 있지만 불법이기 때문에 관련 정보를 접할 수 있는 채널에 한계가 있다. 일본에서는 AV 배우가 TV 방송에도 출연해 흔하게 볼 수 있는 반면 한국은 TV는 커녕 AV 영상에서 뭐라고 하는지도 알 수 없었다. 정보의 비대칭성을 깨는 역할을 시미켄이 해 준 것이다.

콘텐츠의 성공을 한국인이 사랑하는 요소인 '해외 반응'의 일종으로 볼 수도 있다. 그것이 무엇이든 해외 반응만 붙이면 일종의 '치트키Cheat Key(치트 코드Cheat Code라고도 하며, 비디오 게임 진행 중에 더 이상 진행이 불가능할 때 일종의 속임수로 사용하는 방법)'라는 의견이 많다. 그만큼 한국인은 외국에서 한국을 바라보는 시선에 항상 관심을 쏟는다. 외국인 시미켄이 한국에 와서 이야기하는 내용들도 '해외 반응'의 맥락으로 본다면 이토록 뜨거운 시미켄TV 인기의 일부분이 됐을 수도 있다. 초기 화제성에다 이런 것들이 맞아 떨어지면서 구독자 증가에 힘을 보탠 것으로 보인다.

시미켄의 인기는 아직도 수 없이 많은 니치마켓, 블루오션이 있다는 것을 보여줬다. 수요는 있지만 공급이 없던 어떤 얘기를 들고 나와서 유튜브에 내놓는다면, 그리고 그 결과물이 어떤 스파크만 튈 수 있다면 순식간에 엄청난 구독자를 모을 수 있는 셈이다.

한국 사례도 있다. '달콤한 크루들'이란 채널은 국적기, 저비용항공사Low Cost Carrier(LLC), 외국 항공사의 승무원들이 나와 '승무원 이야기'로 채널을 채워가고 있다. 면접법, 화장법부터 연봉이나 복지혜택까지 비교하는 영상이 나오고 있다.

채널을 오픈한지 4개월 만에 3만 구독자를 확보할 만큼 빠른 속도로 구독자를 늘려나가고 있다.

최근 유튜브는 급속도로 레드오션Red Ocean(글자 그대로 피(red)를 흘려야하는 경쟁 시장. 블루오션의 반대말)화되고 있다고 한다. 그럼에도 두 채널을 보면 아직 유튜브에 채워지지 않은 빈공간이 많다고 생각하게 만든다. AV 배우, 승무원이라는 정반대 성향의 유튜브가 이렇게 인기라면 앞으로 또 어떤 직업, 어떤 이야기가 화제가 될 수 있을까 궁금해지지 않을 수 없다.

브랜드 저널리즘, 언론의 위기

인스타그램을 켰다. 래퍼 제시가 라이브 방송을 한다고 푸시 알림을 보내왔다. 오늘만 벌써 세 번째다. 인스타그램으로 연예인 계정을 팔로우 해봤다. 이것을 어떻게 쓰는지가 궁금해서다. 인스타그램으로 일상을 공유하기도 했지만, 재미있게도 인스타그램 라이브를 하는 경우가 많았다. 타블로는 신보를 냈지만, 방송 출연은 전혀 하지 않았다. 공연이 전부다. 대신 그는 인스타그램으로 일상을 공유하고 인스타그램 라이브로 직접 방송한다. 언론을 거치지 않고 직접 소통하는 셈이다.

연예인만 해당하는 트렌드는 아니다. 정치도 그렇다. 트럼프는 기자와의 브리핑보다 트위터를 독한 직접 소통을 선호한다. 과격한 돌출행동도 전달되지 않으면 의미가 없다. 트럼프는 트위터로 끊임없이 자신의 콘텐츠를 공개했기에 스타가 될 수 있었다. 청와대도 마찬가지다. 청와대는 매일 SNS 라이브 방송을 진행한다. 자신이 어떤 일을 하는지 언론을 거치지 않고 직접 전달한다. 덕분에 대통령의 지지층을 견고하게 만들 수 있다. 심지어 누군가는 기자들이 청와대를 왜곡한다며 청와대 기자실을 없애 달라고 청원하기까지 한다.

언론을 거치지 않는 트렌드. 이제는 트렌드라 말하기 부끄러울 정도로 흔해졌다. 흔히들 브랜드 저널리즘의 해외 사례로 레드불과 코카콜라를 들고는 한다. 이들은 광고 대신, 자신만의 콘텐츠를 채널에 올렸다. 이들이 SNS를 통해 바이럴 되며 광고 효과를 톡톡히 보았다. 모두가 이를 공유하면서도, 이때는 그렇게 와닿지 않았을지도 모르겠다.

삼성 뉴스룸도 훌륭한 사례다. 삼성은 본인만의 뉴스룸이 있다. 삼성 제품 소개부터 기술 관련 아티클까지 다양한 콘텐츠를 올린다. 아마 삼성 사업과 관계된 분야에서는 한국 최고의 언론일 것이다. 광고성 콘텐츠뿐만 아니라 웹툰, 기술 전문가의 칼럼까지 전문성 있는 내용을 다양한 형식으로 풍부하게 전달한다. 실제로도 조선일보 홈페이지보다도 높은 뷰를 자랑한다고 알려진 매체다.

좀 더 본격적으로 구매를 연결하기 위해 미디어 커머스를 만드는 경우도 있다. 앞에서 다뤄진 바 있는 신세계의 하우디와 BMW 미니의 도미닉이 훌륭한 예시다. 이들은 모바일 남성잡지와 같은 다양한 생활 밀착 콘텐츠를 올린다. 이를 통해 직접 본인이 원하는 브랜딩과 메시지를 전달한다. 추가로 미디어를 통해 형성된 열성 팬층을 구매로 연결한다.

브랜디드 콘텐츠가 전방위적으로 뻗어 나가고 있다. 이렇게 되면 가장 피해를 보는 곳은 어디일까? 대중과 브랜드 사이에서 메시지를 유통해서 이득을 취하던 곳들일 것이다. 광고대행사가 만들어주던 콘텐츠를 이제는 매체가 직접 내부 직원과 프리랜서를 통해 만든다. 삼성 뉴스룸, 청와대, 그리고 연예인의 경우는 언론 전반이다. 미디어의 힘을 통해 전하던 메시지를 직접 전달하기 때문이다.

게이트 키퍼로서 언론의 역할이 위협받고 있다. 이에 대해 미디어는 강하게 반발하고 있다. 청와대와 기자들이 대립하고 있다는 기사도 나온다. 청와대가 직접 본인이 섭외하기 힘든 인물을 데려와 방송을 진행해 본인들의 영역을 침범한다는 거다. 이런 주장에 근거가 있을까? 아직 대중은 이에 설득되지 않는 모양새다. 왜 그럴까? 언론이 브랜드보다도 신뢰가 낮아서가 아닐까? 그동안 쌓아왔던 불신이 브랜드 저널리즘을 통해 대체가 생기자 폭발해버린 건 아닐까 싶다.

언론이 만든 불신을 브랜드가 직접 회복한 경우도 있다. 〈먹거리 X파일〉은 음식 관련 언론의 최고 히트작이다. 이 프로에서는 화학조미료가 나쁘다는 메시지를 전달했다. 화학조미료를 쓰지 않는 음식점이 '착한 식당'이라고 강조하며 말이다. 사실일까? 전문가의 생각은 다르다. 화학조미료는 그 어떤 재료보다도 건강이 과학적으로 증명된 재료다. 소금이나 설탕보다는 몸에 좋다. 화학조미료의 문제는 '너무 맛이 좋다'는 거다. 그래서 나쁜 재료도 맛있게 둔갑시킬 수 있다. 그래서 화학조미료가 지나치면 의심해볼 수 있다. 하지만 이런 복잡한 사실을 〈먹거리 X파일〉은 '화학조미료를 쓰면 나쁜 식당'이라고 단순화시켜 전달했다. 그리고 화학조미료를 쓰는 요식업계를 불신하게 했다.

시장에 불신이 생기면 생산자와 소비자 모두 피해를 본다. 소비자는 신뢰가 없으니 싸고 양 많은 싸구려 음식 아니면 고급 음식만을 찾게 된다. 생산자 또한 소비자가 불신해서 더욱 가격을 낮추고 나쁜 재료를 만드는 '치킨 게임Game of Chicken(양측이 맞붙는 상황에서 먼저 물러서거나 회피하는 쪽이 겁쟁이, 즉 지는 사람이 되는 게임)'에 들

© KBS · 먹거리 X파일

어가게 된다. 그렇게 모두가 불행해진다. '화학조미료는 나쁘다'는, 기성 미디어가 퍼트린 잘못된 정보 때문이다. 이런 불신을 해결한 사람이 있다. 백종원이다. 백종원은 '더 본'이라는 프랜차이즈 체인의 창립자이다. 그가 하는 말 자체가 더본의 '브랜드 저널리즘'이라 볼 수 있다.

그는 방송에서 조곤조곤 설득한다. 화학조미료가 나쁜 게 아니라고. 화학조미료를 통해 경제적으로 저렴하게 맛있는 음식을 만들 수 있다고. 대신 조악한 재료를 숨기기 위해 만든 화학조미료는 나쁘다고. 화학조미료 없이 우리에게 익숙한 자극적인 맛을 경제적으로 만드는 건 불가능하다고 말이다.

기성 언론 〈먹거리 X파일〉과 백종원의 대결. 그 끝은 결국 '화학조미료'에 한해서는 백종원의 승리로 보인다. 이영돈 PD는 카스테라 광고, 그리고 본인이 제작한 방송과 관계가 있어 보이는 광고를 찍은 일 등으로 영향력이 점차 줄어들었다.

백종원은 쿡방 열풍이 사그라드는 와중에도 요리사가 아닌 사업가로서 자신을 보여주는 방송 〈백종원의 푸드 트럭〉을 성공적으로 런칭하고, 식당을 컨설팅하는 〈백종원의 골목 식당〉을 성공리에 시작하는 등 활발한 활동을 계속하고 있다.

물론 모든 언론이 〈먹거리 X파일〉의 화학조미료 정보처럼 잘못된 정보를 전달하는 건 아니다. 대부분의 경우 기성 언론은 가짜 뉴스를 막는 방파제 역할을 수행한다. 한국이 미국과는 달리 '가짜 뉴스' 논란에 상대적으로 자유로웠던 이유도 여기에 있다. 한국의 포털인 네이버와 다음은 구글, 페이스북과는 달리 기성 언론을 대우했고, 난립한 신규 언론에 자리를 줄였다. 덕분에 아주 이상한 정보는 걸러질 수 있었다. 다만 언론에 대한 대중의 불신은 실제로 존재한다. 브랜드 저널리즘이 대두해도, 고객이 아쉬워서 기성 언론의 콘텐츠를 봐야 한다. 그 해법은 결국 신뢰다.

그는 직접 출연했던 SBS의 시사 프로에서 이렇게 말했다. 태블릿 PC 보도는 30년이 걸린 보도라고. 오랜 세월 쌓아온 손석희의 신뢰 덕분에 태블릿 PC 보도가 빛을 발했다고 말이다. 김어준이 갖지 못한 신뢰를 손석희가 갖고 있었기에 역대급 특종이 탄생했다.

브랜드 저널리즘에 맞서 싸울 기존 언론의 무기는 바로 이 지점이다. 기성 언론은 근본적으로 본인 PR 콘텐츠, 본인 마케팅 콘텐츠를 뛰어넘을 수 없다. 자신을 알리기 위해 만든 콘텐츠니 당연하다. '이 언론의 말이라면 믿을 수 있다'는 신뢰를 회복하는 일. 그게 기성 언론이 브랜드 저널리즘에 대항할 수 있는 유일한 방법이다.

뉴미디어 인플루언서, 메인 스트림을 넘보다

인플루언서라는 말 자체가 소셜 미디어의 시대임을 입증하고 있다. 우리나라에서는 'SNS 스타'라는 말로 이들을 부르며 여전히 TV 스타보다 한 단계 낮은 등급으로 여기는 경우가 대부분이다.

연예기획사에서 트레이닝을 받고, TV와 라디오 등 기성 미디어에 의해 발탁되어 얼굴을 알리는 연예인이 온실 속 화초라면 인플루언서는 잡초다. 물론 연예계가 얼마나 경쟁이 치열한 정글인지 부정하는 것은 아니다. 다만 허허벌판에서 기획사나 미디어 권력의 도움 없이 혼자 명성을 얻는 뉴미디어 인플루언서의 환경과 비교하면 연예계마저 온실로 보일 지경이다.

SM이나 JYP, YG의 문을 두드리는 지망생의 숫자가 몇 천 내지는 몇 만이라면, 인스타그램과 유튜브에서 자신을 알리기 시작한 사람들의 숫자는 몇 십만에서 몇 백만일 것이다. 누구나 도전할 수 있지만, 결코 아무나 유명해질 수 없는 뉴미디어 생태계에서 인플루언서로 살아남은 사람들은 서서히 메인 스트림의 지형마저 넘보고 있다.

아프리카 축구 BJ에서 출발한 감스트가 MBC에서 해설과 예능으로 활약하고, JTBC의 〈랜선라이프〉라는 프로그램은 아예 유명 BJ들의 삶을 다루고 있다. 하지만 TV 프로그램이 선별적으로 유명 인터넷 방송인들을 소개하는 현상이 중요한 게 아니다. 100만 이상의 구독자를 거느린 유튜버들은 방송의 도움 없이도 웬만한 연예인보다 더 열성적인 팬덤을 거느리고 있다. 그들에게 있어 방송은 하면 좋은 것이지만, 반드시 해야 하는 것은 아니다.

어린아이들의 장래희망이 연예인에서 유튜버나 아프리카 BJ로 바뀌기 시작한 지금, 인터넷 방송인을 포함한 뉴미디어 인플루언서들을 단순히 관종 취급하는 것은 시대에 뒤떨어진 인식이다. 요즘 초등학생들은 개그콘서트나 예능 프로그램을 챙겨 보지 않는다. 그 시간에 아프리카 TV, 또는 유튜브의 동영상을 구독한다. 아마 유재석급이 아니라면 어느 연예인을 데려와도 유튜브 구독자 3백만을 바라보는 '보겸'보다 인지도가 낮을 것이다.

기업도 뉴미디어 인플루언서의 중요성을 깨닫고 마케팅에 활용하고 있다. 한국기업의 보수적인 홍보 성향은 일일이 설명할 필요도 없다. 그동안 관성적으로 유명 연예인을 협찬하고, 신문사에 광고를 주는 게 홍보의 전부였다. 그러나 이제는 기업 행사에서도 연예인 대신 인스타그램 스타, 유튜버를 초대하는 게 낯설지 않은 일이 됐다.

외국에서는 우리보다 먼저, 그리고 훨씬 다방면으로 뉴미디어 인플루언서를 활용하고 있다. 280만의 팔로워를 가진 여행 인스타그래머 Jack Morris(@doyoutravel)는 자신의 인스타그램 스토리를 통해 영국 자동차 브랜드 랜드로버의 아프리카 투어 프로그램을 홍보했다. 평소 여행지와 호텔, 관광 상품을 자연스레 광고하는 것과는 별도로 홍보의 영역이 나날이 넓어지는 것이다.

우리가 생각하는 것 이상으로 거대한 광고 시장이 뉴미디어 인플루언서를 통해 새롭게 형성되고 있다. 인플루언서의 팬덤이 일반 연예인의 팬덤보다 더욱 열성적이라는 특성도 기업들의 구미를 자극한다. 인지도 측면에서 연예인이 앞선다고 하더라도 실제 구매력은 뉴미디어 인플루언서들이 앞설 수 있는 것이다. 게다가 뉴미디어 인플루언서들은 자신만의 특정 분야, 특수 콘텐츠를 제작하는 경우가 많다. 여행, 자동차, 옷, 요리 등 그들의 메인 콘텐즈와 홍보 상품이 일치했을 때 발생하는 시너지 효과는 연예인의 광고를 영혼 없는 캠페인으로 보이게 만든다.

수익의 측면에서도 유튜버 대도서관은 연 17억 원 이상의 연봉을 밝히며 놀라움을 안겨준 바 있다. 물론 수십, 수백억원을 버는 연예인들이 건재하지만, 세상은 빠르게 변하고 있다. 불과 몇 년 전까지만 해도 유튜브로 수십억원을 번다는 이야기를 믿을 사람이 누가 있었겠는가.

더 이상 뉴미디어 인플루언서들을 연예인의 하위 개념으로 바라볼 수 없는 시대다. 당신이 세상에 영향력을 끼치길 원한다면 프로필을 들고 연예기획사 문을 두드리는 대신 유튜브 영상 또는 감각적인 사진을 인스타그램에 올리는 편이 나을지 모른다. 어마어마한 경쟁이 당신을 기다리고 있겠지만, 적어도 유튜브와 인스타그램은 나이와 외모를 따지며 지원자를 탈락시키지 않는다. 사람들을 사로잡을 콘텐츠와 매력이 있다면 누구든 유명해질 수 있는 뉴미디어 인플루언서의 시대가 열린 것이다.

에필로그

다양성과 무한경쟁의 바다를 항해하는 선장들을 위하여

뉴미디어의 역사를 기록하고, 인사이트를 나눈다. 그것도 국내와 해외의 사례를 총망라하는 작업이다. 어쩌면 시작부터 너무 거창한 목표를 잡았는지 모른다. 사실 뉴미디어가 대체 뭐냐는 정의에서부터 숨이 턱턱 막히는 기분이었다. 이전에 존재하지 않았던 변화의 물결은 분명 실재하지만 한 마디로 딱 잘라 정의 내리기 어려웠다. 그러나 가능한 한 쉽게, 가능한 자세한 설명을 통해 뉴미디어가 어떻게 우리의 삶을 바꾸고 있는지 전달하려 노력했다.

뉴미디어는 크게 플랫폼과 미디어로 구분할 수 있다. 페이스북, 인스타그램, 유튜브, 넷플릭스는 다양한 콘텐츠가 유통되는 플랫폼이다. 그러한 플랫폼을 기반으로 레거시 미디어와는 다른 문법의 콘텐츠를 생산하는 매체들이 바로 뉴미디어다.

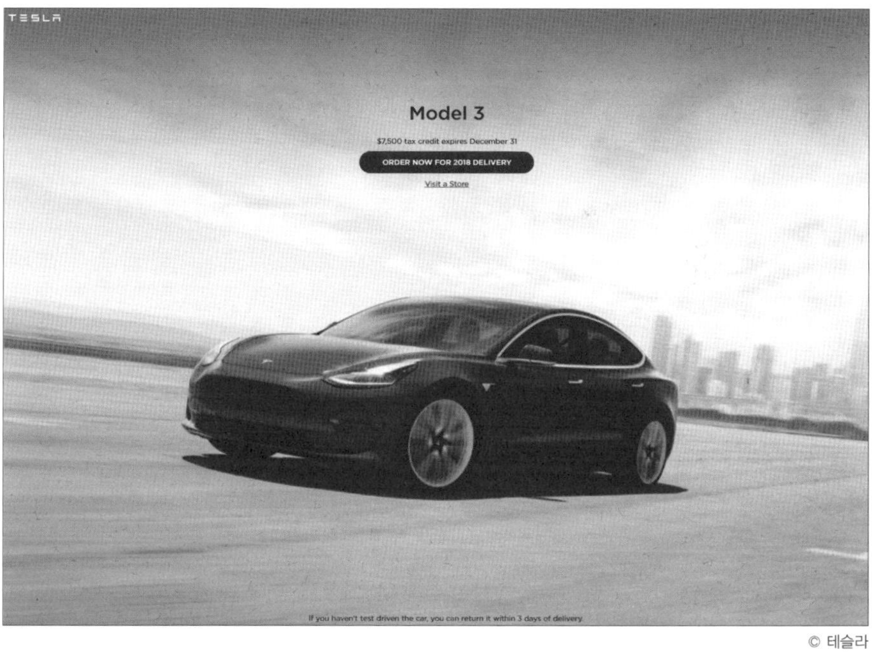

© 테슬라

한때는 레거시 미디어가 몰락하고, 뉴미디어만 살아남을 거라는 관측이 지배적일 때도 있었다. 마치 전기차를 개발한 테슬라가 메르세데스 벤츠나 BMW를 누르고 자동차 시장을 장악할 거라는 관측과 비슷했다. 하지만 시간은 다른 결과를 보여주고 있다. 테슬라는 고전 중이고, 메르세데스 벤츠를 위시한 완성차 업계는 전기차 기술을 도입하며 혁신에 박차를 가하고 있다. 미디어도 예외는 아니다. 뉴욕 타임스는 뉴미디어 시대에 앞장서 적응하는 중이고, 국내에서도 여러 방송과 언론은 뉴미디어에 특화된 조직을 구성하고 변화를 받아들이며 여전히 건재함을 과시한다.

그러나 테슬라가 없었다면 완성차 업계가 이처럼 빨리 전기차 시대로 전환을 준비하게 됐을까? 뉴미디어의 열풍이 번지지 않았다면 기성 언론들은 여전히 관행을 답습하고 있었을지 모른다.

앞으로도 뉴미디어는 미디어 지형을 앞장서 바꾸게 될 것이다. 커다란 조직과 자금을 갖춘 기성 언론은 공룡이다. 공룡은 앞장서 실험을 하기보다 검증된 영역에 뒤늦게 뛰어들어 완성도를 높이는 역할을 맡는다. 과감한, 때로는 무모한 도전을 하는 것은 날쌔고 자유로운 스타트업의 몫이다.

특히 뉴미디어 시대는 개인의 가능성이 발휘될 수 있는 환경을 만들었다는 점에서 고무적이다. 이제 언론 고시를 통과하지 않고도, 연예기획사에서 연습생 생활을 하지 않고도 누구나 뉴스를 터트리고 스타가 될 수 있다. 신문의 1면 기사보다 페이스북에서 공유가 많이 된 뉴스가 세상을 뒤흔든다. 언론사 데스크의 선택 대신 소비자의 관심이 더 중요하게 반영되는 것이다.

스타가 되고 싶은 아이들은 더 이상 JYP나 SM 엔터테인먼트에 프로필을 내지 않는다. 차라리 웹캠 앞에서 끼를 발산하며 유튜브 구독자가 늘기를 바란다. 한때 손가락질을 받았던 인터넷 BJ들은 공중파 예능에 출연하고, 각종 광고와 행사를 휩쓰는 셀럽이 되었다. 영상으로 자신을 보여주는 게 쑥스럽다면 사진도 괜찮다. 인스타그램 팔로워가 늘어나면 포스팅 하나에 수백만 원의 협찬을 받을 수 있다.

당연히 극소수의 사람들만 뉴미디어 시장의 과실을 따 먹으며 성공할 수 있다. 그러나 모두에게 기회가 열렸다는 사실이 중요하다. 도전할 수 있는 분야도 무궁무진하다. 음식을 좋아하면 먹방을, 소통하는데 자신이 있으면 보이는 라디오를, 아니면 여행을, 자동차를, 패션을, 노래를, 댄스를. 일일이 열거하기도 힘들 만큼 다양한 분야의 전문 콘텐츠가 사랑을 받고 있다.

© 인스타그램

과거처럼 폐쇄적인 공간에서 몇몇 방송국 PD나 기획사 임원이 스타를 점찍고 키우는 시스템이 아니다. 기회가 열리며 경쟁은 더욱 치열해졌지만 모두 공평한 원점에서 시작한다.

뉴미디어는 단순히 언론과 콘텐츠 업계의 지형만 바꾼 게 아니다. 우리 모두에게 스타가 될 자유로운 기회를 부여해준 것이다.

굳이 스타트업을 창업해야만 뉴미디어에 도전할 수 있는 것도 아니다. 관심 분야가 있다면, 오래 간직한 취미가 있다면, 자신을 표현하길 주저하지 않는다면 누구든 뉴미디어 시대의 주인공이 될 수 있다. 설령 다른 어떤 일을 하더라도 뉴미디어를 모르고는 홍보와 소통에서 몇 걸음 뒤처질 수밖에 없다. 길거리에 전단를 붙이는 것 대신 페이스북과 인스타그램에 포스팅을 올리는 것부터 뉴미디어 활용이기 때문이다.

끝없는 가능성이 있는 뉴미디어의 바다에 뛰어든, 그리고 뛰어들 모두에게 건투를 빈다.

일러두기

- 인명과 고유명사 표기는 국립국어원에서 정한 외래어 표기법을 따랐으나 일부는 국내나 업계에서 통용되는 표기를 따랐습니다.

- 이 책에서, 책 제목은 겹 화살괄호 《》,프로그램 제목을 비롯한 각종 콘텐츠의 제목은 홑 화살괄호 〈〉로 표기하였습니다.

- 이 책에서 나오는 보편적인 매체나 미디어 그리고 각종 채널 이름들은 문장부호를 따로 표기하지 않아 가독성을 높였습니다.

- 인물과 각종 제목, 미디어 등의 원문 표기는 본문중 최초 등장시에만 표기하였습니다.